集人文社科之思 刊专业学术之声

刊　　名：政府治理评论

主办单位：贵州大学公共管理学院

主　　编：黄其松

PUBLIC GOVERNANCE REVIEW

编辑委员会（按姓氏笔画排序）

王志凌　刘　升　许　鹿　李　波　杨志军　张红春　胡赣栋
段忠贤　徐中春　徐　健　黄其松　靳永翥　廖　艳　廖煜娟

编辑部

主　　任：胡赣栋

责任编辑：（按姓氏笔画排序）

　　　　　刘　升　张红春　胡赣栋　徐中春

　　　　　徐　健　廖　艳　廖煜娟

投稿邮箱：zfzlpl@126.com

2018年第3卷

集刊序列号：PIJ-2018-304

中国集刊网：http://www.jikan.com.cn/

集刊投约稿平台：http://iedol.ssap.com.cn/

主 编／黄其松

执行主编／刘 升

政府治理评论 第3卷

PUBLIC GOVERNANCE REVIEW

社会科学文献出版社

SOCIAL SCIENCES ACADEMIC PRESS (CHINA)

卷首语

　　《政府治理评论》为贵州大学公共管理学院和贵州省欠发达地区政府治理体系和治理能力现代化协同创新中心共同主办的学术集刊，旨在搭建平台、砥砺学术，促进学术共同体的发展。本集刊主要设置五个栏目：时政聚焦；政策与治理理论前沿；地方政府治理实践；社会建设与公共服务；书评。本卷自征稿以来，共收到稿件 100 多篇，经编委会匿名审阅，仔细甄选，最后通过编委会会议挑选出 14 篇论文作为本期的内容。现将此次发表的论文在各个专栏下做一介绍。

　　"乡村振兴专题"中，本刊选择了三篇论文。第一篇是北京市农林科学院助理研究员杜洪燕、副研究员陈俊红等人的《国内外乡村振兴典型案例分析与经验借鉴》；第二篇是贵州大学徐中春、芮延龙、任海利三位老师的《贵州土地整治助推乡村振兴发展成效评估研究》；第三篇是贵州大学刘升博士的《乡村旅游对乡村振兴的影响及机制研究——基于贵州花村的调研》。第一篇论文是对日本、韩国、德国和国内一些典型乡村发展模式的经验介绍。第二篇论文和第三篇论文都是典型的实证研究。论文都以贵州省的乡村发展经验为研究对象，研究新时期的土地整治和乡村旅游对乡村振兴的影响，这些对于我们理解乡村振兴战略颇有助益。

　　"公共治理专栏"中，本刊选择了四篇论文。第一篇是贵州大学张红春博士的《棘手公共问题的合作治理理论缘起与分析框架》；第二篇是大连外国语大学傅琼、谢宇宁、亢晓霜翻译的《国家善治和国民幸福感：政府管理的技术水平、民主水平以及政府规模的作用之比较》；第三篇是武汉大学望超凡博士的《"公事"的"家事化"：宗族型村庄"项目落地"困境治理研究》；第四篇是武汉大学曹亚娟博士的《新时期社会治理评价指标的新问题》。其中，第一篇论文通过对治理与合作相关文献的归纳与演绎，系统阐述合作治理的内涵与关键问题；第二篇论文对 127 个国家

2006 年的数据进行对比，分析了政府管理水平分别在技术层面和民主层面上对国民幸福感的影响；第三篇文章以江西省的一个宗族型村庄为研究对象，分析了宗族型村庄的村民对公共事务存在着"公事"与"家事"的认同区分的内在逻辑；第四篇文章则发现当前结果性指标仅能反映社会治理的最终结果而不能展示其过程，进而导致了很多问题。

"民族国家与地方治理专栏"中，本刊选择了三篇论文。分别是贵州大学徐健副教授和其研究生魏德伟的《民族主义思潮的源流与反思》、武汉大学王向阳博士的《干部包村：中西部乡镇治理组织策略、路径与基础——基于鄂西 S 镇基层治理的考察》、中共中央党校副教授张学博的《郡县与分封：县域中国社会治理的两种逻辑》。三篇论文围绕民族国家与地方治理，分别从理论、经验和历史等方面进行了研究，主题清晰，观点鲜明，为我们贡献了多角度认识地方政府治理实践的机会。

"社会保障专栏"中，本刊选择了三篇论文。分别是贵州大学林恬怡、王飞的《近十年老年照护研究综述》、贵州大学刘郁教授和贵州大学刘忠雨、姚远的《基层社会救助的精准扶贫作用与问题研究——以贵州省赤水市为例》、贵州大学廖煜娟、谯惠方的《虚拟养老院：大数据战略支撑下贵州养老新构想》。三篇论文的选择遵循从理论指引到实践探索的分析路径，既有立足于未来发展的治理模式构想，又有基于贵州省赤水市的基层社会救助调查研究，还有对老年照护的研究综述。

最后，在"书评"栏目，选取了武汉大学博士后田孟的《义利之衡：财政社会学视野中的项目制与乡村治理——读李祖佩的〈分利秩序：鸽镇的项目运作与乡村治理（2007—2013）〉》。这篇书评文章视角独特，带给我们关于财政社会学和项目制等方面的议题探讨，值得研读。

目　录

乡村振兴专题

公共治理专栏

民族国家与地方治理专栏

乡村振兴专题

国内外乡村振兴典型案例
分析与经验借鉴

杜洪燕　陈俊红　龚　晶　刘宝印*

摘　要： 农民收入的提高和乡村的富裕是社会富裕的重要指标和经济可持续发展的保障。党的十九大明确提出要实施乡村振兴战略。这是在总结中外农业农村发展经验基础上，着眼于当前城乡经济社会发展实际和未来新型城乡关系发展趋势做出的重大战略部署，是中国特色社会主义进入新时代做好"三农"工作的总抓手。我国城乡的收入差距和公共服务差距仍然很大，长远来看，我国将一直有大量人口居住在农村。随着城镇化率逼近峰值，人口、资源、资本的城乡双向流动将越来越频繁，乡村的价值将日益凸显。世界主要发达国家在从传统社会向现代社会转型过程中，乡村振兴是其必经阶段。主要发达国家通常在经历了工业化和城镇化快速发展阶段后，工业反哺农业、城市支持农村，最终实现经济社会均衡协调发展。本文梳理德国、日本、韩国等典型国家和中国部分地区乡村振兴的做法，全面总结经验，对于推进乡村振兴战略实施提供有益借鉴。

关键词： 乡村振兴　案例分析　经验借鉴　对策建议

---

* 杜洪燕（1989～　），女，山东东营人，北京市农林科学院农业信息与经济研究所助理研究员，经济学博士；陈俊红（1972～　），通讯作者，女，内蒙古牙克石人，北京市农林科学院农业信息与经济研究所副研究员，管理学博士；龚晶（1980～　），男，山东泰安人，管理学博士，北京市农林科学院农业信息与经济研究所副研究员；刘宝印（1985～　），男，山东莱芜人，中国科学院科技战略咨询研究院可持续发展战略研究所博士后，地球与环境学博士。

一 引言

农民收入的提高和乡村的富裕是社会富裕的重要指标和经济可持续发展的保障。党的十九大明确提出要实施乡村振兴战略。这是在总结中外农业农村发展经验基础上，着眼于当前城乡经济社会发展实际和未来新型城乡关系发展趋势做出的重大战略部署，是中国特色社会主义进入新时代做好"三农"工作的总抓手。十九大报告第五章"贯彻新发展理念，建设现代化经济体系"提出六点任务，在六点任务中，除乡村振兴战略外，其余五点都是总体性、全局性、宏观性的工作，乡村振兴战略是唯一的局部性工作，不过，这恰恰说明了乡村振兴在我国现代化经济体系建设中具有的总体性、全局性、宏观性地位。

我国城乡收入差距和公共服务差距仍然很大，长远来看，我国将始终有大量人口居住在农村。大量的研究显示，中国未来的城镇化率将维持在 70% ~80%。届时，将仍有 20% ~30%，即 3 亿~4.5 亿的人口居住在农村地区。随着城镇化率逼近峰值，人口、资源、资本的城乡双向流动将越来越频繁，乡村的价值将日益凸显。没有现代化的农村，不可能实现人口和资源的双向流动。发达的市场经济国家的城乡一体化都是双向的。而迄今为止，我国正在推进的城乡一体化则是单向的。随着城镇化速度的放缓和农村产业条件、基础设施、公共服务状况的改进，城乡双向一体化和城乡融合发展将成为趋势。农村现代化也是解决中国未来农业出路的途径，农村不行，人口流失，种地问题没有办法解决。

世界主要发达国家在从传统社会向现代社会转型过程中，乡村振兴是其必经阶段。主要发达国家通常在经历了工业化和城镇化快速发展阶段后，工业反哺农业、城市支持农村，最终实现经济社会均衡协调发展。在起步阶段，各种资源要素密集流向工业城镇，农业农村发展受到抑制，城乡差异扩大，二元结构问题突出（钟钰，2018）。一些国家正是因为没有解决好农业农村发展问题而没能跨越中等收入陷阱。本文梳理德国、日本、韩国等典型国家和中国部分地区乡村振兴的做法，全面总结经验，给推进乡村振兴战略实施提供参考。

二　国内外乡村振兴典型案例分析

（一）国外乡村振兴典型案例

1. 日本"一村一品"

日本的乡村振兴起源于20世纪70年代末的造町（村）运动。当时的日本正处于一个快速工业化的时期，农村的人才大量流向城市地区，农业发展逐渐走向凋敝。造村运动的目的是促进当地的产业发展，进而促进当地的经济发展，促进凋敝的农村逐步走向繁荣。后来，造村运动的内容开始扩展到改善农民生活方面，比如改善乡村景观、保存历史建筑、建设基础设施，发展福利事业等。

"一村一品"是日本在造村运动中形成的区域经济发展模式，其实质是在政府引导和扶持下，形成具有地方特色的农产品，就是根据区域布局安排，按照专业化生产和规模化经营的要求，发展具有区域特色的产品，进而形成具有鲜明区域特色的产业集群，最大限度地实现农村劳动力的就地转移，促进农民增收，建设新农村。

"一村一品"以地方自身的条件和优势为依托，以市场为导向，提高农产品的自身特色、地域特色，形成以村为单位的具有地区优势和销量的拳头产品。对农产品进行初加工，提高产品附加值，并通过差异化、多样化来满足消费者需求。在农村不只发展农产品和农产品初加工，还大力推广特色旅游项目及文化资产项目，如文化设施、地方庆典活动等。此外，日本不少县依托政府农业改良普及机构和各级农协，开办各个领域、各种类型的人才培训讲习班，培育了不少"一村一品"运动的带头人，解决了人才匮乏的问题。

2. 韩国"新村运动"

20世纪70年代，韩国政府为了促进城乡融合发展、推动农业农村更快发展，提高农民收入水平，决定在全国实行"勤勉、自主、协同"的新村运动，类似我国的新农村建设（余维祥，2010）。"新村运动"的第一阶段就十分重视农户的参与，采用了参与式的项目实施方法，政府设计了20多种改善农村生活环境的项目，提供给各地农民，让他们根据自己的实际情况，选择适合当地需求的项目，政府免费向各村发放项目所需的建材。

在第二阶段，"新村运动"实行分类指导的方针。将全国的乡村分为三类：第一类是基础村，新村运动的内容是基础性的工作，比如继续改善生活环境和培养自主精神；第二类是自助村，新村运动的内容是进一步发展产业，发展多种经营方式和经营主体，提高农业收入水平；第三类是自力村，新村运动的内容是进一步提高福利，并在采用机械化、电气化、良种化等先进技术的基础上，发展乡村工业、畜牧业和农副业。在改善农居环境方面，还建设标准住宅、雨洪利用系统和通信设施等生活福利设施。第三阶段，"新村运动"更加注重全民参与和法治建设，致力于促进民主法制建设、社会道德建设、集体艺术教育等。

韩国"新村运动"的成功经验在于，根据当地情况、当时国情，采取分阶段、分类实施推进乡村振兴。不直接投资，而是将过剩产能转移过来，用于农村基础设施建设。不同地区发展程度不一样，对于不同的村庄采取分类指导。从众多村庄中，选出样板村带动周边村庄发展。根据发展阶段，乡村振兴的重点从支援基础设施建设，到扩大农业收入，再到民主法治和社会建设。

3. 德国"村庄更新"

20 世纪 50 年代，战后德国面临着设施修复、传统村落风貌被破坏，农村生活水平待提高等问题，德国"村庄更新"是以"农村 - 结构 - 更新"为重点，倡导乡村居民积极参与，注重乡村的整体发展和可持续建设，注重保护和塑造乡村特色，自下而上地开展乡村振兴工作。在"村庄更新"的实施过程中，针对经济社会发展变化而适时调整。为适应农村社会和人口发展情况，德国对农村基础设施做出相对调整，改变土地利用方式，增加经济收益，改善农村生活和生产条件。

德国"村庄更新"的成功经验，主要在于"城乡等值化"发展道路。德国在城镇化过程中，选择了小城镇与城市的"等值"发展，而非"同质"化道路。出台并动态更新《联邦土地整理法》、《联邦建筑法》、《联邦空间秩序法》、《联邦自然保护法》等，从法律制度建设方面，为"村庄更新"具体实践提供了明确的边界和保障。政府对公共事业给予高额补贴，自然和文化景观保护的补贴比例可达 90%，对于有保护历史价值的私人建筑也会给予部分补贴。此外，"乡村更新"中的任何一个项目，每一步决策都必须由政府决策、规划部门和农村三方共同协商，整个"村庄更新"不是政府主导，村民真正发挥了主动性，更加积极地参与村庄更新建设中。

（二）国内乡村振兴典型案例

1. 塘约村"七权同确"

塘约经验是落实集体所有权，发展壮大村级集体经济的典型范例。集体所有制是我国社会主义经济制度的重要组成部分。2016 年 4 月 25 日，习近平总书记在安徽凤阳县小岗村主持召开农村改革座谈会上强调，"不管怎么改，都不能把农村土地集体所有制改垮了"。在当前以家庭承包经营为基础、统分结合的农业基本经营制度下，通过探索农村集体所有制的有效实现形式来壮大集体经济具有非常重要的现实意义。

2014 年洪灾过后，塘约村实施农村土地承包经营权、林权、集体土地所有权、集体建设用地使用权、房屋所有权、小型水利工程权、农村集体财产权"七权同确"，成立村社一体的合作社，即金土地合作社，把承包到户的责任田通过自愿入股的方式全部集中到村集体，由塘约村金土地合作社统一经营。集体所有制实现方式的变化带来收入分配制度的变革。以前农民收入基本由务农收入和外出务工收入两部分组成；现在，村民收入由财产性收益、经营性收益和劳务性收入三部分组成。

在"七权同确"过程中，塘约村把被农户占用多年的公房、河滩、荒坡、荒地等集体资产全部收回，有效地维护了集体经济。通过确权、颁证、土地流转等合法程序，使村庄资源变资产、资金变股金、村民变股民，成功实现了集体所有权、土地承包权、土地经营权"三权分置"，同时使集体与村民个人各类产权关系更加清晰、权益归属更加明确，为实现集体统一经营和集体经济的发展壮大奠定了良好的基础。

2. 六盘水市"三变改革"

一是推进资源变资产，盘活闲置的资源，使其转化为资产。所谓资源变资产，就是村集体将集体的自然资源要素，通过入股等方式盘活，推动和吸引各种资源要素向农村流动，形成资源的聚集效应，提高资源的利用率，逐步变"死资源"为"活资产"，让绿水青山变金山银山。六盘水市以产权制度改革为抓手，有效整合了土地、森林、劳动力、文化等多种资源。

二是推进资金变股金，整合分散资金入股经营。近年来，随着国家扶贫开发力度的不断加大，各级财政投入农村的资金总量不断增多，但是各项资金的持续性和针对性不强。针对这一问题，六盘水市通过"资金变股金"来激活和放大资金使用效益，强化财政资金的杠杆作用，把分散的资金聚集起来，推动农村加快发展。一方面将财政项目资金变为股金，就是把财政投入农村的生产发展类、农业生态修复和治理、农村基础设施建设、支持村集体经济发展的专项资金等，入股到经营主体，按股分红。另一方面将扶贫专项资金转变为股金，也就是把精准到户的扶贫专项资金，入股到效益好的企业，并且合理地确定贫困户的占股比例（黄运，2016）。

三是推进农民变股东，帮助农民群众增收致富。农民增收难，主要原因在于传统种植业面积大、产出低，又缺少财产性收入和工资性收入。六盘水市通过推进农民变股东，把农民从传统农业中解放出来，提高农民在土地增值收益中的分配比例，实现增收致富。为了让"三变"改革惠及更多贫困户，他们注重分类指导、因户施策、一人一法。对于深山区、石山区、不具备脱贫条件的深度贫困的农户，主要是帮助和鼓励他们入股；对于有资金、有技术的有脱贫能力的人员，主要是鼓励和引导他们以土地、资金、技术等多种形式入股。农民入股各类经营主体后，不仅可以通过流转土地经营权获取租金，通过参与企业分红获取股金，政府还通过农业园区、龙头企业、农民专业合作社为农民群众、返乡大学生、外出务工人员等提供创业就业平台，组织农民及返乡人员就近就地务工，参与农业经营管理，按实际工作量支付工资报酬，增加农民工资性收入。

3. 桦甸市"垃圾革命"

近年来，桦甸市创新农村垃圾收集清运处理模式，走出了一条化解垃圾处理难题、改善农村人居环境的新路。桦甸市采取政府采购、特许经营的建设模式。桦甸市城乡一体化垃圾收运项目采取政府购买服务、特许经营的方式开展运营。该垃圾收运体系分为定点收集、专业转运、集中处理三个环节。在垃圾收集环节，各村屯配备小型垃圾收集车，村民定时将垃圾存放到收集车内，环保桶管理员每天将收集车内的垃圾倾倒入桶，实现日产日清；在垃圾转运环节，运营企业根据垃圾入桶情况，及时将垃圾转运到桦甸市垃圾处理厂；在垃圾处理环节，桦甸市垃圾处理厂每天对进厂垃圾检车计重，分类处理，变废为宝。

推行市场化保洁，政府将垃圾收集前端的村屯日常保洁一并交给企业管理，纳入购买服务范围，有效降低了运营费用，提高了管理效率。政府通过购买服务，实现垃圾治理工作长效化、常态化。乡村基层干部由"大包大揽治垃圾、一到检查搞突击"的工作模式转变为日常监督，减轻了工作负担。为垃圾转运车辆安装了 GPS 定位系统，垃圾进厂称重数据、视频数据实时传输到信息中心，对垃圾收集、转运、处理环节的全过程实行

"数字化、视频化、定位化"监管，实现了信息化管理。桦甸市将农村环境保洁费用、垃圾转运费用、垃圾处理费用和企业投资返还资金统一列入财政预算，真正体现了城乡统筹、公共服务均等化，为城乡垃圾收运一体化的健康持续发展提供了长效资金保障。

三　乡村振兴的主要做法总结

（一）顶层设计方面

先进的理念引导乡村振兴进程。纵观主要国家乡村振兴的发展历程，它们都有先进的理念引导不同主体积极参与乡村复兴，最终推动国家乡村振兴战略或运动取得预期效果。乡村发展取得成功的国家，政府在乡村振兴战略中，设置战略目标、确定战略要求和指导方针、制定战略步骤和战略举措。乡村振兴战略需要良好的战术支持，需要在乡村工作队伍建设、乡村振兴工程建设、乡村振兴格局等方面做好战术统筹，根据不同时期农村发展需要调整农村振兴政策内容，提高乡村振兴战略实施成效。

加强政府顶层设计，补齐制度短板，充分发挥好政府在立法规划、宏观调控、监督监管等方面的引导作用（韩俊，2013）。制定出台乡村振兴全国性或地方性法律法规，强化乡村振兴立法保障，夯实乡村建设发展的法律基础，明晰乡村振兴"有所为、有所不为"的法律边界，明确乡村振兴需要支持保护的正面清单和限制禁止的负面清单。搭建起法治先行、规划引领、政策支撑的制度体系框架，为市场在城乡资源配置中起决定性作用营造法治环境，为龙头企业、专业合作社等新型经营主体参与农业产业化经营创造法治条件，为保护好农民根本利益、促进农民增收提供法治保障，使乡村振兴有法可依、有章可循。

（二）产业发展方面

培育壮大优势产业是乡村振兴的加速器。各国以行政区域和地方特色产品为基础形成的区域农村经济发展模式，实现了把资源优势转化成产业优势和经济优势。典型国家以农村现存的有形、无形资源为基础，将农产品生产与制作、加工以及流通、销售、文化、体验、观光等要素与业态有效结合，增加产品附加值，让农民更好地获得增值收益。农业社会化分工的不断深化，生产者对社会化服务需求迫切，发达国家构筑了由政府、社会合作组织与农业企业构成的服务体系，有效推进了农业的集约化规模化生产和市场化运作。

发展农业新模式新业态，实现产业兴旺，促进农村第一、第二、第三产业融合发展，实现"三链重构"，需要大力推广功能拓展型、新技术渗透型、多业态复合型等新模式、新路径，需要大力培育终端型、体验型、循环型等新产业、新业态，需要着力打造农民专业合作社、家庭农场、供销合作社等新载体、新平台，需要健全完善股份合作、订单农业等利益联结新纽带新机制，需要在传统农业中融入加工元素、融入服务元素、融入科技元素，形成体现现代农业特色的"微笑曲线"。这样农村发展才有活力、农民增收才有支撑，最终提高的是农业附加值，提高的是农村饱和度，提高的是农民获得感。

转变农业生产经营方式，实现提质增效，实现农业高质量发展，加快农业农村现代化，要瞄准制约农业生产经营的关键环节、重点领域精准发力，要聚焦深化农业供给侧结构性改革推动农业发展方式转变，要围绕小农户和现代农业有机衔接精准施策，尤其要依靠科技创新完善农业生产体系，进一步拓展生产边界；要依靠资源整合促进规模化发展，进一步增加规模效益；要依靠比较优势促进专业化分工，进一步提高经营效率。这也是破解当前我国农业综合竞争力不强、农民投入回报不高、抗风险能力弱的突破口和着眼点。

绿色生态立法是推进乡村振兴的理念。各国完善法规督促落实，通过强有力、科学的法律体系约束农业农村的环境污染行为，增强了国民的环保意识，为保护环境、减少污染实现乡村生态宜居做出了贡献。补贴能够减轻农民的环保压力和环保负担，鼓励农户采取环境友好型生产方式，提高农民从事生态农业、循环农业的积极性。先进有效的生态环境保护技术是实现乡村可持续发展的重要支撑，通过废弃物的资源化利用、投入品的减量化使用、生产过程的有机化生产，实现了农业的循环利用和绿色发展。

（三）城乡融合方面

典型国家因地制宜打造特色产业发展平台，调整优化城乡产业布局，农业产业、工业基地、旅游业等业态支撑有力，融合发展成效显著，实现了农民持续大幅增收，建立覆盖面广、公平性强，全体居民参与的城乡一体化医疗保障制度，政府计划和分配医疗资源，医疗资源分配合理，实现了全体居民公平地使用医疗资源，不同收入群体之间等值分配。政府制定相关法律法规，为基础教育提供法律保障；因地制宜进行教育经费划拨，消除因地方经济发展水平不同导致的教育资源不均；实行教师定期流动政策，在县域范围内城乡教师相互流动，并对农村和偏远地区实行待遇倾斜政策。城乡居民养老保障制度多样，由政府强制实施的社会养老保险制度，农村居民可以与城市居民享受相同养老保障。由个人负责、自愿参加的个人储蓄养老保险制度，以及由企业主导雇主和雇员共同出资的补充养老保险制度，是其有效补充。

重视基础设施建设，促进互联互通。俗话说，"要想富，先修路"。这说明基础设施建设在经济发展中具有重要作用。当然，现代意义上的基础设施不仅仅局限于道路交通等传统方面，而已经涵盖延伸到生产生活、公共服务、信息物流等诸多领域。不仅具备打通城乡内外连接、提供生活便利等简单功能，而且成为农村生产生活生态和农业经济发展的关键支撑。不仅能够营造良好的发展环境，还能够有效降低农村经济发展的交易成本，激活人流、物流、信息流和资金流，更重要的是能够凝聚人心、增加人气、留住人才，能够为乡村振兴提供活水之源和持续动力。

（四）乡风文明方面

保护发扬优秀的乡村传统文化，将传统精神内涵与当下乡村经济、社会发展有效结合，倡导树立自觉的敬业态度与勤劳节俭的生活风尚对乡村振兴各方面起到了积极作用。提高农民的科学技术水平和思想道德素质，具有针对性的培训和推广体系对农村社会发展起到人力资本积累作用，推动农业农村经济社会快速发展。引导和教育农民健康生活，树立新的生活方式和态度，展现村庄新风貌。

法治自治是乡村有效治理的手段，重视立法对乡村振兴的推动作用。典型国家乡村振兴制定了一系列法律，保障乡村社会的有效治理，激发各参与主体的积极性，维护农民权益。立法覆盖乡村组织管理制度、行政体制安排、土地管理、城乡规划、农业发展和资源保护等方面，尊重农民、依靠农民、发展农民，提升村民自治能力。典型国家在乡村振兴过程中，把农民发展起来、动员起来、组织起来，提高农民自身素质、组织化程度，让农民切实以主体形式参与乡村公共事务治理，真正让农民成为乡村振兴的重要参与主体和受益者，实现乡村治理，实现村民自治。

四　推进实施乡村振兴战略的经验借鉴

第一，优先做好乡村振兴战略顶层设计。明确我国乡村振兴战略的基本概念和理念。倡导城乡融合式发展，用先进的理念指导乡村振兴工作。统筹和明确乡村振兴的战略目标、战略要求、战略方针、战略路径、战略步骤、战略措施。从组织机构设置、人才队伍建设、建设工程布局、乡村振兴模式、乡村振兴格局等战术环节，深入细致地推进农业和农村发展，实现乡村振兴目标。

第二，加快培育壮大乡村优势产业。从粮食价格支持政策、农业生产补贴支持政策、财政农业投入支持政策、农业保险保障补贴支持政策和农业生态补偿支持政策等多层面构建农业支持制度框架体系，并根据农业发展对支持规模、支持结构、支持领域等方面需求的变化，对农业支持的规模、结构、方向、重点等进行动态优化。充分发挥政府资金的引导作用，逐步完善农业基础设施投入稳增长机制。推进经营性服务和公益性服务有效结合，支持服务主体与生产主体开展合作式规模化经营，充分发挥规模收益，提升农民收入。针对龙头企业、家庭农场、种养大户，积极探索产量保险、价格保险、收入保险或多种方式相结合的保险产品，并开展试点。

第三，着力改善农业农村生态环境。进一步制定科学合理的生态补偿标准、真正做到通过补偿和补贴激励包括农民在内的参与主体自觉采取有利于生态环境的生产方式。要大力开发和推广高效的农业新技术，减轻农民的经济成本和环境成本。支持科研部门在开展基础性研究，建立产、学、研、推一体化的发展模式。提出切实可行、符合各个地方实际的实施方案，具体执行层面的法规制度要求内容全面、合理控制范围、提高可操作性、保证执法部门执法力度合理统一，并加大执法力度。

第四，促进医疗卫生教育城乡等值化。加大财政为主，社会和市场为辅的多种支持的力度，缩小不同保障群体、不同地区之间的医疗资源和保障水平的差异；整合相关医疗管理机构，加强医保信息建设，统一管理和监督；引入市场机制，充分发挥市场作用，尤其是在保险金管理、资金筹集等方面可以委托第三方进行服务。各级政府安排支出预算时，要保证财政教育支出增幅不低于财政经常性收入增幅。把支持教育事业发展作为公共投资的重点，提高公共投资用于教育的比重。合理配置教育资源，重点向农村地区倾斜。

参考文献

韩俊，2013，《做好农村改革"放活"这篇大文章》，《农村经营管理》第 6 期。

黄运，2016，《扶贫工程注入生态元素》，《环境日报》第 1 版。

刘学侠，2016，《中国农村改革发展的新探索》，《六盘水日报》第 1 版。

余维祥，2010，《国内外乡村建设实践对我国新农村建设的启示》，《安徽农业科学》第 3 期。

钟钰，2018，《实施乡村振兴战略的科学内涵与实现路径》，《新疆师范大学学报》（哲学社会科学版）第 5 期。

责任编辑：刘升

贵州土地整治助推乡村振兴发展成效评估研究[*]

徐中春　芮延龙　任海利[**]

摘　要： 本研究以贵州省遵义市苟坝土地整治工程项目为例，通过查阅项目资料和实地调研走访，在总结项目实施过程中主要做法与典型经验的基础上，从土地整治促进农地有效流转、农业产业升级、劳力返乡回归、农民收入增加、整体环境改善等方面详细阐述土地整治助推乡村振兴发展的综合成效。最后对下一步如何更好地做好土地整治工作给出了对策建议。

关键词： 土地整治　综合成效　乡村振兴　贵州花茂

一　基本概况

苟坝高标准基本农田建设项目主要涉及花茂、苟坝两个村庄，地处贵州省遵义市播州区枫香镇。其中，苟坝村位于枫香镇东部，全村总面积 12 平方公里，下辖 18 个村民组 760 户 3445 人。花茂村北抵苟坝村，全村总面积 9.8 平方公里，下辖 26 个村民组 1345 户 4950 人。两村同属黔北中山

* 徐中春，男，博士，贵州大学公管学院副教授，研究方向：土地利用与农村发展；芮延龙，男，硕士，贵州大学公管学院讲师，研究方向：土地整治；任海利，男，博士，贵州大学公管学院副教授，研究方向：土地整治。

** 本文受贵州大学引进人才项目"典型城市适应气候变化策略研究"［贵大人基合字（2015）013 号］；贵州大学国家社科基金培育项目"贫困地区村民自建土地整治项目助推精准脱贫成效评估研究：以贵州省为例"（GZPY2017018）的资助。

丘陵地带，气候温凉湿润，光照条件好，四季、早晚温差小，海拔 850～1100 米，水资源丰富，森林覆盖率达到 60%。两村交通便捷，现代农业和旅游业较为发达，目前已是典型的集休闲、避暑、度假、观光、文化体验为一体的乡村旅游景区。

开展土地整治之前，两村耕地类型主要以坡耕地为主，间有小片坝地分布，为典型的传统农业耕作村落。由于土地破碎、灌排系统及生产道路等基础设施缺乏，农业生产率与产出率低下，当地村民农业生产收入较低，劳动力外出务工盛行，收入来源较为单一且没有保障，农民整体幸福感、获得感、归属感较低，这些严重阻碍了当地村民对农村的建设。

为此，基于改善农村生产生活条件、促进乡村整体发展的现实需要，当地政府组织实施了苟坝高标准基本农田建设项目。项目 2013 年 7 月正式立项，总投资 617 万元。于 2014 年 3 月动工，2015 年 2 月竣工。项目涉及枫香镇苟坝、花茂 2 个行政村，29 个村民组，1717 户 6012 人。主要包括土地平整、田间道路、灌溉排水等工程内容，共完成土地平整面积 60.5537 公顷，新增耕地 8.3474 公顷；新增和改建田间道路共 12836.4 米，新建生产道 940.5 米等。

二　主要做法

在苟坝土地整治项目实施过程中，实施者紧密结合地方资源空间布局以及产业发展需求，在前期规划、中期实施以及后期管理等方面积累了很好的经验做法。

（一）项目规划注重结合资源空间布局

项目在前期规划时紧密结合区域已有红色旅游、乡村旅游等空间分布格局（李艳、杨红月，2017），注重项目区内与项目区外相关资源的有效衔接配合，努力打造枫香镇"土坝－花茂－苟坝旅游片区"。具体利用苟坝红色文化旅游整体溢出效应，在保留原有地方陶艺、农田耕作、黔北民居等地方乡土特色的基础上，重点打造花茂村高效特色农业，引导村民发展乡村旅游，推进农旅文一体化，实现了田园风光、红色文化、陶艺文化以及高效农业的有机融合，守住了生态和发展两条底线，走出一条人与自然和谐共处的发展新路。

（二）项目规划紧扣乡村发展目标方向

项目规划紧紧围绕乡村产业发展需求来实施高标准农田建设，力求通过高标准农田实施建设，推动农村人居环境改善、特色农业产业发展、农旅一体旅游产业发展，提升乡村生态环境、人居环境和人文景观，建设具有区域特色的红色旅游、乡村旅游和农业产业。为此，在了解新型农民、种植大户和农业合作社等农业经营主体生产发展需求基础上，结合地形地貌、河流水系、地理区位以及耕作条件，开展田块归并调整、基础设施建设、生产景观规划等科学设计，实现土地平整工程、灌溉排水工程、道路通道工程等科学安排、合理布局。最终形成适合当地功能定位的城市近郊蔬菜、特色经果林种植、采摘基地，达到该村土地价值、人的价值、生态价值的重塑，以及实现社会经济价值的目的。

（三）项目实施服务山地高效产业布局

项目规划实施拟解决原有土地零星破碎、基础实施不完善等问题，并理顺土地整治后土地有序流转、农业产业升级以及产业带动发展问题。该项目按照发展山地特色高效农业的基本要求，合理选择耕地集中连片、质地质量较好、整治潜力较高、水土资源丰富的区域作为土地整理项目实施区。并结合九丰农业合作社、村社一体合作社等新型农业经营主体产业发展的需求，强化土地整治与产业发展对接。

农村土地整治一直存在资金不足的问题，这导致土地整治工程单一、规模偏小等问题。为加强资金整合保障，遵义播州区颁布了《播州区高标准农田建设项目资金管理办法（试行）》。具体遵循"资金性质不变、管理渠道不乱"的原则，围绕发展现代山地高效农业，实行统一规划、功能整合，先后整合财政、发改、水利、烟草、新农村建设等涉农资金3000多万元，合力打造和提升农业基础设施，使土地整治相关涉农项目产生综合效应。

三 有益经验

（一）基于主体需求路径实施土地整治

我国土地整治项目管理以政府主导、指标分解的形式自上而下开展，这造成很多相关部门行政意识强，搞层层分解以落实任务，因此不能很好地满足现阶段农业公司、种植大户等各类新型农业经营主体的实际需求。苟坝土地整治项目充分考虑主客观状况的匹配程度，以主体需求为基本导向、以群众需要为内在动力、以政府政策为外部引力，融合主体需求、政府推动与群众构想，通过"上下结合"的联动机制使土地整治项目更符合当地实际需求。

（二）基于土地流转方向来指引土地整治

苟坝在开展土地整治过程中，注重土地整治与土地流转、产业发展的联动，以土地流转方向指引土地整治工作的开展。在政府引导和村集体组织下，土地流转以经营权集中和符合产业发展为实施导向，将原有分散承包、分散经营模式转变为现在的分散承包、规模经营模式。围绕农业转型升级与农业结构调整的实际需要，基于土地、劳动力、资本等发展要素整合，将土地流转集中与改善农业生产条件、调整农业生产结构、延长农业产业链条结合起来，使土地生态价值、经济价值和社会价值得到提升与统一。

（三）基于农业产业升级定位土地整治

土地整治工作为农业产业升级服务，要满足贵州发展山地特色高效农业所需的"发展适度规模经营、打造名优特新产品"的实际要求。因此，项目区在开展土地整治工作时定位于发展现代山地高效农业，开展土地整治面积规模化、灌排设施便利化等工程建设，有效推进区域农业产业结构升级与综合生产效益提升。

（四）基于利益联结机制开展土地整治

苟坝以土地整治项目为基础打造利益共同体，通过将人力、财力、物力（土地资源）整合，引入农业公司、种植大户等新型农业经营主体，采取"公司＋集体经济＋农户"的模式组建利益共同体，通过这些新型农业经营主体的领头带动来实现全体村民共同致富。具体通过建立专业化的营销、专家、生产、服务等运作团队来实现。其中，营销团队以市场为导向，负责产品销售工作；专家团队负责产品布局、科技指导；生产团队负责具体农业生产；服务团队负责后勤、农机服务等，通过精细分工管理和运作，不断促进农业产业发展壮大。

四　综合成效

苟坝土地整治项目的实施，在改善当地村民生产生活条件的同时，有效推动了区域土地有序流转、农业产业升级及生态环境改善，实现了乡村振兴发展中土地价值、劳动力价值及生态环境价值等回归与重塑。本部分将从农地流转、产业发展、劳力回归、收入增加、环境改善等方面来阐述土地整治促进乡村振兴发展的综合成效。

（一）土地整治促进农地有效流转

在项目实施过程中，将土地空间整治与土地流转集中、产业结构升级等结合起来，以提高土地产出率、劳动生产率以及资源利用率，由此发展山地特色高效农业。苟坝土地整治项目通过土地平整、灌溉排水、田间道路等工程的实施，解决了当地土地整体细碎化、生产条件较差等问题，使得区域土地得以平整、生产道路得以优化、灌排系统得以完善，农业生产整体环境条件有效改善，为促进土地有序流转、实现农业规模生产创造了有利条件。目前，项目区已流转土地4000多亩，其中建成高效农业生产大棚280亩，葡萄生产基地200亩，草莓生产基地100亩，其他农业开发项目3400多亩。总之，苟坝土地整治项目很好地推动了区域土地有序流转，为发展规模化、高效化的贵州山地特色农业打下了良好的基础。

（二）土地整治促进农业产业升级

土地整治项目实施前，区域农业生产经营总体呈现"小、散、碎"的特征，农业市场化、规模化程度不高，小农户对接大市场能力较弱、抗风险能力较差，农业产业整体效益偏低。项目实施后，由于生产生活条件改善以及土地流转规模效应显现，农业经营主体呈现类型多元、数量倍增态势，仅花茂村2017年就已涉及农业公司、专业合作社等七类新型农业经营主体125家（申鹏、李明昊，2016）（具体如表1所示），这表明农村产业业态增多、发展活力增强。

表1 花茂村主要经营主体数量分布

农业公司	专业合作社	乡村旅馆	农家乐	特色小吃店	电商平台	农民网店
3	3	42	27	28	6	16

注：数据源于2018年3月实地调研。

以前项目区农业经营主体比较单一，主要是以家庭为单位的农户，且多种植玉米等传统低附加值的粮食作物。现在这些新型经营主体多以发展高效率、高附加值的现代特色农业为主，在提高农业生产专业化水平的同时，又增加了农业产业整体产值，实现了土地集约化管理、规模化经营，助推了农业产业结构调整与升级。同时，土地整治工作也有效促进了农村产业融合发展，带动村集体经济发展。项目区就是基于苟坝会址、黔北民居、现代农业等元素，突出红色、民俗、古镇、生态等特色，打造农业文化旅游一体化发展模式，实现高效农业种植、传统农耕文化、乡村休闲旅游等多元化发展。2012～2017 年，花茂村集体经济收入整体上指数呈增加趋势，由 2012 年的 4 万元增加到 2017 年的 200 万元（如图 1 所示），且收入主要构成由单一土地流转费转变为农家乐收入与土地流转费并列的态势。

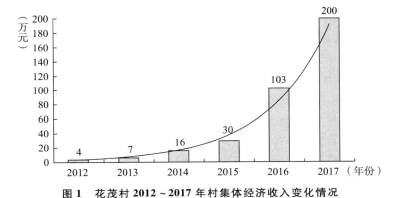

图 1　花茂村 2012～2017 年村集体经济收入变化情况

说明：其中 2012～2015 年数据来自（申鹏、李明昊，2016）；2016～2017 年数据来自实地调研。

（三）土地整治促进劳力返乡回归

项目实施前，由于区域土地破碎、基础设施缺乏，土地产出率、劳动生产率以及资源利用率都较低。村民生计主要以外出务工为主，务农劳动力多为留守老人、妇女与儿童。项目实施后，农业生产生活条件得到大力改善，土地流转得以有效开展，农业产业得以升级，这些都很好地吸引了外出务工人员返乡。仅花茂村，外出务工青壮年就已经由 2012 年的 1631 人减少到 2017 年的 301 人，五年间返乡回归人员多达 1330 人。这些青壮年劳动力的返乡很好地充实了贵州乡村振兴发展的主体组成，满足了乡村振兴发展的人员需求，是实现贵州下一步乡村振兴发展的主力军。

同时，返乡农民工与留守人员在不同产业之间充分就业，很好地解决了劳动力年龄、性别、技能等结构性分布与农村产业分化相对应的问题。具体表现为返乡农民工由于掌握较高知识技能，他们多从事大棚蔬菜种植、特色水果生产、红色旅游发展、乡村休闲旅游等高附加值产业，实现了原先单纯依靠第一产业向第一、第二、第三产业融合发展的跨越。而原留守老人、妇女与儿童可从事大棚蔬菜采摘、景区保安执勤等工作，这些能很好地降低中老年、妇女劳动力就业门槛，从而在保证其充分就业的同时改善家庭整体的收入结构与收入水平。

总之，苟坝土地整治项目的实施，能很好地促进土地流转、助推产业升级、吸引劳动力回归，改变劳动力资源在农村第一、第二、第三产业部门的整体分布情况，从而提高劳动效率、降低劳动强度、增加农民整体收入，使得农村土地资源与劳动力资源整体匹配程度有所改善。

（四）土地整治促进农民收入增加

土地整治项目的实施，在促进农村产业升级的同时使得农民收入来源多元、收入总量增加，直接使贫困人口逐年减少，贫困发生率逐年降低（具体如图 2、图 3 所示）。目前，项目区农民主要收入来源包括土地流转租金收入、合作社工资收入以及土地入股分红。土地流转收入方面，农民每亩租金收入为 300～700 元，涉及农民 1078 户 3780 人，人均增收 0.13 万元（严凯等，2017）。合作社工资收入方面，农民在合作社打工每天工资 70～100 元，每月人均收入 2000～3000 元。土地入股分红方面，具体是由村支两委组建蔬菜种植专业合作社，贫困户通过土地入股、财政扶贫资金入股等方式成为合作社股东，年终按照入股比例参与分红。2012～2017年，花茂村人均可支配收入呈线性增加趋势，从 2012 年的 6478 元上升到 2017 年的 16000 元（具体如图 2 所示），收入增加成效明显。

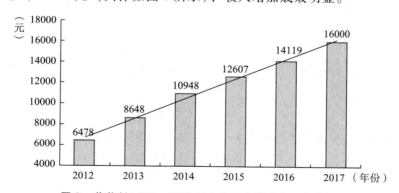

图 2 花茂村 2012～2017 年人均可支配收入变化情况

说明：其中 2012～2015 年数据来自（申鹏、李明昊，2016）；2016～2017 年数据来自实地调研。

　　总之，土地整治促进了土地的流转，土地流转带来了产业的升级，产业升级增加了农民整体收入。其中，花茂村产业发展涉及大棚蔬菜、乡村旅游等多种类型，农民收入方式更加多元，2017 年全村贫困人口与贫困发生率都降为 0，整村完成脱贫出列任务（具体如图 3 所示）。

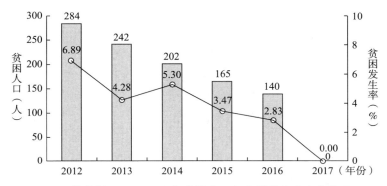

图 3　花茂村 2012～2017 年贫困人口与贫困发生率变化情况

说明：其中 2012～2015 年数据来自（申鹏、李明昊，2016）；2016～2017 年数据来自实地调研。

（五）土地整治促进整体环境改善

　　苟坝土地整治项目的实施，在改善农业生产生活条件的同时，也促进了以乡村旅游、红色旅游等为主的乡村休闲旅游产业发展，为建设美丽乡村打下了很好的基础。随着环境美化、产业发展、人口聚集，项目区紧密结合自身区位优势与红色旅游资源（苟坝会址），积极开展红色游、田园游、悠闲游等形式多样的乡村旅游形态。并通过深入挖掘培育乡愁文化、农耕文化、陶艺文化等地方民族特色文化，积极打造黔北农村与现代元素相结合的旅游项目，现已逐渐形成有名的土坝－花茂－苟坝乡村旅游示范带。同时，项目区重视生态环境保护，建成了苟坝污水处理池来处理居民日常生活污水。总之，苟坝土地整治项目的实施，有力助推了区域以发展 "高效农业、乡村旅游、特色文化" 为主的乡村振兴模式的形成。

五　对策建议

　　新时代贵州土地整治工作必须以乡村振兴发展为导向，要积极适应贵州农业产业升级服务的实际需要，要总体满足贵州发展山地特色高效农业的"发展适度规模经营、打造名优特新产品"的要求。具体需要做好以下几个方面的工作。

（一）土地整治工作要注重部门配合

乡村振兴战略作为我国进入经济社会发展新时代以后新农村建设的升级版，其更全面、更长远地设计谋划我国农业农民农村工作，其实施将为我国农业农村发展注入强大动力，将会促进城市和乡村更加协调地发展，促进我国实现更高质量、更有效率、更加公平、更可持续的全面发展。因此，要基于乡村振兴来做好土地整治工作，针对目前多部门规划、分头实施造成设施不匹配、管理成本过高等问题，要加强规划融合，所有相关涉农部门合作一起来搞乡村振兴发展。具体要加强项目区域规划统筹协调以及职能部门投入、协作与配合，从乡村振兴角度来开展部门工作、加强部门配合。

（二）土地整治工作要加强空间协调

土地整治项目最终要实际落地，在这个过程中需要在研究区域各类资源空间分布的基础上加强部门协调与配合。具体要加强区域整体协调、空间规划定位、职能部门分工等工作，从基础设施完善、交通旅游优势、乡村振兴发展等方面加强部门合作与配合。如苟坝土地整治项目实施成效明显就得益于土地整治项目以满足自然条件、人文风貌、红色旅游需求为导向的产业空间布局安排。

（三）土地整治工作要促进产业发展

乡村振兴的关键是产业发展。新时代贵州土地整治工作要以提高农业产业效率与效益为中心，依托贵州资源禀赋和产业优势，大力调整农村产业结构，加快创建特色农产品优势区。首先，土地整治工作要基于农业生产规模化、产业化发展态势，加快土地整治与流转工作，推动专业合作社、家庭农场、农业企业、专业大户等新型经营主体成为农业生产经营的主力军。其次，满足贵州省调整优化农业产业结构，推动种植模式由单一向多元化、特色化方向转变的实际需要，围绕全省产业区域布局来有针对性地开展空间土地整治工作。再次，土地整治工作要推动农产品生产加工业与休闲、旅游、文化、养生等产业深度融合，推动农村第一、第二、第三产业融合发展，培育农业农村发展新动能。

六　结束语

2017 年 10 月，中国共产党第十九次全国代表大会报告明确提出"实施乡村振兴战略"，为新时代我国农业农村农民发展指出了新目标、新任务和新路径（习近平，2017）。2018 年 2 月，中共中央、国务院发布《关于实施乡村振兴战略的意见》，这份 2018 年度中央一号文件具体按照党的十九大报告提出的"产业兴旺、生态宜居、乡风文明、治理有效、生活富裕"的总要求，对推进农村经济建设、政治建设、文化建设、社会建设、生态文明建设和党的建设做了全面具体部署。至此，我国新时代乡村振兴的整体顶层设计逐渐完成。

当前，土地整治所发挥的作用和功能与国家实施乡村振兴发展的实际需求具有高度的一致性。因此，开展农村土地整治已经成为实现我国农业农村现代化、推进乡村振兴发展的重要战略选择。目前，我国农村土地整治工作已从单纯的工程建设上升到要素激活乃至价值实现。特别是要通过土地整治工作来最终实现土地价值、人的价值、生态价值以及社会经济价值的重塑与恢复。

苟坝土地整治项目具有良好的导向效应与示范效果，项目的实施改善了当地生产条件，推动了土地规模流转，促进了农业产业升级，增加了农民综合收入，提升了美丽乡村建设水平，带来了一系列可喜的连锁效应。总之，当地政府根据资源禀赋与区位优势，积极开展土地整治工作，大力发展以"高效农业、乡村旅游、特色文化"为代表的乡愁经济，为贵州实施乡村振兴战略发展探索了有效途径，积累了丰富经验。2015 年 6 月，习近平总书记在花茂村考察调研当地解决农民就业、促进增收情况时表示"怪不得大家都来，在这里找到乡愁了"，2017 年 10 月 19 日称赞花茂村鸟瞰照片："这是风景画，很漂亮"，肯定了花茂村扶贫开发、产业发展的做法。因此，未来土地整治工作要紧紧围绕我国乡村振兴发展的战略需要，通过开展以地、水、路为主的因素整治与空间整治来激活土地、劳力、产业、资本等发展要素，进而实现土地整治的工具属性与价值属性的和谐统一。

参考文献

陈锡文，2018，《实施乡村振兴战略，推进农业农村现代化》，《中国农业大学学报》
　　（社会科学版）第 1 期。

李艳、杨红月，2017，《红色资源与扶贫开发——以贵州黔北革命老区为例》，《遵义师
　　范学院学报》第 2 期。

申鹏、李明昊，2016，《后发地区整村扶贫开发的实践探索与政策建议——以黔北花茂
　　村为例》，《贵州大学学报》（社会科学版）第 4 期。

习近平，2017，《决胜全面建成小康社会　夺取新时代中国特色社会主义伟大新胜
　　利——在中国共产党第十九次全国代表大会上的报告》，北京：人民出版社。

严凯、伍廷辉、王伦梅、杨飞、王金凤，2017，《贵州山地高效特色农业发展机制研
　　究——以贵州省遵义市枫香镇九丰农业科技园区为例》，《农业研究与应用》第 4 期。

《中共中央国务院关于实施乡村振兴战略的意见》编写组，2018，《中共中央国务院关
　　于实施乡村振兴战略的意见》，北京：人民出版社。

责任编辑：刘升

乡村旅游对乡村振兴的影响及机制研究

——基于贵州花村的调研[*]

刘　升[**]

摘　要： 在乡村振兴背景下，以实现第一、第二、第三产业融合的乡村旅游得到新一轮快速发展，乡村旅游尽管能在一定程度上带动村庄产业发展，实现村庄生态宜居，增加村庄治理资源并提高村庄经济收入水平，但乡村旅游因其乡村基础与旅游特性存在一定冲突，在分配乡村旅游所产生的有限利益过程中，容易在村庄中产生村民与村民、村民与村干部、村干部与村干部、村民与村集体、村民与外来企业等不同主体间因利益分配不均而产生的矛盾，从而影响乡村治理效果，因此，推动乡村旅游应该因时因地有计划地进行。

关键词： 乡村振兴　乡村旅游　基层治理　产业融合

一　问题提出

2017年，党在十九大报告中再次提出"农业农村农民问题是关系国计

---

* 本文为贵州大学乡村振兴、扶贫攻坚专题研究招标课题（编号：GDZX2018012）、贵州大学2017年引进人才科研项目（编号：2017006）和贵州大学文科重点学科重大科研项目"县级政府治理能力及其评价研究"（批准号：GDZT201709）的阶段性成果。

** 刘升（1987~　），男，山东青岛人，贵州大学公共管理学院副教授，博士，研究方向为基层治理和社会转型。

民生的根本性问题，必须始终把解决好'三农'问题作为全党工作重中之重"，并首次提出"乡村振兴"战略和"产业兴旺、生态宜居、乡风文明、治理有效、生活富裕"的20字乡村振兴战略发展总要求，由此乡村振兴成为我国未来的重要发展方向。

在学术界，当前关于乡村振兴的研究主要分成两部分。第一部分主要是总体的理论指导类研究，这类研究主要是从宏观视角来整体看待乡村振兴战略。主要是聚焦乡村振兴战略层面的政策解读，如从城镇化发展过程分析乡村振兴战略出台的背景、当前乡村振兴战略出台的时代意义（张强等，2018），或从政策和现实发展层面分析下一步乡村振兴战略的具体实施措施，为乡村振兴战略的实施提供意见和建议等（张晓山，2017）；第二部分是从一些特定内容方面自下而上地关注乡村振兴战略，如王佳宁从梁家河的发展经验提炼乡村振兴发展模式（王佳宁，2017），刘志阳从农民工返乡创业角度来看待乡村振兴中农民工群体的作用（刘志阳，2017），刘锐（2018）从乡村振兴角度论述农村宅基地改革的发展方向，刘升（2018）则从城乡融合角度来分析乡村振兴的可能发展路径。但实际上，乡村振兴是在过去新农村建设基础上的发展。所以，乡村开发和乡村振兴的理论和尝试已经有很多，而发展乡村旅游就是其中的重要内容。

在政策层面，2018年中央一号文件明文规定："实施休闲农业和乡村旅游精品工程，建设一批设施完备、功能多样的休闲观光园区、森林人家、康养基地、乡村民宿、特色小镇。"可见，国家已经从政策层面为推动乡村旅游做了规划，全国各地也都在实践层面大力推动乡村旅游。而既有的学界研究中也大多认为乡村旅游是实现乡村振兴的重要方式（刘栋子，2017），相关研究大多认为，尽管在发展乡村旅游过程中，村民和开发商之间会出现一定的利益博弈（杨瑜婷等，2018），但包括集体化乡村旅游模式在内（王晨光，2018），乡村旅游还是有效地推动了乡村振兴战略的实施（崔剑生、赵承华，2017）。

但根据笔者调研，乡村旅游尽管在短期内能够在一定程度上助推乡村振兴的发展，但这并不意味着发展乡村旅游与乡村振兴的战略完全符合，甚至一些发展乡村旅游地区的村民也并不太认可乡村旅游这种发展模式。乡村旅游到底对乡村振兴产生了什么影响？又为什么会产生这些影响？这是本文研究的重点内容。

二　花村的乡村旅游实践

花村是贵州北部的一个自然村，有常住居民 73 户 274 人，原本花村是一个主要依靠种植茶叶获得收入的传统农业村庄。但从 2015 年开始，因其所在的梅县要重点发展乡村旅游，花村靠近县区，且自然环境相对优越，被选为乡村旅游开发示范点。于是，花村从 2015 年开始大力发展乡村旅游，从 2015 年到 2018 年的 3 年时间，乡村旅游给花村既带来了积极影响，也带来了消极影响。

（一）积极影响

1. 乡村旅游助推产业发展

2015 年以前，花村的产业主要是茶叶种植和茶叶采摘，在花村 400 多亩田土中有超过 300 亩用来种植茶叶，其他剩余的少量土地用来种植玉米、水稻、蔬菜等农产品。因此，在发展乡村旅游之前，花村的村民主要是有工作机会的时候就到城市中去打工，从事一些工商业工作，城市中没有工作机会的时候就留在村里采茶和卖茶。

在 2015 年，随着乡村旅游的发展，大量游客来到花村。花村村民看准时机，大量开办各种旅游配套产业，仅在 2015～2016 年，花村前后一共开了 20 多家旅社、17 家农家乐、20 多家小吃店和便利店等。在花村 73 户村民中，绝大部分家庭都发展了与乡村旅游相关的产业。可见，对花村而言，乡村旅游提供了村庄内更加多元的就业机会，让村民可以在家门口实现就业。

2. 乡村旅游提高了村庄经济水平

一方面，乡村旅游提高了村民收入。随着花村乡村旅游知名度的提高，外来游客数量的增加给花村村民带来了更多就业机会，村民通过开办旅馆、农家乐、小吃店等与乡村旅游相关的配套产业提高了收入，花村村民的人均收入从 2014 年的 1 万多元提高到了 2018 年的 3 万多元。

另一方面，乡村旅游提高了村集体收入。乡村旅游带来了游客，自然也带来了收入，而旅游收入是一个整体收入，不仅村民可以从中受益，村集体也可以从中获利。在花村，通过收取停车费、门票和管理费等各种费用，村集体随着乡村旅游的发展也有了可观的收入，仅收取门票一项，2017 年半年多时间，就达到 90 多万元。

3. 乡村旅游极大地改善了村庄人居环境

从 2014 年开始，为了将花村打造成旅游景点，梅县政府花费重金，在一年多时间中直接投入近 4 亿元用于花村的各种公共基础设施建设，其中仅村庄内部的道路建设资金就达到 2 亿元。同时，还在花村架设了路灯，完成了公共停车场、公共厕所、集中化粪池等一系列基础设施建设，而这一系列公共基础设施建设极大地改善了花村村民的人居环境。在现在的花村，传统各家各户的旱厕全部变成了现代化的冲水厕所，黄土路也都变成了沥青路和木栈道，漆黑的夜晚有了光亮的路灯，家家户户有了干净的自来水，村里有了现代化的公共厕所、停车场和大片整齐的花草绿地，村庄道路和人居环境变得干净卫生，村庄的自然生态和社会生态都变得更加宜居。由此，通过发展乡村旅游，花村实现了人居环境的极大改善，也真正达到了基础设施方面的城乡一体化，实现了生态宜居。

（二）消极影响

发展乡村旅游尽管有其优势，但同样也会带来一些矛盾。在 2014 年，梅县之所以将乡村旅游示范点选在花村，除花村自身的地理条件相对较好之外，还因为花村的社会基础好，村民普遍非常支持发展乡村旅游。当梅县提出要发展乡村旅游的时候，花村有近 100 名村民作为志愿者无偿地投工投劳参与村庄建设。可见，当时的花村是一个非常团结和谐的村庄。但随着乡村旅游的开发，乡村旅游在给花村带来经济收入的同时，也因为经济利益分配不均而给原本平静的花村带来很多矛盾。

1. 村民之间的矛盾

随着村庄旅游开发，围绕乡村旅游中的利益分配，花村主要激化了四组村民之间的矛盾。**第一组是做生意的村民与不做生意村民之间的矛盾。**在花村的 73 户村民中，尽管大部分村民都通过开办各种产业而投入乡村旅游开发中，但仍有 14 户村民自始至终都没有参与村庄旅游开发的任何投资，他们虽然积极响应村庄旅游开发，拆除了自家猪圈、牛圈，改造了自家外墙和菜园，为村庄整体环境建设做出了贡献，但他们既没有投资建设旅馆、农家乐、小吃店，也没有到其他从事相关产业的村民家中打工，他们仍然采取采茶和外出打工这种"半工半耕"的经济模式。但由于仍居住在村中，所以尽管他们不能从乡村旅游中获得直接经济效益，他们也不得不承受乡村旅游带来的一些不良影响。一方面，为了发展乡村旅游，村中的菜园子都被改造成了供游客参观游玩的花草绿地，这样村民日常的蔬菜就不得不到县城或者高价从外来小贩手中购买，从而提高了生活成本。另一方面，随着大量游客到村里旅游，在给村庄带来收入的同时，也带来了噪音、固体废弃物、交通拥堵等一系列负面影响。对从事乡村旅游相关产业的村民而言，他们自然是希望游客越多越好，因为游客越多意味着收入越高，而对没有从事旅游产业的村民而言，他们自然希望游客少一些，因为游客越多意味着他们的生活受到的影响越大。这样，做生意的村民和不做生意的村民之间就产生了矛盾。

第二组是做生意村民之间的矛盾。随着乡村旅游开发，花村大部分村民都通过开办农家乐、旅馆、小吃店等加入旅游开发行业中，但因为村民受到自身技能、经验、资本等条件限制，他们在选择产业过程中，所发展的产业无形之中都存在很多雷同之处，主要是从事一些低端的服务行业。而在游客消费数量一定的情况下，村民产业高度雷同，村庄也就变成了商业的竞技场，商场如战场，村民纷纷想办法吸引顾客，甚至将其吸引顾客的方式看作"秘方"，为了防止自家吸引客人的"秘方"被其他村民学去，做生意的村民之间多了一层竞争关系。于是，一些做生意的村民之间开始因争抢游客而发生一些矛盾，甚至于一些村民因为在做生意过程中的竞争而变得互相不说话。

第三组是本地村民与外来村民之间的矛盾。面对乡村旅游开发过程中的利益分配，做生意的村民之间展开了竞争，而在做生意的村民中间，还包括本地村民和外来村民两类。在花村的 73 户村民中，有 11 户是外来村民，这 11 户外来村民的户口并不在花村，而是看到花村环境好，距离县城近，采摘茶叶收入高等优势，前些年从全省其他农村搬迁到花村的，属于外来户。在过去以采茶为村内主要收入的时候，村民之间各采各的茶，互相之间并没有直接的利益竞争，所以本地村民和外来村民之间关系也比较和谐。但在发展乡村旅游之后，随着村庄中利益增加，围绕利益分配，本村村民和外来村民的矛盾不断增加。一方面，以前将房子和茶园等卖给[1]这些外来户的本村村民看到自己的房子和土地随着乡村旅游的发展而不断升值，于是想要回自己的房屋和土地，这就与外来村民群体间产生矛盾；另一方面，部分外来村民通过在乡村旅游中开办配套产业赚到了钱，于是很多花村村民认为这些外村村民分走了原本应该属于他们的利益，从而产

---

① 尽管国家规定农村不允许买卖土地，但花村村民通过私下无限期流转土地的形式在事实上形成了土地买卖。

生了一定的不满和排外情绪。

第四组是富裕村民与普通村民之间的矛盾。在花村以农业为主的时候，因为农业本身产生剩余比较少，无法致富，加上农村土地过去是按照人口平均分配，尽管土地因为长期稳定而造成一些实际不均衡，但仅仅依靠土地，村民仍无法在经济上出现分化。村民只有依靠外出打工来赚钱，但因为第二产业和第三产业主要集中在城市，所以村民也主要是到城市中打工，等有了一定经济能力之后，村民就会直接离开村庄成为真正的城里人，毕竟城里有更多的工作机会，有更好的教育、医疗、娱乐等公共服务资源，有更好的路、灯和各种公共基础设施等。所以在经济分化过程中，农村的经济精英会首先离开村庄，这样，农村中留下的主要是那些经济条件差不多的村民。但随着花村旅游的开发，村庄中一方面基础设施得到极大改善，村庄中的生活条件与城市的差距缩小，而且乡村中还有青山绿水的优美环境；另一方面，随着旅游的发展，村庄中有了除农业以外的其他就业机会，村庄旅游是一种内置于村庄中的经济增长点，属于第三产业，这个产业相比第一产业而言更能实现致富，但同时，旅游产业收益分布不均，与区位、社会关系、经营能力等因素紧密相关。这样，村庄容易从一个"平面村庄"变成一个"立体村庄"，形成一个"金字塔"结构，村庄中的经济精英因为能够从村庄旅游中获利，所以往往会选择留在村庄，这就导致村庄中贫富差距拉大，富裕村民和贫穷村民生活在一个空间中，村民更关注自己在村庄中的经济水平，而处于村庄经济下层的村民对富裕村民容易心生不满，也让原本简单的村民关系变得复杂。

2. 村民与村干部之间的矛盾

开发乡村旅游过程中，村民与村干部之间的关系也在发生变化。村干部在村庄中具有双重身份：一是村干部的"干部"身份，这就要求他们有公心，能够带领村民致富；二是村干部的"村民"身份，村干部本质上也是村民，所以也有私心，也想通过搭乘乡村旅游的便车赚钱，所以村干部家中同样也会开办农家乐、旅馆等与旅游相关的商业活动。

以花村为例，目前花村的游客大致可以分成三类。第一类，政府部门的观光学习团，这些政府的观光学习团主要是来学习花村的土地改革和乡村旅游发展经验，但这些学习团组织性强，大多都是集中固定在组织他们的村干部家购物和吃饭。第二类，一些市场旅行社的团队游客，这些人的组织性同样比较强，一般也都会被导游安排在村干部家吃饭和消费。第三类，来自附近地区的散客，这些人自发组织旅游，可以根据自己的意愿选择消费地点。但相对而言，村干部家的农家乐往往装修档次较高，所以这些人也愿意去村干部家消费。

可见，与普通村民相比，村干部在人脉、信息、融资等方面都有优势，这就让到村干部家中消费的游客数量比到普通村民家中的游客数量多很多，甚至很多游客都是固定到村干部家中消费。在利益面前，这自然引起村民的不满，在这个利益分配过程中，村干部的权威降低，甚至村干部做事到底是出于"公"还是出于"私"都成了值得商榷的问题。于是，出现了花村旅游合作社社长不敢去开村民会，花村当了30多年的小组长主动要求辞去小组长职务等现象。

3. 村干部之间的矛盾

2006年之后，因为取消了农业税和计划生育等工作逐步放松，农村基层组织陷入无事可做的悬浮（周飞舟，2006）状态，村庄中小组长等村干部的工作变得非常少。而花村在开发乡村旅游后，村庄中的工作又多起来，各种项目落地等工作都要村干部协调。但面对村庄公共事务与自家生意的矛盾，村干部毕竟也要照顾自己家中的生意，这就迫使他们想办法减少自己手中那些为村庄公共事务而奉献的时间。于是，花村村干部都希望其他村干部能够多做一些奉献性的村庄公共工作，这样村干部之间因为工作分配而矛盾增多。

4. 村民与村集体的矛盾

在发展乡村旅游中，村集体同样需要盈利以增加村集体的公共服务能力，但在乡村旅游收入一定的情况下，就产生了村民与村集体的利益分配问题，在双方都希望能够多得利的情况下，村民与村集体的诉求很容易发生冲突。

对村集体而言，为了提高村庄在公共事务上的管理能力，自然是希望能够有更多收入。为此，村集体采取了包括收停车费、门票、管理费等多种营利方式。但在普通村民那里，他们更多的是希望自己的收入最大化。为此，村民出于自身利益考虑，不断否定村集体的决定（案例1），于是双方围绕利益分配产生了矛盾。

案例1：在2017年，花村旅游合作社为了增加合作社集体收入，在2017年4月到2017年10月通过收取门票得到了90多万元收入，并且将这些收入中的大部分作为分红归还了村民。但对做生意的村民而言，他们认为收门票减少了游客数量，从而影响了他们收入。于是在这些村民强烈要求下，花村不得不取消了门票。

5. 村民与外来开发者之间的矛盾

开发乡村旅游过程中，外来公司是必不可少的参与者，因为这些外来旅游公司往往具有资本和技术等优势，但这些外来公司的到来同样也是为了盈利，这就需要在外来公司和村民之间分配乡村旅游产生的收益。外来公司因为大多是专业旅游公司，在人力、技术、信息、资本等方面占有优势，所以通常能够获得比普通村民更多的收益，此时就容易引起一些村民不满，这些村民认为外来公司侵占了本来应该属于他们的利益，于是村民和外来公司之间的矛盾也不断增加。

总之，尽管通过发展乡村旅游给村庄整体上带去了一定的经济利益，但在村庄内部利益分配过程中，各方参与主体都想尽可能多地让自己在乡村旅游的利益分配中占据优势，从而引起村民与村民之间、村民与村集体之间、村民与村干部之间、村民与外来公司之间等不同主体的种种矛盾，加剧了村庄的内部分化和矛盾冲突，村庄中的人员关系变得更加复杂和紧张，导致村庄中的不稳定因素增大。

三 乡村旅游的内在机制

（一）乡村旅游的乡村基础

1. 乡村旅游的风险共担性

乡村旅游以乡村为基础，是在原有村庄基础上的升级改造，这就需要以原始的村庄社会为基础。在 2015 年前，花村开始发展旅游的时候，为了创造良好的旅游环境，将原村庄中每家每户的厕所、猪圈、茶叶加工厂等影响整体环境的设施拆掉或进行了改造。这样，在乡村旅游发展过程中，应该说是做到了全民参与，每个村民都出了力，投了资，承担了风险，也做出了贡献。可见乡村旅游不是某个人或某几个人的事情，而是所有村民共同的事情。由此乡村旅游也具有了"风险共担"的性质。

既然所有村民都为乡村旅游做出了贡献，村民自然会要求经济上的收益。但到了分配利益的时候，因为乡村旅游收益的特性，其辐射范围比较小，无法人人都获得同等收益。在花村，游客主要是以附近县城的人为主，他们的消费也比较有限，且消费路线和消费内容都较单一，这就导致花村村民在利益分配中会出现不均的情况，也导致村民之间关系的紧张。

2. 乡村旅游的村民性

一方面，村民的技能与经验不足。对乡村旅游所在地的村民而言，他们昨天还只是依靠体力劳动的农民，今天通过发展乡村旅游这样偶然的机会成为小商人。此时，他们大多并不具备服务行业应有的技能和经验，所以自身起点低，复杂的工作他们做不了，简单的又会存在高度雷同的情况。如在花村，尽管小吃店众多，但销售的基本都是糍粑、凉粉、凉面这些简单易做的食品，这就导致村民互相之间必须抢生意，从而造成村民之间关系的紧张。而乡村旅游是在以前乡村的社会基础上发展起来，不同于开荒式的旅游开发，开荒式旅游可以更加有计划，同时也可以互相补充，互相配合，收益也可以互相调配，从而保持收益分配的平衡。但乡村旅游中村民属于不同的家庭，花村有73户村民，这些家庭很难对利益进行二次分配。例如，地理位置不好的村民做生意，往往收益也不高，而地理位置好的村民也不可能用自己的收入来补贴这些家庭，这就让村庄中经济差距进一步拉大，赚不到钱的村民不满增加。

另一方面，村民的经济能力不足。经济基础不好决定了村民的抗风险能力有限。在花村发展乡村旅游过程中，因为城市居民主要是去村庄体验农村环境，所以花村村民的房子、土地甚至是村民自己也成了旅游景观的一部分。在这个过程中，村民无论是否愿意，都需要进行一些投入，如拆掉猪圈、牛圈，改掉菜园，此时大量村民通过借贷的方式来进行相关改造，在将自家房屋改造成旅馆、饭店等旅游配套设施时，村民受经济能力限制只能借贷，但当这些旅游配套设施无法给村民带来足够收入的时候，这些设施更多的是增加了村民的负担。

3. 乡村旅游的地域共享性

对村民而言，乡村旅游发生在他们的原有村庄中，村庄既是他们的生活空间也是他们的生产空间，所以他们开办的旅馆、农家乐、小吃店等都是在自家的宅基地上修建，也就是生活空间和工作空间一体，用于乡村旅游的商业空间和自用的生活空间重合，包括厨房、厕所、客厅等都是共用一个。所以一旦村民经营失败，则难以将商业空间部分出租出去，毕竟他们自己还要在那里生活。同时，村民一旦将店铺关门外出打工，则村庄中大量店铺关门的情况只会加重乡村旅游的萧条，让游客进一步减少。可见，这种空间的重合对乡村旅游和村民生活都会产生不利影响，让其互相干扰，也成为村民不满的重要原因。

（二） 乡村旅游的旅游特征

乡村旅游本质上仍是旅游，所以仍会呈现大量的旅游特征。

1. 乡村旅游的时空性

一方面，旅游具有时间性。相比于城市旅游，乡村旅游的时间性更加突出，乡村旅游因为地处乡村，其消费人群则主要来自城市，从城市到乡村去旅游具有一定的空间距离。在这种空间距离影响下，城市中的人只有在周末或者节假日才有时间到乡村旅游，且乡村旅游还受到气候等自然因素影响，如在刮风下雨等不良自然天气情况下，因距离较远，游客会因路途不便而不愿出游。所以，乡村旅游平时游客较少，但一到节假日，游客又蜂拥而入，普通旅馆、农家乐在大量游客到来时表现出接待能力不足，而在平时游客不来时则甚至无生意可做，这种游客的大起大落让乡村旅游的平均收益变得并不高，也容易让先前大量投资的村民陷入现实的失望与不满中。

另一方面，旅游具有空间性。在花村，游客的观光路线都相对固定，在游玩过程中，游客实际上只会经过十家左右区位较好的门面，除此之外的其他门面则因不顺路而很少经过，这就导致处于其他空间位置的商家实际上很难获利。就目前而言，花村实际上有数十家各类门面，但真正能够盈利的只有七八家，而这种旅游的空间性也导致很多村民对这种收入分配不均情况的不满。

2. 乡村旅游的高投入性

一方面，旅游作为一个服务行业，必须提供较高水准的硬件，如客房需要按照标准房间改造，但一个带卫生间和空调的房间进行改造需要 1 万多元，投入非常高。而餐饮不仅需要改造厨房等较大的一次性硬件设施投入，同时日常的维护运营成本也很高，为了准备每天不确定的来客，不但需要买菜，备菜，还需要专门的人员在饭店中候客，这也导致餐饮这类行业后续的投入比较多。在花村，通常建设一个农家乐需要 20 万 ~ 30 万元，建设一个相对较好的旅馆同样需要投资 20 万元以上。在农村这样一个场域中，农民为了完成这些硬件升级改造和后续不断投资，往往不得不借债。

另一方面，旅游作为一个服务行业，自然也需要软件方面的优质服务，也就是村民的服务技能、水平等应有相应的提高，但这些能力对过去长期从事农业的村民而言并不是一个简单的事情。对村民而言，提高服务软件的各种培训学习往往也意味着后续资源的不断投入。花村村民仅自发组织到陕西学习乡村旅游发展经验，每人的投入就达到近 1 万元，可见这种后续学习的投入同样非常大。

3. 乡村旅游的排他性

一方面，通过花村旅游发现，真正能够从乡村旅游中赚钱的毕竟属于少数，但所有村民都要受到乡村旅游开发所带来的负面影响；另一方面，乡村旅游开发必然以游客为中心，村庄中的公共基础设施大多也是为了旅游而修建，例如广场、观光台、游乐场等娱乐设施，在这个过程中，村庄中却没有考虑学校、医院、工厂等服务普通村民的生活生产设施。对普通村民而言，村庄已经不是普通村民的村庄，村庄已经成为游客的村庄。而这种村庄显然会从各方面排斥普通村民。

4. 乡村旅游的资源集聚性

乡村旅游与传统基于自然和人文的自然景观旅游相比，既没有大的自然景观，也没有悠久的文化历史，更多是一个人工打造出来的景点（谢小芹，2017）。所以乡村旅游的旅游资源大多比较有限。而花村这类政府主导下后天打造出来的景点，不同于市场主导而自发产生的景点，这种政府主导打造的景点尽管有一些外来游客，但因为打造的政治气息太浓，常常与其他地方雷同，所以真正去游玩的游客并不多，更多是以各地地方政府人员参观学习为主，但这些地方政府人员参观通常都是直接对接乡村旅游当地政府的相关部门，或者是带着介绍信直接对接村里，这种参观是有专人讲解介绍的学习。所以这类旅游往往很难带动消费，自然也很难给村民带来经济收入。对花村而言，它的旅游资源主要是乡村的青山绿水和一个新投资的游乐场，来的游客主要是爬爬山，走走路等，可替代性很强。由于花村比较小，景点有限，游客基本一个多小时就可以走完，消费欲望自然不强。在 2017 年，花村共接待外来游客 120 多万人，但游客消费只有3000 多万元，即平均每名游客消费 25 元，可见人均消费较低。而且因为花村旅游资源有限，回头客较少，这就更影响了村庄从乡村旅游获取经济收益。

综上，因为乡村旅游的乡村基础，乡村旅游本身呈现一种"风险共担"的结果，在这种风险共担模式下，实际上所有村民都有投入，所以乡村旅游本身具有一定公共性。但旅游本身是属于第三产业的商业活动，商业活动中容易表现出利益分配不均的问题，而在乡村这样一个"熟人社会"中，一旦出现利益的分配不均，就容易出现村庄内部村民之间的矛盾。

四 结论及建议

（一）结论

从政策角度看，推动乡村旅游是以实现第一、第二、第三产业的融合发展来带动村民致富，最后实现乡村振兴的过程。但通过上面分析可以发现，发展乡村旅游固然能够推动乡村振兴，但乡村旅游本身具有的乡村基础和旅游特性带有一定的矛盾和冲突，如果不加以控制，乡村旅游中的这种矛盾性和冲突性就可能会带来一系列社会问题，从而影响社会稳定和乡村振兴战略的实施，因此应该慎重推行乡村旅游。

（二）推行乡村旅游的建议

（1）乡村旅游应进行整体规划。乡村旅游属于旅游的一种，在游客一定的情况下，乡村旅游本身带有很强的竞争性，往往是一个村庄搞了乡村旅游，周边其他村庄就不能搞乡村旅游。而且因为乡村中往往并没有独特的旅游资源，所以乡村旅游应该以适度规模为主。在花村旅游开发过程中，其实是以附近两个旅游村庄的衰落为前提，因为花村开发晚，投入资源多，设施新，所以周边游客更愿意到花村，实际上花村将附近两个旅游乡村的游客都吸引过去了，但也可以想象，未来如果再发展其他临近村庄，花村的游客也会被吸引走。

（2）发展乡村旅游应提前规划村庄内部的利益分配。在发展乡村旅游过程中，很多村民会存在脑子过热的情况，认为可以通过乡村旅游实现快速致富，这实际上并不现实，因为当大量村民都无门槛地从事同一个产业的时候，竞争就激烈，进而让一些村民无钱可赚，甚至背负沉重的债务。如花村很多村民借钱开农家乐，结果农家乐大量倒闭，村民大量负债。所以发展乡村旅游过程中必须对村庄旅游进行整体规划，对村民进行正确的投资和产业引导。同时应约束村庄内外精英的获利。村干部和各种社会资本在乡村旅游开发中具有人脉、资金、信息等方面的优势，所以应防止这部分人利用自身优势资源俘获全部旅游收入。

（3）乡村旅游应是一个软硬件共同开发的系统工作。乡村旅游并不只是一个硬件的建设过程，还包括了软件上的服务提升过程。发展乡村旅游与建设游乐场不同，乡村旅游必须接受村内还有大量原住村民这个前提，而原住村民自身能力不足，其经营旅游业必须有后续的投入和培训学习。因此，政府在发展乡村旅游中，不能一建了事，而需要通过持续的关注和投入来培养乡村的现代服务能力。

参考文献

崔剑生、赵承华，2017，《沈阳市乡村振兴战略及其乡村旅游发展研究》，《沈阳农业大学学报》（社会科学版）第 6 期。

姜德波、彭程，2018，《城市化进程中的乡村衰落现象：成因及治理——"乡村振兴战略"实施视角的分析》，《南京审计大学学报》第 1 期。

刘栋子，2017，《乡村振兴战略的全域旅游：一个分析框架》，《改革》第 12 期。

刘锐，2018，《乡村振兴战略框架下的宅基地制度改革》，《理论与改革》第 3 期。

刘升，2015，《家庭结构视角下的"半工半耕"及其功能》，《北京社会科学》第 3 期。

刘升，2018，《嵌入式振兴：乡村振兴的一种路径》，《贵州大学学报》（社会科学版）第 3 期。

刘志阳、李斌，2017，《乡村振兴视野下的农民工返乡创业模式研究》，《福建论坛》（人文社会科学版）第 12 期。

王晨光，2018，《集体化乡村旅游发展模式对乡村振兴战略的影响与启示》，《山东社会科学》第 5 期。

王佳宁，2017，《乡村振兴视野的梁家河发展取向》，《改革》第 11 期。

谢小芹，2017，《旅游景观是如何被制造出来的？——基于黔东南州 J 村苗寨旅游开发的实证调研》，《中国行政管理》第 1 期。

杨瑜婷、何建佳、刘举胜，2018，《"乡村振兴战略"背景下乡村旅游资源开发路径演化研究——基于演化博弈的视角》，《企业经济》第 1 期。

张强、张怀超、刘占芳，2018，《乡村振兴：从衰落走向复兴的战略选择》，《经济与管理》第 1 期。

张晓山，2017，《实施乡村振兴战略的几个抓手》，《人民论坛》第 33 期。

周飞舟，2006，《从汲取型政权到"悬浮型"政权——税费改革对国家与农民关系之影响》，《社会学研究》第 3 期。

责任编辑：徐中春

公共治理专栏

棘手公共问题的合作治理：
理论缘起与分析框架[*]

张红春^{**}

摘　要： 合作是治理的本质特征之一，合作治理是公共治理的过程视角。本文通过对治理与合作治理的文献进行归纳与演绎，系统阐述合作治理的内涵与关键问题，从问题特征、合作体制与合作机制三个维度建构合作治理的整体分析框架。不同于可线性求解的问题，合作治理产生的前提是跨界、低共识、复杂的棘手公共问题。棘手公共问题有着链式的利益相关主体和环形的治理责任分布，整合政府组织之间的跨界合作、政府与非政府力量的跨界合作是合作治理的两个治理主体识别维度。通过在治理主体间构建平等依赖的伙伴关系，构建一种不同于科层制的新型合作体制。为了促进与维护合作运行，激励、协商、信任和透明机制的构建至关重要。

关键词： 合作治理　公共问题　复杂性　合作体制　合作机制

合作治理被视为公共行政学发展的新趋势（郑文强、刘滢，2014）。

* 本文受教育部人文社会科学研究青年基金项目（17YJC630209）；贵州大学人才引进科研基金的资助（贵大人基201601）。

** 张红春，管理学博士，贵州大学公共管理学院校聘副教授。研究方向：公共治理理论、政府绩效治理、政府透明度治理。

合作治理是基于治理理论和公共治理理论的延伸和建构，是公共治理理论族群中对于复杂性的棘手公共问题而提出的理论解决方案。本文通过厘清合作治理的问题特征与理论内涵，阐明棘手公共问题合作治理的关键理论维度，为理解和使用合作治理理论提供一个整体性的分析框架。

一 合作治理：治理理论的过程视角

代表性的治理概念无一例外地将合作视为治理内涵的核心要素。全球治理委员会对治理的定义是公共机构或私人机构以及非营利组织共同管理公共事务的诸多方式的综合，治理是使相互冲突的或不同的利益得以调和并且采取联合行动的持续合作过程（俞可平，2000：4～5）。俞可平对治理与善治的理解也包含合作内涵，他认为善治表示国家与社会、政府与公民之间的良好合作（俞可平，2000：11）。孔繁斌认为，作为一种分析性概念，治理指的是一种以公共利益为目标的社会合作过程（孔繁斌，2012：24）。麻宝斌认为公共治理就是一定范围内的多元主体基于多元目标，运用多样化的手段对公共事务进行协同管理的过程和活动（麻宝斌，2013：9）。尽管上述国内外文献对治理概念的视角、分析要素存在一定差异，但都指出了治理的合作特征。

合作是对治理过程的反映，是治理的过程视角。治理这一术语被不同的实践和理论领域广泛使用，治理概念有着多元的使用途径与视角，例如罗茨就提出了治理至少存在六种不同的使用途径。治理可以指向一种结构、一个过程、一种机制和一种策略。作为过程视角，治理更加强调治理中的互动和动态性特征，关注如何引导、激励和促成多元主体之间的合作行为（Levi-Faur, 2014：8）。治理的过程视角也被罗茨等治理学者所强调和使用，他认为治理意味着一种新的统治过程。如果多中心治理是从治理主体及其治理结构对治理本质的提炼，那么合作与合作治理则是从治理的动态运行过程对治理理论的概括。多元主体的合作是治理的运行过程以及实现善治目标的唯一路径，合作在治理理论体系中具有独特而重要的理论价值。在多中心治理的结构中，独立治理主体之间的合作治理才是多中心治理运作的真正轴心，在大多数语境中，多中心治理指称的主要是合作治理，在一定意义上，合作治理是多中心治理最浓缩的表达（孔繁斌，2012：57）。因此，可以说合作是治理概念的精髓。

合作治理是公共治理的理论族群中最具有代表性、统领性和前瞻性的理论框架。从公共管理到公共治理的概念变化，意味着政府管理的视角发生转型，治理不仅限于组织及其内部管理，而且包括公共组织与其存在的外部社会政治环境之间的关系变革（Kickert，1997）。国内外学术界围绕着公共治理的不同分析视角与途径，发展和建构了一系列的应用性的治理概念与理论流派。广义的公共治理理论包含政策治理、政府治理、合同治理、网络治理、协作性公共管理、公私伙伴关系、整体性治理、整体性政府、无缝隙政府、协同政府等流派。这些应用性的治理概念旨在分析高度复杂性和不确定性背景下的公共管理运行过程、公共服务提供和政策执行，在当代公共行政学科领域产生了广泛影响。这些表述不同但实质相关的理论术语都指向了不同组织和群体之间的跨界合作与协调关系，这正是公共治理的本质特征。鉴于合作在治理理论中的重要性，学术界也从不同视角阐述合作治理的理论内涵并应用这一术语分析公共管理中的治理问题。学术界对合作治理的理解至少有以下三种不同途径。

第一种主要指向公共管理决策和执行过程中的公私合作和政府—社会的合作。例如，Ansell 等（2008）阐释的合作治理概念属于这一途径，认为合作治理是指在一个正式、共识导向和协商性的集体决策过程中，一个或多个公共机构直接与非官方的利益相关者互动，为了制定和执行公共政策、管理公共项目和资产的治理制度安排。谭英俊（2009）认为合作治理就是政府、市场、第三部门等众多行动主体相互合作、分享公共权力、共同管理公共事务以实现公共利益的过程。俞可平（2012）提出公共事务的政府与社会合作治理模式也属于此种途径。公共部门和非公共部门围绕公共事务的合作是这一理论途径的本质内核。作为公私合作途径的合作治理，政府依靠但不完全控制私人行动者，政府并对私人行动者进行激励、影响和约束，公私行动者一起产生共识决策（多纳休、泽克豪泽，2015：37）。

第二种主要指向公共部门之间的跨部门合作。这种合作治理的途径主要关注组织治理以及组织间的关系治理。组织治理一直是治理理论的一个重要维度，如何更好地管理公共组织以提高组织有效性并提供有效的服务是公共组织治理中的重要问题。公共组织的合作治理是针对科层制的分工特征带来的组织碎片化治理问题提出来的。合作治理视角下的组织治理主要关注组织间关系及其合作，政府间以及跨部门的合作治理是其理论视域。布雷森等对合作治理的界定属于此种途径：跨部门合作治理指两个或以上的部门通过相互联系和分享组织信息、资源、活动和能力，实现单个部门不能实现的共同期望的结果（Bryson，2006）。① 跨部门的合作根源于政府间关系研究，整体性治理、整体性政府、无缝隙政府、虚拟政府、顾客导向、一站式服务、水平化管理、跨部门合作、协作性公共管理等理论与实践术语都属于这一理论视域，强调再造公共部门组织结构与运行，增进部门之间的协同与合作水平，以提供统一、连续和有效的公共服务。跨部门合作的潜在合作主体与合作形式包括上下级政府之间的纵向合作，同级政府部门之间的横向合作，以及不同地域的政府之间的横向合作。

第三种是一种更加综合和整合的理论视角，用合作治理指称任何一种跨界治理活动，不仅包括公共部门内部的组织边界，也包括公共部门与非公共部门之间的主体边界。Emerson（2012）提出的合作治理定义就属于此种理论途径，认为合作治理是指在公共政策制定及管理的结构和过程中，来自不同公共部门、不同层级政府的人们，以及来自公共的、私人的或民间组织的人们密切合作，实现一个不能单独完成的公共目标。合作治理涉及不同利益相关者及其多元权力，这些多元力量被组织起来可以让这些主体处理单个主体所不能解决的复杂公共问题。

在合作治理潜在的三种理论途径中，第三种途径更具整合性和更广泛的适用性，也因此成为本文讨论合作治理的视域选择。合作治理是多元行动者之间通过互动与合作实现共同目标和共同利益的公共问题治理过程，它能够提供一种解释多元治理主体间关系或多元行动者互动关系的分析框架。因此，合作治理指的是一种公共事务中复杂公共问题的跨界治理，有着不同背景、隶属和利益的行动者跨越组织、群体、制度或文化的边界，通过合作生产的方式解决公共问题、提供公共物品和创造公共利益。

广义视角下，合作治理的行动者具有多元和多维性，可以用于分析不同层次、不同角色的治理主体之间的互动关系。因此，合作治理不仅可以适用于分析不同治理主体之间的合作关系，也适用于同一治理主体内部的合作关系，例如对政府内部的部门间关系和地方政府间关系等（毕瑞峰，2010）。公共机构和非公共机构都可以是合作治理的发起者和参与者。政府作为公共治理的一支重要治理力量，以政府的边界来看可以分为政府内部的合作和政府外部的合作。政府内部的合作是不同公共机构之间的合作，即跨部门合作，而政府外部的合作是指政府与社会的合作，即公 - 私和政 - 社合作（杨华锋，2014）。根据合作主体的不同，合作又可分为个

① 可参考（巴达赫，2011；戈德史密斯、埃格斯，2008）。

人与个人的合作、个人与组织的合作、组织间的合作（郑文强、刘滢，2014）。因此，作为一个分析框架的合作治理可以用于分析不同的场域、层级和范围的公共事务与公共问题的治理。

二　棘手问题：合作治理的问题起源

治理是问题导向的，一些学者对治理的理解就是从问题出发的。Hughes（2010）认为治理指向公共组织或私人组织的运行以及需要解决的社会问题。而每一个社会问题都可以被看作治理问题，意味着希望被解决的问题（楼苏萍，2005）。公共问题也是合作治理的必要性起源。社会的不断变革和发展既改变了公共事务治理面临的环境生态，也不断催生公共问题的本质属性发生改变。

合作治理所要面对的治理问题是一个具有复杂性特征的棘手公共问题。不同于传统公共行政所面临的线性的、单一的以及程序性治理问题，合作治理所面对的公共问题具有强公共性、非结构性、跨界性、持续性等特征，这些特征使得棘手公共问题本身及其解决变得复杂和困难。

首先，合作治理所要解决的公共问题具有更强的公共性特征。公共问题的公共性特征可以表现在以下三个方面：第一，问题的产生是不特定的大众造成的；第二，问题所带来的不利后果影响到不特定社会大众的利益；第三，解决公共问题所带来的利益是公共的。公共问题形成原因和影响范围具有广泛性，由此解决公共问题带来公共利益共享性。公共问题的公共性特征也决定了公共问题是涉及不同利益相关主体的复杂问题。

其次，合作治理所要解决的棘手公共问题还具有跨界性特征。公共问题的跨界特征还意味着公共问题的时空分布是泛在、连贯和不可分割的，特别是不可按照已有的科层结构以及主体边界进行问题分解。跨界性意味着问题的空间是多重、交叉和相互关联的，它超越了传统科层与权威设定的组织结构与边界，跨越不同组织，跨越不同政策领域，跨越政治与行政的边界，跨越不同的利益团体（Weber et al.，2008）。公共问题的跨界性特征意味着公共问题有着多元的利益相关者，并且这些利益相关者之间高度相互影响和相互依赖。利益相关者之间的立场与诉求的差异，可能增大冲突的可能性，增加问题形成与问题解决的不确定性。问题的不确定性与不可分割性使得解决问题的协调与合作的必要性增加。跨界公共问题的解决需要跨界治理，这里的边界可以是组织之间的界限，可以是地域地理界限、文化边界、国家边界，等等。

再次，合作治理所要解决的棘手公共问题具有非结构化特征。非结构化的公共问题具有对问题的认知不确定、问题解决方案与策略不确定、问题解决的制度设计不确定的多重特征（Bueren，2003）。棘手公共问题就是一个弱共识的治理问题。环境的复杂性、突变性和脆弱性，使得对公共问题的问题定义、形成原因、解决方案、行动后果的共识程度偏低（Weber etal.，2008）。而跨界合作关系最容易在混乱的环境中出现（Bryson etal.，2006）。公共问题的不确定性和不可预测性特征使得采取线性方式治理公共问题不可行，因而必须采取整合多元利益相关主体的环形治理模式。

公共问题的公共、跨界和非结构化特征，使得合作治理面临的是一个复杂的棘手问题①（Wicked Problems）。公共治理当中的环境问题、安全问题和社会问题等诸多公共问题都具有或部分具有棘手问题的特征。不同于简单、线性、独立和程序化的公共问题，棘手公共问题的利益相关主体在对公共问题的认知、公共问题解决路径和结果预期方面都存在较多的不确定性和不可控性，棘手公共问题的解决变得不易。

解决复杂的棘手公共问题仅仅依靠单一主体的独立行动是难以实现的。社会组织结构、知识和资源的分工越来越专门化，而社会环境和公共问题却越来越复杂。不断增加的公共管理环境与问题复杂性都使得单一治理主体的单独行动在公共治理中显得脆弱和单薄。有研究将这种情况称为单个部门失灵（Sector Failure），即单一的部门尝试解决一个复杂公共问题是不管用的，治理棘手公共问题需要跨部门的努力（Bryson etal.，2006）。由于公共问题是复杂和多面向的，需要不同的利益相关主体投入各种资源才能解决，并分享知识、能力与资源，特别是非政府部门的能力与资源，单一主体主导应对复杂公共问题是容易失败的。目标的体系化和复杂性决定了传统公共行政以政府这一单一主体来组织政策执行的程式不再能够满足当代政策目标实现的需求，政府必须在政策目标实现的过程中，与非政府的、非营利的组织，甚至与私人组织和普通民众开展广泛的合作（张康之，2008）。虽然政府等公共部门是解决公共问题的道义和法理责任主体，然而复杂的棘手公共问题以及实现善治标准的公共事务治理，使得公共问题的多元产生主体、受影响主体、解决主体等构成了公共问题的重要利益

① 有的学者也将其译为"抗解问题"，例如，郑文强、刘滢《政府间合作研究的评述》一文。

相关者和问题解决的合作者。

　　多元利益相关者在解决公共问题中的相互依赖性是合作治理的直接缘起。合作治理的依赖性指的是治理主体之间必须通过资源交换、权责共享共担、互相服务和协商合作的方式才能解决棘手公共问题和实现公共利益，并实现善治的目标。在社会分工合作的背景下，不同的行动者掌握不同的信息、知识、技术和资源，不同行动主体之间的分工、依赖及其交换关系是社会运行的基本特征。公共事务不同于私人事务，公共问题具有复杂性特征使得解决公共问题过程中对多元利益相关者的相互依赖更为明显。各主体要通过交换资源、共享知识、互通有无、相互补足才能有效地治理公共事务（谭英俊，2009）。公共组织之间、公共组织与非公共组织之间日益增长的相互依赖性是公共管理的现实背景。

　　多元利益相关者之间合作治理模式提供了可持续的棘手公共问题的解决路径。合作治理克服了部门分工、主体分化与治理环境复杂性和治理问题复杂性之间的矛盾。合作治理主张的解决公共问题和创造公共利益是多元行动者合作生产实现的，而不是单一行动者所能实现的。合作治理具备释放跨部门范围内人员和机构能量的潜力，能够更为彻底、令人满意且更为有效地解决公共问题（多纳休、泽克豪泽，2016：263～264）。合作可以达成治理主体间的共识、增加治理资源、增强治理能力并降低治理环境问题中的复杂性和不确定性，减少交易成本，减少机会主义行为，增加承担合作风险的可能性，进而形成对合作行动和合作结果的积极预期。在公共问题的解决中充分使用合作治理的方式和方法，将有利于公共价值与公共利益的创造。

三　合作体制：棘手问题治理主体的关系设计

　　合作体制是对参与合作治理主体的权责关系的配置。不同于传统的科层管理模式和政府主导的治理模式，合作治理需要多元、多维的合作行动主体，并需要再造治理主体间的权责关系以形成合作性的治理主体结构。棘手公共问题因其公共性、跨界性和非结构化的特征决定了合作治理中的利益相关主体应具有显著的多样性和多维性。合作治理的参与主体是解决特定棘手公共问题的造成者、受损者、获益者，这些利益攸关主体理应成为特定棘手公共问题的参与者或合作者。

　　识别棘手公共问题的利益相关主体是建构合作体制的前提。在治理一个高度复杂的公共问题时，合作的过程必须考虑到不同利益相关者的利益及其相互影响。界定具体公共问题的合作治理主体应进行精确的利益相关者分析，并回答如下关键问题：谁是具体问题的利益相关者？公共问题是谁造成的？问题影响到谁？为什么是重要的利益相关者？谁是合适的利益相关者代表？代表谁的利益？应承担何种责任？应享有何种合作收益？利益相关者之间的相互影响程度决定相互之间的连接性和相互依赖性强度。因为棘手公共问题的泛在性和复杂性，治理者与被治理者之间、组织与组织之间、组织内部之间不再是壁垒森严，而是日益呈现相互渗透的趋势（王锋，2015）。棘手公共问题的利益相关主体由此成为治理命运共同体。为此，合作治理的潜在主体不仅应包括政府等公共组织，还应包括非公共部门；不仅应包括组织层面的合作主体，也应包括公民代表与组织代表等个体层面的主体。利益相关主体间的合作关系可以是个人与个人的合作、个人与组织的合作、组织间合作（政府间合作、政府与企业间合作或者公私伙伴合作）（郑文强、刘滢，2014）。通过对棘手公共问题的利益分析和主体分析后识别的多元利益主体，意味着公共问题的官方与非官方的利益相关主体合作解决问题，并共同承担问题解决的后果与责任。

合作治理的行动主体必然包含政府等公共组织，特别是政府组织承担元治理角色。解决公共问题是公共组织的首要责任与使命。治理改革不是消除政府等公共组织对公共事务的管理及其影响，反而应增强公共组织的领导力，特别需要政府组织主动变革内部的管理关系以及与外部社会的互动关系。合作不是完全推翻权威的作用，在治理结构网络中仍然需要治理权威的作用来约束和限制治理主体的行为（高秉雄、张江涛，2010）。政府掌握公共治理资源的配置，并具有制定强制性制度规范的权力，是合作治理变革的重要发起者、设计者、实施者、推动者和监督者，是成功的合作治理不可或缺的治理力量。

合作治理的主体还应关注公共组织系统内部的组织行动者，特别是政府间或者跨部门之间的合作。公共部门以及政府系统是一个非常庞大的组织群或组织系统，其内部按照层次分工、职能分工、地域分工形成了大量的科层组织实体，这些次级公共组织具有独立的组织职能、组织资源、组织利益和活动范围，构成相对独立的利益主体与行动主体。政府内部的合作治理是两个或两个以上的公共组织，通过共享信息、资源、活动和能力，达成一个不能由单独一个部门实现的联合结果（Bryson etal.，2006）。面对棘手公共管理问题以及碎片化的公共组织设置，迫切需要通过政府内部的跨界合作，包括垂直或水平层面的不同公共组织，来管理公共事务和提供公共服务。

非政府力量是棘手公共问题造成者或者问题解决的受益者，其是合作治理的应然力量。企业、公民、第三部门、非营利组织、公民社团、自治组织等不同类型和层次的社会力量都是公共问题的潜在利益相关者与合作主体。这些个人和非政府组织或是公共问题的形成者、促成者，或是公共问题的被影响者，或是公共问题解决的受益者等，他们以不同身份成为公共问题的利益相关者。政府外部的潜在治理主体非常多样，个体的、组织的以及群体层面的，营利的与非营利的，结构化的和非结构化，等等，需要针对具体的公共问题进行具体分析和界定。

棘手公共问题的合作治理主体间是一种平等关系。不同于传统治理模式下的"中心－边缘"式的主体性结构，合作治理的主体结构重视每个治理主体的治理资源、能力和技术，由于这些治理资源对解决问题和实现善治具有重要性和不可替代性，合作治理将每个治理主体视为不可或缺、不可替代的治理力量，而不仅仅是辅助、协助和配合的角色。合作治理主张利益相关者平等共享裁量权与决策权，强调权力和责任的平等、权利和义务的平等。在合作治理模式中，政府在治理过程中发挥着引导作用，参与到治理过程中的每一个利益相关主体及其代表能够平等地在治理活动中发挥其应有的作用，对于关涉公共利益的每一项公共事务，都能够平等地发表意见和积极地采取合作行动（张康之，2012）。在合作治理中，各参与主体之间不存在上下级的领导关系，每个参与主体都具有高度自主性，各自承担着相应的职责，政府不再仅仅依靠强制力来管理社会公共事务，而是以平等的身份与其他参与主体对话，通过建立合作伙伴关系来实现公共事务的有序、有效、合理供给（颜佳华、吕炜，2015）。因此，在合作治理的治理模式中，各种治理主体都处于重要的地位，个人或非政府组织的治理能力都不再是点缀、陪衬，也不再处于可有可无、可多可少的地位，而都将作为一支相当的治理力量，共同承担起治理的责任（毕瑞峰，2010）。合作治理是对治权的平等分享，不同的组织和群体受到公共问题的共同影响，受到公共利益的共同激励，对公共问题的解决承担共同但有区别的责任，也更需要利益相关者的共同参与和积极行动。

合作治理需要在合作主体间建立依赖、共享、互利的伙伴关系（Partnership）。合作治理始终面临正确处理政府与其合作者以及其他各种利益相关者之间的关系问题（敬乂嘉，2009：172）。不同于传统公共行政的命令－服从关系和主－从关系，合作治理倡导平等－协商的伙伴关系。伙伴关系是治理主体间之间在互相尊重、自主平等、相互依赖和互惠互利的基础上发展而来的合作关系。合作治理将科层治理中的隶属关系、对抗关系、竞争关系、冷漠关系转为伙伴关系。依赖、共享和互利的伙伴关系更能调动不同治理主体的治理资源和治理能力，增长合作治理的协同与整合性力量。伙伴关系可以存在不同的组织层级，例如战略层次或者项目层次，区域层次或地方层次；伙伴关系可以提供更加有针对性的解决方案、促进创新、促进知识分享、提供更加聚焦的服务，改进效率和责任，提升能力，获得合法性。

四　合作机制：棘手问题合作治理的实现条件

合作治理的运行过程是多元合作行动者一起工作并解决棘手公共问题以实现公共利益的行动过程。合作治理的运行需要利益相关者实质和深入地参与合作过程，付出合作努力和合作行动。合作治理的运行需要在多元合作主体之间达成合作共识，形成合作协议，建立合作领导力，管理冲突，有效组织并实施合作计划，建立信任，塑造合法性。如何调动合作治理主体的合作积极性、贡献独特治理资源并付出合作行为需要微观的运行机制设计。要让合作治理运行起来的关键就在于构建一系列促进合作、维护合作和增进合作的合作机制。

合作机制是促进、维系和保障合作治理运行的合作规则。合作机制是解释多元行动者如何合作、如何促进合作行动的关键影响因素，是促成跨界合作的必要条件。合作治理是不容易实现的，即便建构了利益相关者之间的权责关系及其合作治理结构，每个治理主体也不一定愿意付出合作努力和行动。合作治理得以成功运行的关键也在于构建制度化的合作促进机制。合作机制设定了治理多元主体之间的行动体系和行动规则，合作机制可以增加治理主体之间的社会资本，增加治理的合法性和有效性，进而改善合作治理的运行过程和效果。合作机制是多中心治理的运作机制，合作机制既以合作为理论规范，又能为多中心治理的运作提供机制保障（孔繁斌，2012：62）。

合作主体间合作关系和合作行动的促成需要制度化的合作机制以协调公共行动者利益，改变治理主体的不合作态度，调动利益相关者的合作积极性，增进彼此信任，促使多元主体相向行动以达成治理目标。有效的合作治理机制应该提供促成集体行动的新机制。最优的合作机制建构的关键在于如何让每个治理主体贡献自己的治理资源，付出合作努力和合作行动，实现治理主体自身利益与公共目标、公共利益的统一和协调。合作治理需要建立和维护治理主体间的伙伴关系，并需要新型管理机制来促进多元主体的合作性行为，而不是依靠传统的命令－服从方式来强制调动其他治理主体的资源并支配其行动。统治型的社会治理机制是以"权威－依附－遵从"为特征的权力机制，而合作治理需要以"信任－服务－合作"为特征的服务型社会治理模式下的合作机制（孔繁斌，2012：61）。

相关的合作治理研究从不同的角度提出了一系列促进有效合作的机制、前提和影响因素，这为理解和促进多元合作主体有效合作提供了思路。Bryson 等（2006）提出了六个方面的合作促进因素，包括达成协议、领导力、合法性、建立信任、管理冲突和规划。Ansell 与 Gash（2008）认为影响成功合作的因素包括先前的冲突和合作、对利益相关者的激励、权力和资源的不平衡、领导力、制度设计、面对面的交流、建立信任、建立认同和相互理解。成功的合作治理是难以实现的，它需要创造一个协商的氛围，并促进信任、增加认同、承担责任并且愿意承担风险（Johnston，Aue，2011）。归纳上述相关研究成果，本文认为在多元主体的合作机制设计中，激励机制、协商机制、信任机制、透明机制是合作运行过程得以实现的关键合作机制，应据此开展一系列的合作机制设计与制度构建。

第一，建构合作主体参与合作治理的激励机制。让合作治理中的领导者和参与者参加合作治理需要激励（Peter，Taehyon，2012）。有效的激励是驱使利益相关主体参与合作的动力源泉，合作主体参与合作激励的形成依赖于利益相关者对于合作过程是否能产生对其具有价值与意义的判断。合作治理需要识别每个行动主体的利益诉求、利益平衡和利益兑现，并设计出有效的激励机制以调动利益相关者履行治理责任、付出合作行动、实现公共目标和公共利益，这是合作治理激励机制设计的主要问题。激励的目的旨在调动多元治理主体参与合作治理的积极性，促进合作治理主体形成合作性的态度和行为。激励机制设计包括激励对象、激励资源、激励方式和激励效果等。合作治理中激励机制的设计要充分考虑到不同利益相关主体的不同需求，采用正向激励和负向激励相结合、物质激励与精神激励相结合的方式，调动公共问题利益相关者参与合作的积极性。合作治理需要在合作治理的结构与网络中嵌入分级制裁与有效的激励设计，降低治理主体的机会主义行为。

第二，培育多元合作主体间的信任机制。信任被视为有效合作伙伴关系的关键成功因子。信任对于合作治理而言既是首要前提，也是一种手段或方式（颜佳华、吕炜，2015）。信任是任何交换和互动关系的润滑剂，更是高效合作的前提，没有信任就没有合作，合作信任的建立过程也就是合作治理的过程。因此，信任在合作关系的建立中处于根本性的关键地位。合作中的信任关系是一种相互的积极态度或预期，是信任主体对信任客体履行责任和义务的积极预期。信任可以降低合作主体间的交易成本，减少不确定性，增强合作伙伴行为可预见性和稳定性，促进合作主体之间的知识与信息交换，增进相互理解与认同，进而提升合作网络的治理绩效。公共治理不仅需要显性的制度约束，还需要治理主体间柔性的信任机制促成合作。这种隐性信任机制的存在是确保有效合作和实质合作的关键。信任态度不会凭空产生，信任机制关注的正是如何形成这种积极和正面的态度以增进合作。因此，一系列增进信任的影响因子及其影响机制，例如能力、公正、公开等信任，在合作治理的合作机制设计中具有重要地位和作用。

第三，构建多元合作主体间的协商机制。合作治理过程应始终是共识导向的，而取得多元合作主体共识的前提是合作主体间充分有效的讨论协商与一致意见的达成。特定棘手公共问题利益相关主体都应通过代表遴选机制参与问题讨论、问题解决方案讨论、方案选择讨论、解决制度设计讨论，通过平等、互动、开放式的协商实现棘手公共问题解决的合作决策。基于协商和共识的治理决策也将获得治理参与主体最大限度的认同感，并促使合作主体遵守治理决策并付出合作行动。

第四，建立多元合作主体间的信息透明机制。合作治理也是一个协商的过程，其实质是公开分享知识和信息的过程。在治理主体之间分享信息是达成共识的决策和合作行动的前提。合作治理需要合作主体间有效的信息沟通，需要利益相关者组织、群体及其代表发展面对面的交流、发展认同和相互理解。合作是组织间形成的一种新体制，通过信息流动来连接整个体制，信息流是合作网络形成的必要条件（阿格拉诺夫、麦圭尔，2007：179）。有效的沟通和协商要求高效的信息分享、公开和透明制度作为保障。信息不对称的缓解和治理需要特别的制度安排和治理机制，以最大化地减少信息不对称带来的效率和绩效损失。信息的公开和透明是解决信息不对称问题的最有效的实现途径。提高合作主体间治理信息透明度可以增加合作主体间的信任，增加沟通的效果，有益于增进彼此理解和信任。

五 总结与展望

合作治理描绘了棘手公共问题治理的理想图景。实现公共领域中棘手公共问题的合作治理还有较长的路要走，需要理论视野的转向，也需要实践者对现有的公共管理和公共治理路径进行转轨。实现合作治理需要破除一系列制度、管理、机制以及技术上的障碍，需要积累有助于促进政府内外部主体间合作的社会资本，建构合作机制，实现预期的合作行动。

政府系统内部的实现合作治理的关键是如何处理好科层制的权责运行模式与合作伙伴关系运行的冲突。上下级关系是科层制组织结构模式的核心，也是我国公共部门结构体系的主要特点。在科层式的政府管理模式下，上下级之间的从属和隶属关系根本上决定了政府组织间的不平等，横向职能分工的独立与竞争关系制造了太多合作的藩篱。科层制中的科层关系是影响政府组织实现平等合作治理的关键制约因素。实现政府系统内部上下级之间的平等合作，应增强下级的治理能力、资格和权利，增强其与上级的协商和对话能力，实现政府系统横向之间的平等合作，需要破解科层体制僵化的分工界限，增强部门之间的链接性和整体性。

实现政府与外部非政府力量的合作治理的关键是要建立社会公众和政府之间紧密的协商和合作机制，社会公众包括公民、企业、非政府组织、第三部门，等等。目前最大的困境是社会公众与政府在公共治理过程中的不合作。不合作的现实困境是多个方面造成的。政府对社会力量实质性参与公共治理合作的诚意、制度安排、渠道机会和权利保障等方面总体还比较谨慎和保守；社会公众对公共问题和公共事务的合作热情、合作能力和参与权利意识还比较淡薄，社会公众的参与公共问题治理的合作力量非常分散，结构化程度不足，难以对公共问题过程形成实质性的影响。政府和社会公众之间社会资本的缺乏，阻碍了政府和社会公众围绕公共问题的有效合作和互动。实现公共事务和公共问题的合作治理，需要政府走近公众，公众走进政府，让政府和公众形成更加紧密的公共治理利益共同体。

参考文献

毕瑞峰，2010，《论合作治理与地方政府间的关系重建》，《广东行政学院学报》第

1 期。

高秉雄、张江涛，2010，《公共治理：理论缘起与模式变迁》，《社会主义研究》第 6 期。

敬乂嘉，2009，《合作治理：再造公共服务的逻辑》，天津：天津人民出版社。

孔繁斌，2012，《公共性的再生产：多中心治理的合作机制建构》，南京：江苏人民出版社。

楼苏萍，2005，《治理理论分析路径的差异与比较》，《中国行政管理》第 4 期。

阿格拉诺夫，罗伯特、迈克尔·麦圭尔，2007，《协作性公共管理：地方政府新战略》，李玲玲、鄞益奋译，北京：北京大学出版社。

麻宝斌，2013，《公共治理理论与实践》，北京：社会科学文献出版社。

斯蒂芬·戈德史密斯、威廉·D. 埃格斯：《网络化治理———公共部门的新形态》，孙迎春译，北京大学出版社，2008。

谭英俊，2009，《公共事务合作治理模式：反思与探索》，《贵州社会科学》第 3 期。

王锋，2015，《合作治理中的组织边界》，《公共管理与政策评论》第 3 期。

颜佳华、吕炜，2015，《协商治理、协作治理、协同治理与合作治理概念及其关系辨析》，《湘潭大学学报》（哲学社会科学版）第 2 期。

杨华锋，2014，《协同治理的行动者结构及其动力机制》，《学海》第 5 期。

尤金·巴达赫：《跨部门合作———管理"巧匠"的理论与实践》，周志忍等译，北京大学出版社，2011。

俞可平，2000《治理与善治》，北京：社会科学文献出版社。

俞可平，2001，《治理和善治：一种新的政治分析框架》，《南京社会科学》第 9 期。

俞可平，2012，《重构社会秩序走向官民共治》，《国家行政学院学报》第 4 期。

多纳休，约翰，理查德·泽克豪泽，2015，《合作：激变时代的合作治理》，徐维译，北京：中国政法大学出版社。

张康之，2008，《论参与治理、社会自治与合作治理》，《行政论坛》第 6 期。

张康之，2012，《合作治理是社会治理变革的归宿》，《社会科学研究》第 3 期。

张康之，2014，《合作的社会及其治理》，上海：上海人民出版社。

郑文强、刘滢，2014，《政府间合作研究的评述》，《公共行政评论》第 6 期。

Ansell C. , Gash A. , 2008, Collaborative Governance in Theory and Practice [J], *Journal of Public Administration Research andTheory*, 18（4）.

Bryson, John M. , Barbara C. Crosby, and Melissa Middleton Stone, 2006, The Design and Implementation of Cross-sector Collaborations: Propositions form the Literature, *Public Administration Review*, 66.

Bueren E. M. V. , Klijn E. , Koppenjan J. F. M. 2003, Dealing with Wicked Problems in Networks: Analyzing an Environmental Debate from a Network Perspective [J], *Journal of Public Administration Research & Theory*, 13（13）.

Emerson K. , Nabatchi T. , Balogh S. , 2012, An Integrative Framework for Collaborative Governance [J], *Journal of Public Administration Research and Theory*, 22（1）.

Johnston E. W. , Hicks D, Nan N, et al. , 2011, Managing the Inclusion Process in Collaborative Governance [J], *Journal of Public Administration Research and Theory*, 21（4）.

Kickert W. J. M. , 1997 . Public Governance in The Netherlands：An Alternative to Anglo-A-merican 'managerialism' ［J］, *Public administration*, 75 （4）.

Klijn E. H. , Koppenjan J. , 2012, Governance Network Theory：Past, Present and Future ［J］. *Policy & Politics*, 40 （4）.

Levi-Faur, David, 2012, *Oxford Handbook of Governance* ［M］, Oxford University Press.

Osborne S. P. , 2010, The Tew Public Governance：Emerging Perspectives on the Theory and Practice of Public Governance ［M］. Routledge.

Peter J. Robertson, Taehyon Choi, 2012, Deliberation, Consensus, and Stakeholder Satisfaction ［J］, *Public Management Review*, 14 （1）.

Thomson, Ann Marie, and James Perry, 2006, Collaboration Processes：Inside the Black Box, *Public Administration Review.*

Weber E. P. , Khademian A. M. , 2008, Wicked Problems, Knowledge Challenges, and Collaborative Capacity Builders in Network Settings ［J］, *Public Administration Review*, 68 （2）.

责任编辑：徐中春

国家善治和国民幸福感：政府管理的技术水平、民主水平以及政府规模的作用之比较[*]

傅　琼　谢宇宁　亢晓霜译　亢晓霜校^{**}

摘　要：早期研究表明，国民幸福感与政府管理水平密切相关。本文将 127 个国家 2006 年的数据进行对比，分析了政府管理水平分别在技术层面和民主层面上对国民幸福感的影响。结果表明，技术水平和国民幸福感之间的相关性为 + 0.75，民主水平和国民幸福感之间的相关性为 + 0.60。无论国家发达与否，技术水平都与国民幸福感密切相关；但是只有在较为发达的国家，民主水平才与国民幸福感有所关联。此外，对于国民幸福感而言，政府管理水平比政府规模的影响力更大。本研究还发现，技术水平和国民幸福感之间的相关性与国家文化无关，这表明良好的技术管理是国民幸福的一般条件。以上结论为近年来中国国民幸福感的增强提供了有效的理论支撑，并为进一步提升国民幸福感指出了切实可行的道路。

---

*　本文编译自 Ott J. C. Good Governance and Happiness in Nations ［M］. *Encyclopedia of Quality of Life and Well-Being Research.* Springer Netherlands，2014：2580 – 2587。原文约 1.5 万字，本次编译对部分内容进行了删减。

**　傅琼（1977~　），女，河南南阳人，大连外国语大学高级翻译学院副教授，研究方向：英语笔译与口译研究；谢宇宁（1995~　），女，内蒙古赤峰人，大连外国语大学高级翻译学院研究生；亢晓霜（1995~　），女，河南南阳人，大连外国语大学高级翻译学院研究生。

关键词： 国民幸福感　善治　政府管理　技术水平　民主治理水平　政府规模

一　引言

根据实用主义道德哲学的观点，政府有责任为"绝大多数人谋取最大福祉"，这一传统观点在现代社会依旧适用。该观点的倡导者、当代经济学家理查德·莱亚德（Richard Layard）试图把政府管理政策从经济目标（如财富等）转移到"幸福安康"和"国民幸福感"上来。莱亚德（2005）提倡有事实依据的实用主义政策途径，并阐述了如何把幸福学纳入政府管理政策中去。

据此，各方人士围绕政府应当如何为绝大多数人谋取最大福祉展开了激烈的讨论。不过，不同研究人员的侧重点不同。经济学家理查德·伊斯特林（Richard Easterlin，1974）认为："国家经济增长已无法促进国民幸福感"；实用主义者如莱亚德（2005）和保罗·马丁（Paul Martin，2005）接着对上述观点展开了研究。此外，新经济基金会（2004）所倡导的"增强幸福感，繁荣大社会"等类似建议也得到了进一步完善。另外，维恩霍文（Veenhoven，1999：159 – 188）则提倡自由和自治。

然而，以上讨论忽视了一个问题，那就是除了我们所追求的实际政策之外，政府管理也很重要。诚然，政府管理的某些具体方面已经得到了广泛关注，比如民主和腐败，但是国家的综合管理还未成为广泛研究的主题。在这一领域中，用一种系统的、无价值观念的方式来定义和衡量政府管理水平是很复杂的，但或许能起到一定的遏制作用。在过去的十至十五年中，政府管理水平得到了广泛关注，在促进国家发展和经济增长方面起到了关键作用。在这样的背景下，世界银行确立了善治的指标。在此基础上，专家认为，如果一个国家能把其政府管理水平从较低提高到一般水平，那么从长远来看，该国人均收入将提高两倍，同时婴儿死亡率和文盲率将大幅下降。对于上述因果关系，考夫曼（Kaufmann，2005：434 – 436）通过观察指出："事实上，这些证据表明善治能够促进经济增长。即使还未步入发达国家的行列的国家也有可能实现高水平的政府管理。"

　　政府管理水平对国家经济影响显著，这表明政府管理水平或许对于国民幸福感有积极影响，一方面因为财富是获得幸福感的重要途径，另一方面也因为政府可以提供安全、医疗和最低限度的社会公平正义等其他保障。对此，布鲁诺·弗雷（Bruno Frey，2008）将幸福感的来源分为结果效用和过程效用。结果效用指有用的商品和服务，通常由货币——特别是收入——来定义。而对于过程效用，弗雷是这样定义的："从制度化过程中的生活和行为活动中获得财富，这一过程有助于获得积极的自我意识以及处理内在需求的自主性、关联性和能力。"显然，无论是对结果效用还是过程效用而言，政府管理水平都是一项重要影响因素。

（一）早期研究

　　哈里维尔和黄曾就政府管理对国民幸福感的影响进行过研究（Helliwell and Huang，2008：595－619）。他们将 1981 至 2000 年各国公民的生活满意度调查数据与世界银行在 1996 至 2004 年做的关于政府管理的调查数据进行了比较，并将世界银行的六项平均指标作为研究中的善治指标。二人发现，这一指标与居民平均生活满意度之间存在紧密的线性关系。然后，哈里维尔和黄构建了两个具体的二级指标，其中 GovDem（a）指标代表"发言权和责任感"与"政治稳定"的平均水平，反映了民主进程的实施策略；而 GovDo（b）指标代表其他四项内容（即"政府效能"、"监管质量"、"法治"和"反腐"）的平均水平（Helliwell and Huang，2008）。GovDo 指标与政府的服务过程息息相关，并且能够提供给人们一个制度框架。在该框架中，个人、企业和生活社区紧密相连。二人还发现，GovDo 指标对于贫困国家相对更重要些，而 GovDem 指标则对于发达国家更重要些。他们假设，只要国家政府在技术方面达到合理水平，实现民主这一问题将会变得尤为重要，且引人关注。

（二）研究方法

　　本文将通过以下几种方法拓展这方面的研究。首先，验证以上结论的稳健性。笔者将收集更多国家的数据并利用其他国民幸福感的测评标准，以验证哈里维尔和黄的研究结果。其次，通过衡量文化和经济水平对上述关系的影响以确定这种关系普遍存在还是仅存在于西方国家或发达国家。再次，深入探讨政府管理水平对国民幸福感的影响与政府规模大小之间的关系。最后，分析促进国民幸福感的善治策略。

（三）　问题研究

本文将研究探讨以下问题。

（1）善治能给人们带来幸福感吗？在增加国家样本并利用其他国民幸福感测评标准的基础上，哈里维尔和黄的研究结果是否依旧适用？

（2）对于国民幸福感而言，技术管理和民主治理同等重要吗？

（3）政府管理能力的提高将一直促进国民幸福感的提升吗？有其他反映政府效能下降或增强的指标存在吗？

（4）上述关系是普遍存在的吗？还是只存在于西方国家或发达国家呢？

（5）政府管理与国民幸福感的相关性与政府规模有关吗？

（6）两者存在怎样的因果关系呢？善治能够增强国民幸福感吗？如果能，如何增强呢？

（四）　内容安排

本文第二部分讨论善治的概念、测评标准及可用数据；第三部分研究国民幸福感的相关内容；第四部分则分析上述问题的答案；第五部分得出结论；第六部分总结全文。

二　国家善治

（一）　概念

世界银行是这样定义"政府管理"的：政府管理由国家权力机关的传统管理方式和制度组成，包括政府选择、监管和换届的过程，以及政府制定并实施正确政策的有效能力，还有尊重公民及控制经济和社会相互影响的制度状态（Kaufmann etal.，2008：7）。下面列出了政府管理的几方面内容（Kaufmann etal.，2008：7 - 8）：

发言权和责任感。国家公民参与政府选择，享有言论自由、结社自由和媒体自由的程度。

政治稳定和零暴力。政府当局对可能利用违宪或暴力手段（包括国内斗争和恐怖主义）推翻政府这一行为的洞察力。

政府效能。公共服务、行政服务的质量及其独立于政治压力的程度，政策制定与执行的质量及政府遵守政策承诺的可信度等。

监管质量。政府制定合理的政策和法规，进而允许并促进私营企业发展的能力。

法治。公民对社会法规的信任程度，以及公民自觉遵守社会法规的信心，尤其是合约执行效力，警察和法院处理案件——包括潜在犯罪和暴力案件——的力度。

反腐。利用公共权力对抗谋取私利行为的程度，这些行为包括各种程度的腐败、夺取国家政权以及谋取私利等。

（二）测评方法

为对上述各方面进行评估，世界银行从不同组织机构收集一系列数据。这些数据有 33 种不同的来源，取自 30 个组织①在 2006 年时的数据，其中包括企业和个人的调查以及商业风险评级机构、非政府组织、多边援助机构和其他公共部门组织的评估结果。自 1996 年起，上述指标就已经开始建立并监测。

1. 数据来源

以上所有数据，包括背景信息等，均可在世界银行官网查询。以上数据还来自 Governance Matters Ⅶ：从 1996 至 2007 年总体及个体政府治理指标，以及 2008 年 6 月 3 日出版的《世界银行政策研究工作文件 4654》（World Bank Policy Research Working Paper 4654）②（Kaufmann etal.，2008：1 – 45）。

---

① 世界银行将这些信息转化为六个二级指标的评分，其平均值为 0，其中 212 个国家和地区原始样本的标准差为 1（标准化 z 分数在 – 2.5 和 + 2.5 之间；指出了 2006 年的样本中某特定年份的相对位置）。

② 笔者将国家治理数据视为“外部数据”或起点，而不试图去解释其差异。但是有一点值得关注，我们可以看到，西方国家在政府水平方面评分较高（见图 1 和图 2）。由此我们可以推测：立法、行政和司法三权分立的原则解释了这一现象。早在美国和法国革命之前，孟德斯鸠（Montesquieu）于 1748 年提出“三权分立”原则。此后，这一原则对西方国家的建设和制度化过程产生了积极影响。它直接影响了政府的监管质量和法治程度，且间接地促进了政治稳定和反腐斗争。在其他大多数国家，反抗社会阶层或殖民政权镇压的行动成为国家建设和制度化过程的替代驱动力。在许多国家，这最终导致了占据主导地位政党的出现。在这些国家中，三权显然是不成立的。事实上，许多国家仍然处于这种情况，或处于其后续状况之中。

2. 数据有效性

为验证有关国家管理技术水平数据的有效性，笔者将其与"失败国家指数（Failed State Index）"进行对比。国家失败的原因可以是领土控制权的丧失、合法独立使用武力权的丧失、国家当局集体决策权的丧失，以及无法提供合理的公共服务和作为国际社会的一员却无法与其他国家进行交流等。国家技术水平与国家失败这两个概念有相似之处，且国家技术水平的评分与"国家失败指数"密切相关（r = +0.92，2006）。

为验证民主水平数据的有效性，笔者将其与政治权利指数进行了对比。该指标反映出国家选举的自由程度、政治多元化和参与度以及政府职能。民主水平和政治权利这两个概念有相似之处，且二者的评分密切相关（r = +0.71，2006）。虽然世界银行使用政治权利数据——特别是发言权和责任感数据——以衡量民主水平，但如此高的相关性也证明了数据的有效性。

三　国民幸福感

（一）概念

维恩霍文将幸福感定义为"个人评价自己整体生活质量的好坏程度"（Veenhoven，1984）；换言之即"个人喜爱生活的程度"。

（二）测评方法

既然幸福感可以定义为个人头脑中存在的事物，那么它也可以用相关问题来衡量。本文的分析使用了坎特里尔所提出的调查问题（Cantril，1965）。其内容如下。

假设梯子顶部是可能享受到的最好生活，梯子底部则对应最差生活。您觉得目前自己处于哪个位置？请使用本卡作答。

```
0    1    2    3    4    5    6    7    8    9    10
梯子底部                                      梯子顶部
```

"最好和最差生活"的构想要求受访者考虑生活中的所有相关方面，如社会关系、工作、住房、休闲等。这个问题要求受访者对目前的生活状态做出比较性评价，并衡量个人的幸福认知维度。这是世界幸福数据库中用于衡量幸福"满意度"的一个词条。

　　1. 数据来源

　　上述问题已在许多国家中展开过调查，且自 2006 年起就一直存在于盖洛普世界民意调查（Gallup World Poll）中。该问题及其所有调查结果均归于词条"国民幸福感"之下。本文分析数据均来源于此。

　　2. 数据有效性

　　就数据有效性而言，此前的早期研究已为整体满意度和生活满意度的问题提供了足够的信息。

四　国家善治与国民幸福感

（一）国家善治能够提高国民幸福感吗？

　　此前，哈里维尔和黄认识到国家善治与国民平均幸福感呈正相关性。那么，在利用更多国家样本、使用其他幸福感评估维度的情况下，二人的研究结果是否依旧适用呢？由图 1 和图 2 可知，上述相关性依旧明显且稳定。由此说明，国家善治与国民平均幸福感之间的正相关性十分稳定。

（二）政府管理在技术和民主层面上是否与国民幸福感存在同样明显的正相关性？

　　相较民主水平，国民平均幸福感似乎与政府管理的技术水平存在更为紧密的相关性。国民平均幸福感与技术水平的零阶相关（zero-order correlation）[1] 为 + 0.75，但其与民主水平的相关性较低（r = + 0.60）。若控制民主水平不变，国民幸福感和技术水平的偏相关[2]仍然很高（r_p = + 0.58）；若控制技术水平不变，国民幸福感和民主水平的偏相关将成为负值（r_p = − 0.17）。

---

　　① 零阶相关是指在不考虑任何其他变量影响的前提下，两个变量本身之间的相关性。而偏相关（partial correlation）则指在涵盖、控制或去除一个（或多个）变量的影响和交互作用的前提下，两个变量之间的相关性。

　　② 参见脚注①。

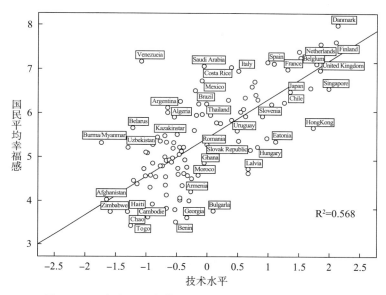

图1　2006 年各国政府管理的技术水平和国民平均幸福感

（三）上述相关性是否呈线性？

图 1 和图 2 分别表明了国民幸福感与国家管理的技术水平和民主水平之间的相关性。其中，图 1 中国民幸福感与技术水平呈线性相关[1]，但并未出现清晰的技术减少或增加的回归曲线。因此，相较二次函数，线性函数更适用于此类数据[2]。图 2 呈现了国民幸福感与民主水平的相关性，清晰地表现了民主增长的回归曲线。因此，相较线性函数，二次函数更适用于此类数据[3]。

图 1 和图 2 的右上角部分更清晰地展现了二者的相关性，即计算结果更接近拟合线。表 1 将上述差异量化，使用众多处于不同技术水平国家的数据，表现了上述相关性[4]。在技术水平最低的 43 个国家当中，上述相关

---

[1]　线性相关的准确性存在争议，因为人们可能会将幸福感作为一个统计变量来论证：幸福感是顺序存在的还是间隔存在的呢？如果我们将幸福视为间隔存在的变量，那么线性相关才有意义。因此，笔者遵循这一原则，并使用 0 – 10 – scale 支持上述研究方法。

[2]　线性函数涵盖了 57% 的国民平均幸福感的方差（R^2），而二次函数涵盖了 58%。

[3]　线性函数涵盖了 36% 的国民平均幸福感的方差（R^2），而二次函数涵盖了 43%。

[4]　笔者在表中标出该差异具有显著性（ * $p < 0.05$；* * $p < 0.01$），但这存在争议。该差异具有显著性表明在样本中观察到的相关性可能与抽取样本的群体中的相关性并不一致。笔者的国家数据集并非所有国家的随机抽样，而是若所需数据可用，则列入国家数据集。笔者标出的由 SPSS 产生的显著性只是为了便于评估差异。

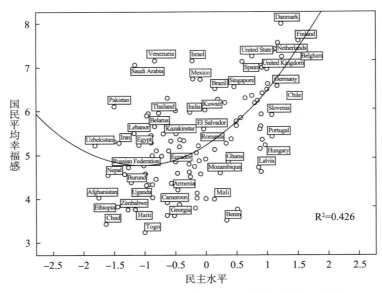

图 2　2006 年各国政府管理的民主水平和国民平均幸福感

性总体较弱。而在技术水平较高的国家当中，上述相关性有大幅提升。因此，各国似乎需要具备最低限度的技术能力以提升其国民幸福感。而民主方面的最低限度应略高于技术方面。民主增长的回归曲线或许表明了技术水平与民主水平间交互影响的结果。比如说，技术水平是国家治理的发动机，而民主水平则是转向机制；发动机要率先启动，但只有二者结合才能最大限度地提高国民幸福感。

表 1　2006 年不同技术管理水平的 127 个国家的
善治水平与国民幸福感的相关性

政府管理水平	政府管理水平与国民平均幸福感之间的相关性		
	技术水平		
	高水平	中等水平	低水平
国家数量	41	43	43
技术水平	+ 0.71 **	+ 0.51 **	+ 0.27
民主水平	+ 0.32 *	+ 0.07	+ 0.13

注：高水平国家的标准化分数 > + 0.50，中等水平国家的标准化分数 < + 0.50 或 ≥ − 0.55，低水平国家的标准化分数 < − 0.55。其中 * p < 0.05，** p < 0.01。

（四）　上述相关性普遍存在吗？

为验证善治只在西方国家中发挥重要作用这一猜想是否正确，笔者将来自不同文化的国家分组，比较各组国家的善治水平与国民幸福感的相关性，结果参见表2。表2显示，虽然不同组别的结果不尽相同，但均表明一点：政府管理越好，国民幸福感越高，但二者之间的相关性明显与国家文化无关。在大部分国家，技术水平与国民幸福感关系最为密切，但东欧国家却恰恰相反。当然，这种差别并不显著。

表2　2006年127个国家的善治水平与国民幸福感的相关性

世界区域	国家数量	政府管理水平与国民幸福感的相关性	
		技术水平	民主水平
西方国家	21	+ 0. 70 **	+ 0. 45 *
东欧	23	+ 0. 40 *	+ 0. 46 *
拉丁美洲	23	+ 0. 51 *	+ 0. 48 *
中东	11	+ 0. 71 *	+ 0. 27
亚洲	22	+ 0. 73 **	+ 0. 65 **
非洲	26	+ 0. 52 **	+ 0. 39 *
所有国家（以上所有另加一个太平洋地区国家）	127	+ 0. 75 **	+ 0. 60 **

注：＊p＜0.05，＊＊p＜0.01。

表3　2006年56个贫困国家和56个发达国家的
善治水平与国民幸福感的相关性

国家类型	国家数量	政府管理水平与国民幸福感的相关性	
		技术水平	民主水平
贫困国家[a]	56	+ 0. 39 **	+ 0. 06
发达国家[b]	56	+ 0. 62 **	+ 0. 46 **

注：＊p＜0.05，＊＊p＜0.01。
a，这里贫困国家是指：在2006年，人均购买力低于7000美元的国家。
b，这里发达国家是指：在2006年，人均购买力高于7000美元的国家。

为验证上述相关性是否与国家富裕程度有关，笔者对贫富国家中两者的相关性进行了比较，结果参见表3。该比较结果证实了哈里维尔和黄的研究结论，即技术水平对贫困国家更为重要，而民主水平则对发达国家更为重要。也就是说，在所有国家中，国民幸福感和技术水平之间均存在显著的相关性；但只有在发达国家，国民幸福感和民主水平之间才存在显著相关性。因此，国家治理的技术水平与国民幸福感之间的联系不仅更加密切，而且更为普遍。

简而言之，政府管理水平与国民幸福感之间的相关性并不取决于国家文化，且技术水平与国民幸福感之间的相关性也不取决于国家财富，但民主水平与国民幸福感之间的相关性却仅限于较为发达的国家。因此，就提高国民幸福感而言，国家管理的技术水平所发挥的作用要明显大于民主水平的作用。

（五）上述相关性与政府规模有关吗？

上述研究已证实，政府管理水平越高的国家，国民幸福感越高。接下来笔者将研究下一个问题，即上述相关性是否与政府规模有关？政府规模是一个复杂的概念，对此，弗雷泽研究所（Fraser Institute）曾提出四个方面并运用独立的二级指标对其进行测评。这四个方面分别为：

·政府总体消费和支出占总消费量的百分比
·政府资产转移和补贴占国内生产总值的百分比
·政府企业投资占总投资的百分比
·国家最高边际税率和入息限额

表 4　控制变量下的国家善治水平与国民幸福感的相关性（零阶相关）

控制变量	国家数量	政府管理水平与国民幸福感的相关性	
		技术水平	民主水平
零阶相关	127	+ 0.75 **	+ 0.60 **
控制政府消费	113	+ 0.72 **	+ 0.56 **
控制政府资产转移和补贴	96	+ 0.67 **	+ 0.46 **
控制政府企业投资	110	+ 0.68 **	+ 0.45 **
控制税率	97	+ 0.74 **	+ 0.60 **

注：＊ $p < 0.05$，＊＊ $p < 0.01$。

表 4 表明，在控制上述四个方面的前提下，政府管理水平与国民幸福感的零阶相关和偏相关性[1]依然较高。显然，政府管理水平与国民幸福感之间的相关性与政府规模关系不大。

当然，我们也可以反向讨论该问题，即政府规模与国民幸福感之间的

---

[1]　参见 62 页脚注①。

关系是否受政府管理水平的影响？由表 5 可知，在政府规模的上述四个方面，政府企业投资和国民幸福感的零阶相关呈负值（$r = -0.55$），但其他方面的相关性仍呈正值（分别为 +0.44、+0.53 和 +0.25）。然而，在控制政府管理水平的前提下，政府规模和国民幸福感之间的相关性却大幅降低。[1] 若控制民主水平不变，那么只有政府消费与国民幸福感之间的偏相关仍保持在显著水平。这也从另一方面表明：相较技术水平，民主水平对国民幸福感的影响力较小。

总而言之，即使政府规模与国民幸福感之间的相关性完全取决于政府管理水平，政府管理水平与国民幸福感之间的关系也不会受政府规模的影响。就国民幸福感而言，政府管理水平明显比政府规模有更大的影响力。

（六）以上研究结果存在何种因果关系？

我们接下来讨论第六个问题：对于政府管理水平与国民幸福感之间的正相关性，可能存在三种解释。

表 5　2006 年 127 个国家的政府规模与国民幸福感的相关性

政府规模各方面	国家数量	政府规模各方面与国民幸福感的相关性		
		零次相关	控制技术水平	控制民主水平
政府消费	113	+ 0.44 **	+ 0.14	+ 0.28 *
政府资产转移和补贴	96	+ 0.53 **	+ 0.15	+ 0.27
政府企业投资	110	− 0.55 **	− 0.19	− 0.26
最高边际税率	97	+ 0.25 **	+ 0.05	+ 0.05

注：* $p < 0.05$，** $p < 0.01$。

1. 伪相关

伪相关是指善治与国民幸福感之间不存在因果关系，但这两个变量均依赖第三个变量。这里"财富"和"社会信任感"可能是第三个变量，因为它们可能会影响国民幸福感和政府管理水平。但是这不能完全解释之前的研究结果，因为若首先考虑财富效应或社会信任感，政府管理水平和国

---

[1]　通过比较处于不同技术水平的国家的政府规模与国民幸福感之间的相关性，笔者可以提出相同的观点（与表 1 相同）。其中在技术水平较高的国家，税收与国民幸福感之间呈正相关（+0.32）；但在技术水平较低的国家，该相关性呈负值（−0.21）。同样，在技术水平较高的国家，政府消费与国民幸福感之间呈正相关性（+0.26）；但在技术水平较低的国家几乎不存在此相关性（+0.05）。

民幸福感之间的相关性并不会完全消失。①

2. 国民幸福感

在这种情况下，国民幸福感影响了政府管理水平，而非政府管理水平影响国民幸福感。这种解释与阐述幸福感优势类的文献内容相吻合（Lyubomirsky etal.，2005：803 – 855）。尽管如此，这也不能完全解释之前的研究结果，因为善治根植于历史发展中，但政府治理的过程并不总是能使国民感到幸福。②

3. 政府管理水平

在这种情况下，政府管理得越好，国民幸福感就越高，这似乎更符合常理。但是，如果此解释正确，那么善治何以提高国民平均幸福感？虽然我们迄今为止所收集到的数据还不足以回答该问题，但是笔者可以总结出一些可能存在的直接和间接影响。

直接影响：政府善治可以说是国民幸福感的源泉。如果公民受到政府的重视和尊重，该国情况将大有不同。正如弗雷和斯徒泽（2005）所说，公民参加选举、发表言论，无论结果如何，都能提升其幸福感。此类影响属于"过程效应"（Frey，2008）。

间接影响：政府善治会有效地创造条件以提升国民幸福感，比如物质财富、良好的教育环境和公共安全。同样的，有能力的民主政府会为公民提供自由，维护社会稳定并处理可预见的社会问题，使公民在生活中能够自己做决定（Veenhoven，1999：159 – 188）。这也正是弗雷所提出的"结果效应"（Frey，2008）。

然而，我们无法真正说明出现上述相关性的原因。但是对 127 个国家的数据分析表明，由性别发展指数进行测评的财富（即人均购买力）、性别平等以及生命安全和医疗等因素均可能成为善治和国民幸福感之间的中介变量。这种解释更符合早期有关国民幸福感的社会研究（Ott，2005：397 – 420）。

---

① 若分别控制社会信任感和财富变量不变，政府管理的技术水平和国民幸福感之间的相关性将由 0. 75 分别减少至 + 0. 70 和 + 0. 11。同样情况下，民主水平与国民幸福感的相关性将由 0. 60 分别减少至 0. 58 和 - 0. 01。技术水平方面的部分相关性仍然较高，这也表明技术水平的影响更"自主"，也更普遍。

② 参见 62 页脚注①。

五　讨论

本文旨在讨论提高政府管理水平是否能够使国民幸福感有所增强。通过使用更大的国家数据集和新的幸福感测度方法，笔者可以得出与哈里维尔和黄相似的研究结论。因此，我们可以把结论中的相关性作为既定的事实。不过，以上数据还能够说明什么呢？以上研究结果又能够给我们怎样的启示呢？

（一）其他研究发现

哈利维尔和黄发现，对贫困国家而言，政府管理的技术水平更为重要；而对较为富裕的国家来说，民主水平更为重要。他们认为，只有当政府管理的技术水平达到最低时，才能凸显民主水平的重要性，笔者认同这一结论。此外笔者还认为，政府管理的技术水平与国民幸福感之间的相关性普遍存在，而只有在发达国家中，民主水平的重要性才得以显现。即便如此，在发达国家中，技术水平对国民幸福感的影响依旧高于民主水平。此外，这两种管理水平都需要在技术水平达到最低时才能提升国民幸福感，但是民主因素若想发挥作用，其所需的最低技术水平要高于技术因素。一旦民主管理发挥作用，国家管理的两方面水平都将对国民幸福感产生积极的交互影响。

笔者的另一个发现是：政府管理水平和国民幸福感之间的关系不受政府规模的影响，但政府规模与国民幸福感之间的关系则完全取决于政府管理水平。

笔者使用更广泛的国家数据进行研究，其中包括许多贫困国家；同时使用国民的生活满足感作为幸福感测度进行研究，而非生活满意度。当然，国民的生活满足感在某种程度上与个人财富等客观因素有很大关系（Bjørnskov，2008）。

（二）后期研究方向

笔者使用不同的幸福感测度方法以及更大的国家数据集，验证了上述结论的普遍性及可行性。大量的国家样本可以更好地说明各个国家的不同情况，如西方国家与曾经的殖民国家和共产主义国家。通过对特定国家和个体进行个别研究，笔者可以对政府管理能力、国民平均幸福指数、财富和社会信任感之间的相互影响有更清晰的理解。此外，笔者认为有必要进行纵向研究，这需要在可获取的数据库中进行系统且长期的数据收集和分析，比如世界幸福感数据库（World Database of Happiness）。

六　研究结果

在不同国家中，国民幸福感的差异引人深思。2006 年，多哥的国民幸福指数是 3.24，丹麦的则是 8.00。各国政府是造成这种差异的主要原因。在讨论原因的时候，我们应当更加关注政府所执行的实际政策，因为政府应当为国民幸福创造最佳条件。政府的目的是为更多人创造更多的幸福，不过，政府不应当只关注自己的行动，也应当思考它们所发挥的作用。

相较于政府规模，政府的技术水平和民主水平对国民幸福感的作用更为明显。而且，两种政府管理水平所产生的影响与政府规模无关，但政府规模所产生的影响却取决于两者。最后，笔者要探讨的是政府的最佳规模和最佳消费水平。以 Ng 和霍（Ho）（2006）以及 Bjørnskov 等（2007：3 - 4）的研究为例：Ng 认为，公共支出水平之所以较低，是因为人们低估了公共物品的实用性；而 Bjørnskov 等的实证研究发现，国民幸福感与国家规模呈负相关关系。但是这些研究人员似乎低估了政府管理水平在政府规模和国民幸福感的关系中所发挥的重要作用。

总体来说，上述研究均强调了政府管理的技术水平和民主水平的作用，尤其是技术水平对提升贫困国家国民幸福感具有更为重要的作用。这种现象非常有意思，因为提升政府管理的技术水平所引发的争议要远小于扩大/缩小政府规模或改变民主法规所引发的争议。实际上，提升政府管理技术水平①的方法有很多，例如世界银行以及其他国际组织，如联合国、国际货币基金组织和经合组织等均为此提供了许多具有实践性的指导和支持。然而，每个国家都应当选取适合本国国情的方法来提高本国政府的管理水平。

七　结语

政府管理水平越高的国家，其国民幸福感就越高。从某种程度上来说，这是因为善治对国民幸福感具有积极影响。因此，提升政府管理能力

---

①　对于贫困国家而言，有三个切合实际的选择，分别是：①产权登记，特别是房地产登记，即登记土地。②注册人员，即设立注册服务机构，这是实现充分的公共教育和卫生服务的必要条件。③制定并实施善治的一般原则，以获得政府机构与公民之间适当的尊重。

是为更多人创造更大幸福的有效途径之一，这也为中国政府努力提升最广大人民的幸福感提供了参考。

参考文献

Amburn, B., 2007, The Failed States Index 2007, *Foreign Policy* (161), 54 – 63.

Bjørnskov, C., 2008, How Comparable are the Gallup World Poll Life Satisfaction Data? *Journal of Happiness Studies*, Published online November 4.

Bjørnskov, C., Dreher, A., & Fischer, J., 2007, The Bigger the Better? Evidence of the Effect of Government Size on Life Satisfaction around the World. *Public Choice*, 130, 3 – 4.

Cantril, H., 1965, The Pattern of Human Concerns, New York：New Brunswick.

Easterlin, R., 1974, Does Economic Growth Improve the Human lot? Some Empirical Evidence. In P. A. David & M. W. Reder (Eds.), Nations and Households in Economic Growth：Essays in Honour of Moses Abramovitz, New York：Academic Press.

Frey, B. S., 2008, *Happiness：A Revolution in Economics*. The MIT Press.

Frey, B. S., & Stutzer, A., 2005, *Beyond Outcomes：Measuring Procedural Utility*. Oxford：Economic Papers.

Helliwell, J., & Huang, H., 2008, How's your Government? International Evidence Linking Good Government and Well-being, *British Journal of Political Science*, 38, 595 – 619.

Kaufmann, D., 2005, Back to the Basics – 10 Myths about Governance and Corruption, *Finance & Development* (10), 434 – 436.

Kaufmann, D., & Kraay, A., 2008, Governance Indicators：Where Are We, Where Should we be going? *Social Science Electronic Publishing*, 23 (1), 1 – 45 (45).

Layard, R., 2005, *Happiness：Lessons from a New Science*, New York, USA：The Penguin Press.

Lyubomirsky, S., King, L., & Diener, E., 2005, The Benefits of Frequent Positive Affect：Does Happiness Lead to Success? *Psychological Bulletin*, 131 (6), 803 – 55.

Martin, P., 2005, Making Happy People：The Nature of Happiness and its Origins in Childhood, London：Fourth Estate, Harper Collins Publishers.

Ng, Y. K., & Ho, L. S., 2006, Happiness and Public Policy, Palgrave Macmillan.

Ott, J. C., 2005, Level and Equality of Happiness in Nations：Does Greater Happiness of a Greater Number Imply Greater Inequality in Happiness? *Journal of Happiness Studies*, 6 (4), 397 – 420.

Veenhoven, R., 1984, *Conditions of Happiness*. Dordrecht：Kluwer.

Veenhoven, R., 1999, Quality-of-life in Individualistic Society, *Social Indicators Research*, 48 (2), 159 – 188.

责任编辑：张红春

"公事"的"家事化":宗族型村庄 "项目落地"困境治理研究

——基于江西省赣州市 Z 村的个案调查

望超凡*

摘　要: 项目落地遭遇村民阻碍而产生的"最后一公里"困境是当前乡村治理的重要难题,而宗族型村庄独特的社会结构提供了消解这一难题的传统资源。本研究立足于对江西省某村的实地调查经验,从村民行为逻辑角度对宗族型村庄中项目落地治理实践加以考察,发现在宗族型村庄中村民对公共事务存在着"公事"与"家事"认同区分,两种认同分别对应着村民个人功利主义和利他主义两套行为逻辑,"公事"认同下村民的个人功利主义行为是造成项目落地"最后一公里"困境的主要原因。通过转换项目下乡的基层运作方式,实现项目下乡与村民"家事"认同的对接,能有效减少项目落地中村民的利益博弈行为,从而实现对项目落地"最后一公里"难题的治理。

关键词: 乡村治理　农村宗族　项目下乡　行为逻辑　特殊主义

一　问题的提出与文献回顾

后税费时期,项目下乡渐渐成为国家支援乡村发展的重要途径(袁明

---

* 望超凡(1993~),男,湖北宜昌人,武汉大学社会学系博士研究生,研究方向:农村社会学,基层治理。

宝，2015）。但是项目落地带来的公共利益提升却往往需要以损害部分村民的利益为代价，在个人功利主义的支配下，这常常会造成村民阻碍项目落地的现象，有学者将其称为项目落地的"最后一公里"困境（桂华，2014），这成为项目下乡背景下村庄治理的主要难题之一。而在宗族性村庄中，人与人之间社会关系紧密，村民在血缘、地缘关系以及频繁的社会交往作用下，形成了牢固的"自己人"意识（杨宜音，1999）。在这样的一个认同单位中，一方面村民的行为往往能够突破功利主义的支配，而将人情、面子作为自己的行为目标；另一方面宗族沉淀下来的习俗、规矩、舆论评价也对村民的极端利己主义行为形成了制约，这提供了宗族型村庄中保障公共利益、抑制个人功利主义行为的传统治理资源。但是在项目落地的乡村治理实践中，这一传统资源却往往并未得到合理的利用，村民受功利性目标驱使阻碍项目落地的情况依然频发。有研究表明，宗族型村落在我国农村社会中占比达到两成（肖唐镖，1997），如何理解宗族型村庄中项目落地的"最后一公里"困境的特殊性、如何动员传统治理资源来消解"最后一公里"难题成为村庄治理的重要问题。

当前学界针对宗族社会基础在项目下乡中所发挥影响的研究较少，对于宗族的社会学研究主要集中于宗族对村治的影响及其作用机制。部分学者从宗族冲击社会秩序（瞿州莲，2002）、干扰村民自治（秦勃，2010）和挤压小姓成员生存空间（刘良群，2007）等角度考察了农村宗族对村治的负面作用，将宗族视为村庄治理的不利因素。但大部分学者对此提出了不同看法，认为宗族在完善基层民主实践（肖唐镖，2011；赵晓峰，2012）、提供村庄公共品（张厚安等，2000）和促进农村经济发展（Peng，2004）等方面起到了重要作用。王阳和刘炳辉在结合既有研究成果和经验调查结果后提出，宗族对村治的影响应该不一而论，并依据与国家的"组织互嵌度"和"意识形态耦合度"将宗族性村落分为了"博弈型"、"对抗型"、"边缘型"和"治理型"四种类型，认为"治理型宗族"能够调动村庄传统资源，对村庄治理具有积极意义（王阳、刘炳辉，2017），揭示了村庄传统治理资源在现在村庄治理中可能有着重要作用。

针对宗族影响村治的具体机制，既有研究主要从宗族成员间人际关系、宗族组织的行动动员能力和宗族文化的规范作用来对其进行理解。宗族成员的亲密关系形成了对宗族规范的支持，这赋予了宗族伦理以极高的规范村民行为的能力（贾先文，2014）。同时，这种亲密关系还创造了村民之间强有力的信任网络，有效地降低了村民之间的交易成本，促进了村庄经济发展（彭玉生，2009）。而宗族组织的本质是村民的一个"私"的结构，村民对宗族组织往往会有极强的认同感，这赋予了宗族组织强有力的行动能力（赵晓峰，2011）。当村庄宗族文化传统被创造性地转化为适应农村发展的心态基础时，便会为村庄发展增添弹性与活力（赖扬恩，2004），但是一旦这种文化规范与现存正式制度和国家政策发生冲突，便会"软化"正式制度与国家政策的执行。相同的机制同样出现在宗族组织的行动当中，宗族组织一方面因其具有利益联结的作用，从而能够较好地实现村民利益的表达（马池春、马华，2017），另一方面也会因为其与国家制度的不兼容性而对村庄治理发挥负面作用（瞿州莲，2005）。

综上所述，当前学界对于农村宗族结构在村庄治理中发挥的作用和作用机制都予以了广泛关注。对宗族结构在村庄治理中发挥的作用从正反两方面进行了论述，并从村庄治理主体角度对其作用机制进行了剖析，形成了对当前农村宗族文化与村庄治理关系这一议题的基本认识。但是笔者结合实际调研经验发现既有研究仍然存在两方面不足：一是在村庄治理内容上存在一定欠缺，大量学者在探讨宗族文化对农村治理影响时多偏向于关注宗族结构对农村治理的基本内容（村民选举、村庄公共秩序管理、公共品供给等方面）的影响。在"资源下乡"的背景下，实现项目的平稳落地已经成为村庄治理的重要内容，但是宗族结构对项目下乡所存在影响的研究仍有欠缺。二是在对宗族结构发挥影响的机制研究中，对宗族普通成员的行为逻辑缺乏关注。研究者在探讨宗族影响乡村治理的内在机制时，往往习惯于从宗族组织、文化规范、社会关系的层面加以解释，造成了宗族研究呈现一种"只有宗族、没有成员"的假象。但是布迪厄的实践感理论指出，直接影响行动者的实践过程的并不是作为"场域"的社会结构，而是行动者在实践中产生、受到场域构造的"惯习"，"惯习"从意识和潜意识两方面对行动者的实践活动产生作用（布迪厄，2003）。从该理论出发，笔者认为，宗族结构发挥影响的主要原因之一在于对村民的行为模式的形塑，因而通过对村民行为逻辑的探讨可以实现对宗族在村治中发挥影响机制的深度理解。鉴于此，本文试图从宗族型村庄中项目下乡治理实践出发，从村民行为逻辑角度揭示宗族型村庄中特殊治理资源及其动员方式。

笔者于 2017 年 9 月在江西省赣州市 Z 村及其所在镇政府调研发现，当地村庄依然保持了很强的宗族特性，在项目下乡的过程中，虽然同样出现过"最后一公里"困境，但是在基层政府的正确引导下，Z 村实现了对项目工程的认同，进而带来了村民的行为逻辑转变，最终通过动员宗族治理资源消解了项目落地中"最后一公里"难题。笔者通过这一过程实现机制的考察，认为宗族性村庄中村民存在"公事"与"家事"两套行为逻辑，实现项目工程与村民"家事"逻辑的对接是解决宗族性村庄中"最后一公里"困境核心。

二　Z村的项目落地治理实践

Z村位于江西省赣州市，总人口为1613人，340多户，分为8个村民小组，其中有6个村民小组、280多户村民集中居住于坪内，全部为Z姓，归属于同一个宗族。剩下的2个小组规模较小，且距离坪内较远，均是由于行政划分因素才被并入该村，在打工经济背景下，2个小组村民人口大量外流，因而村庄治理实际上主要是面向Z姓村民聚居的坪内地区。

在坪内曾姓村民本身的宗族观念和宗族积极分子的动员共同作用下，Z村在2003年正式成立了宗族理事会，并向全体曾姓村民集资60多万元修建了祠堂，重修了族谱。曾氏宗族分为3个大房系，下面又被分为20多个小房系，宗族理事会由各房系头人选出。村民对宗族认同感较为强烈，相互称呼其余曾姓村民为"自家人"，称呼理事会是做"家事"的组织。宗族习俗、伦理对村民的行为仍然有较强的约束能力，理事会有能力动员宗族成员捐钱出力筹办公共事业。简而言之，Z村的宗族结构在物质、精神、伦理等多方面体现出强烈的宗族特性。

在2012年以前，Z村村两委和理事会分开，村两委成员由镇政府直接或间接指派，主要职责是完成上级政府安排的行政任务；理事会由宗族内房系头人选举产生，主要职责是组织、管理村庄宗族事务。村民也将理事会看成"我们自己搞的"，而将村干部看成"当官的"。在2012年，由于村民的联合上访，原书记ZSX被免职，村庄公认宗族精英ZSK受到村民一致推荐，成为村书记。ZSK成为村书记后实现了理事会和村两委的"融合"（如表1所示）。

表1　2012年村两委成员的家族理事会职务

姓名	村两委职务	宗族理事会职务
ZSK	村书记	宗族头人
ZXH	村主任	副理事长

姓名	村两委职务	宗族理事会职务
ZSJ	村支委委员	理事长
ZJ	村支委委员	理事

Z村在2012年前后都承接了上级政府的工程项目，但是在效果和效率上呈现巨大的差异（如表2所示）。

表2 Z村项目完成情况

时间	2012年以前		2012年以后	
执行主体	村两委+镇政府		村两委+理事会+房系头人	
执行方式	镇政府下达，村两委执行		村两委承接，村民集体决议，理事会执行	
项目工程	修路（2003年）	水渠（2006年）	空心房拆除（2012年）	扶贫工程（2016年）
工程金额	50万元	12万元	不明	500万元
工程完成时间	4年	未完成	几个月（具体不明）	7个月
工程顺利程度	因为占地，受到大量村民阻碍	受到钉子户阻碍，工程失败	一名村民阻碍，进行了经济赔偿	几名村民阻碍，进行了说服教育
工程完成效果	低效完成	失败	高效完成	高效完成
村民看法	联名上访	不满	认同	认同

三 "公事"与"家事"：认同差异下村民的双重行为逻辑

（一）"因事而定"的特殊主义行为特性

费孝通（2006）和梁漱溟（2005）曾分别以"自我主义"和"伦理本位"来概括中国人的行为特征，"自我主义"意味着交往方式随着关系远近的变化而变化，"伦理本位"下的"差序性"也意味着行为规范随着对象的改变而改变。可以看到，传统中国人的行为呈现一种特殊主义特性，对于相同的事情往往也会有不同的评判标准和行为准则。虽然随着社会的发展，人们的社会生活水平提高，特殊主义行为已经不再能满足社会整体效率提高的需要而影响范围日渐缩小（郑也夫，1993）。但是在宗族型村庄中，由于村民对宗族血缘共同体的认同感依然强烈，人与人间的关系并非单纯的利益关系，而是掺杂了情感、社会价值的"混合性关系"（黄光国，2004）。传统规范也仍然受到相当程度的尊崇，村民相互之间形成了一个关系密切、与外界相对隔离的"熟人社会"，因而村民的行为依然保持了一定的特殊主义特性。在Z村，对于村民而言，亲兄弟姐妹是能够相互借钱、相互扶持的人，再往外推的房系能够在日常生活中相互帮助，但是在经济上互助却是较为困难的，而宗族则是一起做"家事"的单位，相互帮助的功能又更弱了一点。可以看出，对于Z村村民而言，血缘关系依然是村民划分亲疏远近的重要标准，也决定了村民交往行为中的规范，村民的行为显示出强烈的血缘特殊主义行为特征。

特殊主义的行为特征不仅左右着村民的交往活动，也支配着村民在公共事务中的行为取向。贺雪峰认为决定村庄在公共事务中能否克服内部分离力量的关键在于村民对村庄的认同与否（贺雪峰，2006）。当村民对村庄存在认同时候，村庄便能够通过组织力量的内化和集体对"搭便车"行为的惩罚来降低公共事务的运作成本，这与肖唐镖提出的宗族型村庄中村民行为逻辑存在分层性特点（肖唐镖，2010）的观点不谋而合。由于对"同一个祖先"的认同感和对自身历史感、归属感的深刻需求，宗族型村落往往是一个天然的"自己人"认同单位（杨宜春，2008）。当公共事务与这样一个认同单位相联系，便能够具有村庄公共性而受到村民的情感认同；但是一旦公共事务与这个认同单元相脱离，就意味着该公共事务失去了村庄公共性进而失去村民的认同，而村民对公共事务的认同与否决定了村民对公共事务的看法和行为取向，因而导致了在不同的公共事务中村民会采取不同的行为。在Z村，村民将公共事务区分为"家事"和"公事"，"家事"意味着村民要"讲公心"，不能私心太重；"公事"无关乎宗族这个"自己人"的认同团体，村民可以通过利益博弈来为自己谋取更多的经济利益。同样是公共事务，在特殊主义的行为特性支配下，认同差异导致了村民在两者中的差异化行为取向。

（二）认同差异下的行为逻辑区分

受特殊主义行为特性支配，宗族型村庄中村民对自己在村庄公共事务中的行为缺乏统一的规范，村民的行为逻辑随着对公共事务认知的改变而改变。宗族天然的地缘和血缘关系优势使其往往成为村民认同和共同行动的基本单元，宗族型村庄中村民首先是对人有着明确的界限划分，在Z

村，村民根据血缘关系的远近将他人与自己的关系划分为五代之内、同一房系、同宗族和外人四个层次。在这样的一个关系的划分中，宗族构成了村民"自己人"认同的最大单位，宗族以内的人是"自己人"，而宗族以外的人是"外人"。这样的关系划分是基于宗族型村庄中村民特有的"先赋性关系"和"交往性关系"经过类别化和关系化的交错作用建立并稳定起来的（杨宜春，2008），进而使得村民在"自己人"团体内部的交往行动中和与"外人"的交往中会有着完全不同的行为逻辑，"自己人"团体承担了村民的生命价值、生活意义（赵晓峰，2011）。因而功利主义逻辑在"自己人"团体中是不恰当的，村民的行为目的更多的是追求面子、人情的增长从而获得更多的本体性意义；而与外人的交往则是属于韦伯所谓的工具理性行为（韦伯，2010），村民会将坚持以个人利益作为自己行为的准则。

一般而言，宗族性村落中存在着两种公共事务：一是由上级政府下达、以村干部为执行主体的行政任务，如转移支付资源的分配、项目的落地；二是村庄内生的、由村民自发组织起来的公共事务，如村民自己组织的修路、重建宗祠等。两种公共事务在同一村庄中被执行，但是却往往有着不同的执行主体和执行方式，因而会有着是否属于"自己人"团体的明显区分，进而带来了村民对两者认同的划分。在 Z 村，以前的行政任务都是镇政府直接向村两委下达，村两委的人选是由镇政府直接或间接选任，行政任务在村庄中的执行也没有村民的参与，因而村民将这些事称为"公事"。而村庄自己组织起来的、由理事会执行的公共事务则被村民称为"家事"，"家事"是"我们自己的事"。"公事"意味着和宗族这个"自己人"团体无关，村民行为仅作用于自己和村干部及其代表的镇政府之间，因而村民可以不顾及对方的感受，采取个人功利主义行为，坚持自己的利益。而"家事"则是"自己人的事"，人情、面子是主导村民行为的主要因素，正如村民所言，"名死了，有再多的钱有什么用"，所以村民在"家事"中适度地放弃自己的经济利益。同时，当其他的村民将公共事务视为"公事"的时候，也不会将其与村庄公共利益相联系，因而执行主体难以动用村庄舆论等集体力量来对个体村民的行为形成制约。而在"家事"中，村民的集体参与使得每个当事人的行为不仅受到村庄内部行为机制的限制，还会受到其他村民评价舆论的影响。

综上可知，宗族型村庄中公共事务是否同"自己人"团体相联系决定了村民对公共事务的认同感，进而形成了村民对公共事务存在"公事"与

"家事"的区分，"家事"的认同感使得村民愿意在公共事务中牺牲自己个人经济利益从而获得更具有本体性价值的面子、人情等；而对于"公事"，村民则会采取利益博弈的逻辑以获得更多的经济利益。

四　"公事"认同：项目下乡的
"最后一公里"难题

（一）项目落地中的村庄公共性缺失

桂华从"利益受损的非均等化"所带来的村民难以将公共利益内化角度对项目落地的"最后一公里"难题进行了解释（桂华，2014），但是从贺雪峰提出的"熟人社会"中的"重复博弈"和"共同行动单元"（贺雪峰，2009）等概念出发可以发现，宗族型村庄实际上存在着对公共事务中的个人功利主义行为的严格限制，因而即使在单次博弈中无法实现利益的均等化，村庄也能形成对个体功利主义行为的制约而避免"最后一公里"的困境。可见桂华的解释在应用于宗族型村庄的时候仍然存在解释力不足的问题，笔者认为，宗族型村落中出现项目工程受到单个村民利益博弈行为挑战的问题根源在于项目工程中的村民认同感缺失。

对国家而言，项目下乡的主要目的在于促进村庄发展，满足人民群众的生产生活需求。但是在地方政府眼中，争取项目、落实项目却是其提升政绩、争取升迁的有效途径，因而地方政府往往会在项目落地过程中进行目标置换：以争取自身发展的"官僚逻辑"来代替满足群众需求的"民生逻辑"（张振洋，2017）。其目的是项目执行的便捷性，在项目落地的过程中地方政府一方面将项目规划好，村庄仅有申请权而没有参与项目制定的权利；另一方面地方政府会限制村级自治组织行为，将其作为自己在村庄中的延伸，以确保项目顺利落地。在Z村，2012年以前项目都是由镇里事先规定，然后由村庄来申请的，村书记是由镇党委直接或间接指派的，而村书记又影响其余村干部的选举，造成了村庄内的项目工程完全是由镇里派到村庄，在村内又是由"当官的"村干部来主导项目落实的状况。在这种"官僚逻辑"下，一方面项目工程无论是其产生还是落实方式都与村民没有任何联系，项目工程只是作为镇政府和村干部的行政任务在村庄中运行；另一方面项目工程的执行主体——村两委也被看作镇政府在村庄内的延伸，具备了"半官僚化色彩"（罗兴佐，2004），而非村民认为的"自己人"。这导致了在项目申请以及落地的过程中，普通村民始终只是旁观者，与项目工程没有联系，甚至形成了项目下乡中的"分利秩序"（王海娟、贺雪峰，2015），村民被排斥在外。在 Z 村，2012 年前的工程项目都是由上级政府直接定好项目和金额，由村两委执行。在调查中，一位 67 岁的老大爷表示自己以前从来没去过村委会开会，因为"什么事情都是村干部定好了，不需要大家开会"，连村主任的选举他也没有投票。在这样的项目工程落地过程中，普通村民对于项目工程往往既没有参与的能力，更没有参与的机会，项目工程对于普通村民而言没有任何村庄意义上的公共性，因而对于村民来讲，项目工程并不能内化为"自己人"群体的公共利益，而仅仅是镇政府和"半官僚化"的村两委的一个行政任务而已，归属于"公事"的范畴，进而对应了村民的个人功利主义行为取向。

（二）"公事"逻辑下的项目落地困境

"公事"的定位对村民而言意味着项目工程和"自己人"群体的公共利益无关，纯属自己和村干部群体的私事，因而村民的行为既不受自己本体性价值追求的影响，也不受村庄宗族规定的限制，体现出完全的利己主义取向，经济利益是村民"公事"逻辑下所有行动的根本出发点。

当项目工程不伤害个体村民的利益的时候，工程的普惠性也会让村民个体利益得到一定满足，村民自然没有意见。但是一旦工程损害了村民个体利益，造成了"项目落地我受损"的状况，村民个体便会面对"公共利益难以内化"的问题（桂华，2014），进而变成"维权型钉子户"，甚至在经济利益的驱使下，成为"谋利型钉子户"（李祖佩，2011），给项目工程的落地带来困难，造成"最后一公里"困境。Z 村 2006 年修水渠的项目便是由于占用了一户村民的宅基地，拿走了项目资金的一半作为赔偿，导致工程失败。面对村民的个人功利主义行为，村干部没有任何有效的制约手段。这一方面是由于税费改革削弱了村干部的治理资源，打工经济使得村民在经济上对村庄有了更多的独立性，造成了村干部依靠行政权力已经难以对村民形成实际影响的行政困境；另一方面在于送法下乡的治理实践和基层治理中维稳的极端重要性导致了乡村基层政权的运转渐渐趋向"不出事的逻辑"，如此村干部本着"不得罪"的态度和村民打交道。因而在常规的治理手段下，项目下乡一旦面对村民的"钉子户"行为，只能是无能为力。而项目工程并非营利性工程，国家虽然每年向村庄投入大量的资金，但是在村庄基数太大的情况下政府对于单个工程的投资必然不可能太多，Z村的2016年的工程资金虽然达到了500万元，但是每一项工程在用地上都需要村庄自己解决，没有专门用来征地的资金，因而对于个体利益受损村民，不可能予以经济补偿，这导致了村民的个人功利主义行为阻碍项目工程实施的困境。

五　"公事"的"家事化"：认同转换消解"最后一公里"的难题

综上可知，虽然宗族型村落中村民存在着为公共利益放弃私人利益的"家事"行为逻辑，但是项目工程在决策过程中的"逻辑替换"、执行主体的"半官僚化"以及落地过程与村民的"绝缘"共同导致了村民对其公共性认同缺乏，将其作为"公事"，进而以个人功利主义行为来应对，造成了项目落地中的"最后一公里"。因而要解决这一难题的关键在于实现村民对项目工程的认知转变，建立村民对工程的"家事"认同，并调动村庄宗族治理资源，从而带来村民的行为逻辑转换，形成对村民利益博弈的有效限制。

（一）主体转变赋予项目工程"家事化"契机

2012年Z村原村书记因为修路强占村民耕地遭到村民的上访告状而被免职，村庄宗族精英ZSK在村民的集体推荐下成为新的村书记，ZSK在担任村书记后将宗族理事会吸纳成为村两委的下属组织，并将宗族理事会主要成员也吸纳成为两委成员，实现了项目工程执行主体的转变。

新的执行主体相较于原来的村两委，最大的变化在于其具有了双重性质，一方面它能够作为正式治理组织承接上级投入的项目工程，另一方面也能够以宗族理事会的名义与村民打交道，在村庄中执行项目工程，实现村庄内"小公"与"大私"的结合（赵晓峰，2011）。对村民而言，宗族理事会一方面在产生和运行上与全体宗族成员紧密相连，另一方面其活动也往往与宗族相关，因而宗族理事会组织的公共事务往往具有天然的村庄公共性。Z村宗族理事会诞生于2003年村民筹建宗祠的活动，2008年宗祠建成后宗族理事会便一直保存了下来。理事会5年换届一次，第一届理事长、村庄公认的宗族精英ZSK具有理事长的任命权，其余成员的产生来自各房系头人的选举，理事会事务由理事会成员、村两委、房系头人共同商讨决定。因而对于村民而言，理事会与村民的"自己人"认同乃至与"家事"认同有着天然的联系,这使得理事会不仅具有调动村民公共事务积极性的能力,也拥有代表宗族对个体村民个人功利主义行为进行限制的权力。同时,项目工程本身是普惠性的,对村庄而言具有切实的建设性,当执行主体变成承载村民"自己人"认同的宗族理事会以后,村民便很容易在"理事会 – 家事"的观念惯性以及对理事会具有的特殊惩罚权力的畏惧的共同作用下将项目工程也作为"家事"来对待,赋予了项目工程"家事化"的契机。

(二) 执行方式转变赋予项目工程实质性"家事"内涵

随着项目工程执行主体的转变,其执行方式也发生了改变。当兼具了理事会性质的村两委在村庄中执行项目的时候,其身份不再是上级政府在村庄中的延伸,而是维护村民集体利益、受到村民集体认同的理事会,这带来项目工程从决策过程到执行过程的整体改变,进而引导项目工程成为实质性的村民的"家事"。

对村民而言,"家事"是"我们这个姓的自己的事",是"大家都要做的事",这意味着与集体利益相关、村民的集体参与是村民"家事"认同的主要来源,这对项目工程的性质以及决策、执行方式提出了双重要求。因而当项目工程被理事会以"家事"的形式在村庄运行的时候,不再是简单地将上级政府的任务在村庄中实施,而是将其纳入民主决策、共同参与的实践过程。

首先,理事会通过村民的集体决策赋予了项目工程以村庄公共性,形成了项目工程与群体村民的认同关联。2016 年上级政府给了 Z 村 500 万元的工程资金指标,在得知消息以后,村两委立刻召开村民代表大会,由村两委、理事会、村民代表、房系头人共同参与讨论决定应该申请哪些项目。通过集体决策的过程,项目工程从上级政府的单向输入变成村民对项目有意识地选择,项目工程从单纯的行政任务变成村庄内部的公共事务,进而村民建立起自己与项目工程的双向联系。其次,理事会通过改变项目执行方式,让项目工程与村民的公共利益相连,建立了村民与项目工程中的利益联系。2012 年 Z 村所在镇政府向 Z 村提出了拆除"空心房"的任务,并予以每一户拆除"空心房"的村民 15000 元补偿,由于被拆除"空心房"的村民只是少数村民,与绝大多村民没有关联,于是 Z 村理事会提出在村庄中修建一条环村公路,方便大家出行,于是便以修路的名义拆除了位于村庄边缘的大量"空心房",仅受到一户村民的反对。通过改变执行方式,理事会将上级政府的行政任务转换成了村民的公共利益,从而将村民在项目工程中与上级政府的关系变成了"自己人"团体内部的关系,关系主体的改变带来了村民对项目工程的认同改变。

通过改变项目工程的决策以及执行方式,理事会将项目工程从单纯的行政任务变成村民集体参与、与村庄公共利益的紧密相连的村庄公共事务,赋予了项目工程实质意义上的村庄公共性,形成了村民的"家事"认同。

(三)"家事化"消解"最后一公里"难题

与"家事"认同相联系的是村民面对项目工程时的"群我主义"行为逻辑(赵晓峰,2011)。林语堂将中国的家庭看作一个共产主义单位,家庭中的行为原则是"各尽所能,各取所需"(贺雪峰、刘岳,2010)。"家事"即意味着对"私心"的排斥,"做事要讲公心,不能私心太重"是Z村村民对待"家事"的基本行为准则,这种行为准则受到了村民认知和村庄社会结构的双重形塑。长期浸淫于宗族文化的氛围中,在"家事"中讲求"公心"已经内化为村民自身的行为准则,名声、面子和人情对村民而言都具有特殊的本体性价值,因而在Z村,"名"是评价一个人最重要的标准,"名死了,人活着也就没有意思了",这不仅促使个体村民愿意在"家事"中牺牲自己的个人经济利益以获取名声和面子,也赋予了宗族对"家事"中的利益博弈行为进行惩罚的社会基础。

在执行主体、执行方式发生双重改变的情况下,项目工程在村民的观念上呈现了从"公事"到"家事"的变化,其不再被视为上级政府和村干部的行政任务,而是变成"为了大家的利益","为了子孙后代"的"家事",被村民打下了"我们的"烙印。于是为集体利益牺牲一些个人利益成为村民的义务,村民对名声和面子的追求取代了对经济利益的追求,是否"讲公心"成为村民相互评价的主要标准。在这种行为逻辑的转变下,一方面即使是项目工程损害了个体村民的利益,个体村民也会本着"村子要发展,这是好事"、"做人不能私心太重"的想法,积极配合项目工程的实施,因而在Z村可以看到,2016年的项目中,建村史馆、赏荷亭和村委会的地皮都是村民捐赠或者是象征性地收取了一点费用。另一方面是当有个体村民在项目工程实施受个人功利主义支配坚持采取利益博弈行为方式的时候,便会受到来自其他村民的舆论压力甚至是惩罚。在2016年Z村理事会修路的过程中,有一名老年妇女不愿意将自己的菜地让出来,遭到其他村民的集体数落与排斥，不仅骂她"名"已经死了，还将其排斥在日常相互串门的范围之外，"再也没有人去她家坐一下"，老年妇女最终做出了让步。

可以看到，一旦项目工程受到村民的认同，成为村民眼中的"家事"，便能够实现村民行为逻辑的转变，进而激起村民配合项目工程实施的积极性，并调动村庄传统治理资源，限制个体功利主义，由此解决个人功利主义带来的"最后一公里"难题。

六 结论：建立项目下乡与村民的认同对接

受村庄独特社会结构的影响，宗族型村庄中村民在行为上依然保持了一定的特殊主义特性，对公共事务的认同差异决定了村民在公共事务中的行为逻辑的差异。当村民将公共事务认同为村庄的"家事"，其个人功利主义行为会受到自身本体性价值追求和村庄舆论压力的双重限制，这提供了公共事务顺利展开的传统资源。当公共事务被村民认同为上级政府的"公事"，则会脱离村庄"自己人"的团体认同结构，村民的行为会表现出完全的功利化倾向，且不会受到来自村庄宗族结构的任何限制，进而呈现无约束的个人功利性特征。

村民对公共事务的认同取决于公共事务是否具有村庄公共性，村庄公共性的有无与公共事务的执行主体、决策过程、是否与村公共利益相联系紧密相关。在以往的项目落地的过程中，在上级政府的"官僚逻辑"影响下，其决策是由上级政府单方面做出；其执行主体是"半官僚化"的村干部；其落地过程是与村民"绝缘"。这造成了项目虽然是在村庄中展开，但却与村民没有丝毫联系的怪异现象。对村民而言，项目只是在行政意义上的村庄而不是在"自己人"团体意义上的村庄内实施，也就无关乎村民观念中的公共利益，因而丧失了其村庄公共性而被村民纳入"公事"的范畴，与"公事"认同相伴随的是村民的功利化行为取向，当项目工程触及个体村民的利益时，在功利化行为取向下个体村民会迅速采取利益博弈行为。而项目资源是有限的，对于个体村民的经济需求不可能完全满足，经济矛盾是造成宗族型村庄中项目落地"最后一公里"困境的核心原因。要解决这一困境，其根本措施在于增强项目下乡过程中的村庄公共性，建立村民对项目的"家事"认同，从而改变村民在项目落地中的行为逻辑。

增强项目工程的村庄公共性必然要从项目下乡过程中的民主实践出

发，通过将宗族精英和宗族组织纳入正式治理组织能有效增强项目执行主体的民主代表性；在决策和实施过程中动员村民普遍参与则能实现项目落地过程中集体意志的充分表达，同时项目工程也能实现"民生逻辑"的还原而真正地具有村庄集体利益内涵。通过这样一个民主化的过程，项目工程能够有效地建立起与村民集体意志和集体利益的紧密联系，使项目工程从村民"自己人"团体之外的纯行政任务内化为村民"自己人"团体内的公共事务，进而形成村民对项目工程的"家事"认同。在"家事"认同下，项目工程的实施被村民赋予了本体性价值，村民的行为对象也被限定在"自己人"团体内部，因而村民的个人功利主义行为会受到自身价值取向和村庄宗族结构的有效约束，进而有效地消解"最后一公里"问题。

参考文献

费孝通，2006，《乡土中国》，上海：上海人民出版社。

桂华，2014，《项目制与农村公共品供给体制分析——以农地整治为例》，《政治学研究》第 4 期。

贺雪峰，2006，《公私观念与中国农民的双层认同——试论中国传统社会农民的行动逻辑》，《天津社会科学》第 1 期。

贺雪峰，2009，《村治的逻辑——农民行动单位的视角》，北京：中国社会科学出版社。

贺雪峰、刘岳，2010，《基层治理中的"不出事逻辑"》，《学术研究》第 6 期。

黄光国，2004，《面子——中国人的权力游戏》，北京：中国人民大学出版社。

贾先文，2014，《农村社区经济发展中的宗族因素分析》，《现代经济讨论》第 5 期。

瞿州莲，2002，《一个家族的时空域：对瞿氏宗族的个例分析》，贵阳：贵州民族出版社。

瞿州莲，2005，《宗族组织与村民自治的非兼容性》，《中央民族大学学报》第 5 期。

赖扬恩，2004，《欠发达农村地区社会发展的困境》，《发展研究》第 12 期。

李祖佩，2011，《混混、乡村组织与基层治理内卷化——乡村混混的力量表达及后果》，《青年研究》第 3 期。

梁漱溟，2005，《中国文化要义》，上海：上海世纪出版集团。

林语堂，2000，《中国人》，上海：学林出版社。

刘良群，2007，《宗族与国家在"第三领域"的互动关系研究——以 XJ 县为实例》，《江西社会科学》第 6 期。

罗兴佐，2004，《体制精英的半官僚化与村庄选举》，《北京行政学院学报》第 3 期。

马池春、马华，2017，《宗族共同体：农民利益表达的一种选择——基于对华南地区农村社区治理的观察与思考》，《中共山西省委党校学报》第 1 期。

韦伯·马克斯，2010，《经济与社会》，阎克文译，上海：上海人民出版社。

彭玉生，2009，《当正式制度与非正式规范发生冲突：计划生育与宗族网络》，《社会》第 1 期。

布迪厄·皮埃尔，2003，《实践感》，蒋梓骅译，南京：译林出版社。

秦勃，2010，《村民自治、宗族博弈与村庄选举困局——一个湘南村庄选举失败的实践逻辑》，《中国农村观察》第 6 期。

孙秀林，2011，《华南的村治与宗族——一个功能主义的分析路径》，《社会学研究》第 1 期。

王海娟、贺雪峰，2015，《资源下乡与分利秩序的形成》，《学习与探索》第 2 期。

王阳、刘炳辉，2017，《宗族的现代国家改造与村庄治理——以南部 G 市郊区 "横村" 社区治理经验为例》，《南京农业大学学报》（社会科学版）第 3 期。

肖唐镖，1997，《农村宗族重建的普遍性分析——对江西农村的调查》，《中国农村观察》第 5 期。

肖唐镖，2010，《乡村治理中农村宗族研究纲要——在实践中认识农村宗族》，《甘肃行政学院学报》第 1 期。

肖唐镖，2011，《宗族在重建抑或瓦解——当前中国乡村地区的宗族重建状况分析》，《华中师范大学学报》（人文社会科学版）第 2 期。

杨宜音，1999，《 "自己人"：信任建构过程的个案研究》，《社会学研究》第 2 期。

杨宜音，2008，《关系化还是类别化：中国人 "我们" 概念形成的社会心理机制探讨》，《中国社会科学》第 4 期。

袁明宝，2015，《 "去自治化"：项目下乡背景下村民自治的理想表达与现实困境》，《江西行政学院学报》第 3 期。

张厚安、徐勇、项继权等，2000，《中国农村村级治理：22 个村的调查与比较》，武汉：华中师范大学出版社。

张振洋，2017，《当代中国项目制的核心机制和逻辑困境——兼论整体性公共政策困境的消解》，《上海交通大学学报》（哲学社会科学版）第 1 期。

赵晓峰，2011，《公私定律：村庄视域中的国家政权建设》，华中科技大学博士学位论文。

赵晓峰，2012，《农村宗族研究：亟待实现范式转换——基于赣州、岳平两地农村社区发展理事会建设实践的分析》，《甘肃行政学院学报》第 1 期。

郑也夫，1993，《特殊主义与普遍主义》，《社会学研究》第 4 期。

Peng, Yu-sheng, 2004, "Kinship Networks and Entrepreneurs in China's Transitional Economy," *American Journal of Sociology* no. 5：109.

责任编辑：张红春

新时期社会治理评价指标的新问题

曹亚娟[*]

摘　要：社会指标是衡量社会建设的成效、反映社会发展的状况、帮助制定社会决策的重要手段。利用社会指标测量和评价社会治理能够全面综合地反映社会现实和民心民情，掌握社会治理的效果，预测社会问题并制定应对之策。我国学者将社会指标引入对社会治理的评价工作中时，一些常见的问题在其自我优化的历史过程中已经被解决，但是却出现了一个较为明显的新问题：结果性指标的片面性问题，即指标仅能反映社会治理的最终结果而不能展示其过程，进而导致公平、公正、自由和发展等的畸形或缺位。

关键词：社会治理　指标体系

自改革开放以来，我国社会生活的方方面面都发生了深刻的变革，为了适应新时期社会生活发展的需要，党的十九大提出加强和创新社会治理领域，建立共建共治共享的社会治理格局，回应新需求，解决新矛盾，促进社会发展、增进公共利益。不同于以往的"综合治理"、"社会管理"和"社会建设"等概念，社会治理肯定除国家和政府之外的"社会"、"公众"以及"法律"的主体地位（成伯清，2015：109～115）。同时，社会治理强调对善治状态的不懈追求，提出要"最大限度激发社会活力、最大限度增加和谐因素、最大限度降低不和谐因素"（刘少杰，2016：197～

---

* 曹亚娟（1990～　），女，安徽池州人，武汉大学社会学系博士研究生，主要研究方向为经济社会学。

203）。那么如何客观准确地衡量或者评价社会治理的执行是否达成了上述目标呢？有学者指出可以通过构建指标体系的方式，用数字关系简明扼要地阐释社会治理的执行状况。

社会指标以"一系列的统计量及其他形式的证据使我们判断正处于何种阶段，价值和目标的实现情况如何"（Bauer，1967：7 – 11），它有助于对一个社会的主要方面做出简明、综合和均衡的判断，让人们抓住社会发展的长期趋势和不同寻常的大幅波动，与进一步的社会决策有直接的利害关系。相较于定性的社会科学研究方法，指标体系测量因其能够有效避开"碎片化"和"冗杂"的劣势而获得青睐。事实上，国内外诸多社会学者各有所侧重地构建了不同的指标体系以对社会发展进行综合评价。

一 社会指标体系研究历程

社会指标一词由雷蒙德鲍尔提出，率先在发达国家兴起，时至今日其研究大致经历了三个阶段。第一个阶段（20 世纪 60 至 70 年代末）致力于从宏观和整体的层面对社会进行诊断，以监测社会运行、推动政策发展；第二个阶段（20 世纪 80 年代至 90 年代）的研究强调以"人"和"人的幸福感"为主要考察对象，更加关注人的生活质量、生活体验和心理需求；第三阶段（2000 年之后）的社会指标研究有两个重要特点，一是发展尤其是可持续发展问题重新得到了关注，二是研究重镇由发达国家逐步转移到发展中国家（彭宗超、李贺楼，2013：63 ~ 70）。

（一）从地区性指标体系到全球性指标体系

作为一种反映社会状况的"测量尺度"，社会指标能够有效结合理论与实际（郑杭生等，1987：12 ~ 20），帮助认识和评价现状、预测未来，并据此制定社会计划或进行社会管理。"社会指标"概念一经提出，就引发了世界范围内各国学者和政府的研究兴趣，一些较为有效的指标体系得到了普遍的认可和应用。

美国是社会指标运动的发起国，在 20 世纪七八十年代，相关学者和政府就构建了一系列具有代表性的社会测量指标体系，包括：①由美国健康协会提出的用于综合评价一个国家或地区社会经济及人口生活质量发展程度的 ASHA 指数；②由宾州大学社会学家埃斯蒂斯提出的用于测量国家进步和发展状况的社会进步指数（ISP 指数）；③由华盛顿海外发展委员会大卫·莫里斯博士提出的测量国家或地区居民收入、营养、卫生保健、环境和教育等方面总体水平的物质生活质量指数（PQLI 指数）；④由现代化专家阿历克斯·英格尔斯总结的包括国民生产总值、农业产值占国民生产总值比重等 10 项要素的现代化社会指标，即英克尔斯体系模型（张剑锋，2008：32～34；唐晓岚，2003：51～52）。

在 20 世纪 60 到 70 年代，日本国民经济高速增长，超过英德法，成为资本主义世界仅次于美国的第二大经济体。但日益恶化的环境问题和落后的生活设施建设使得日本国民的实际生活质量和主观幸福感并没有获得同步提升。在这种情况下，社会学研究者和政府认识到，仅凭经济指标已经无法全面测量国民生活综合水平，于是开始引进美国社会指标理论，并于 1970 年成立社会指标研究会专门研究准确测量生活的尺度——社会指标体系（张萍，1991：114～121）。最早的指标体系包括了健康、教育、雇用与劳动生活质量等 10 个社会领域，并有 27 个一级要素、77 个二级要素、188 个三级要素和 368 个指标。由于日本社会环境不停变化，该指标体系也随之修改、精进，直至 1985 年确立了一套新的"国民生活指标"体系，包括 8 个生活领域和 3 大指标群。

1978 年台湾行政部门对有关社会统计指标有选择地进行系统叙述开启了台湾地区对社会指标研究的风潮，并为衡量经济发展和居民生活质量情况编制了"社会福利指标"（施祖辉，1994：35～36）。该指标体系围绕人口与家庭，按照人的生存与发展层次构建基本框架，对社会整体以及个别专门问题进行了描述和研究。

然而，各国家和地区在收集、整理的指标数据方面的计算口径差异阻碍了彼此的交流和比较。为此，联合国邀请相关研究者成立专家组，对人口统计资料的收集、处理和分析方法进行研究，先后发布的多个社会测量指标体系让世界范围内的社会发展横向比较成为可能，比如"社会和人口统计体系"（SSDS）和"人类发展指数"（HDI）。前者以人的生命历程及生活为主线，对人类的生产、生活等多方面的活动进行描述，包括人口规模、家庭的组成及结构类型、社会阶层与流动以及经济状况等 11 个一级指标；后者则着重关注除收入和财富增长之外的健康、教育和生活水平三大发展要素。这两大指标体系是联合国统计局向世界各国推荐的重要统计指标（UNSD，2012；德鲁诺夫斯基，1987：20～25；迈尔斯，1988：45～46）。

（二） 从客观指标体系到主观指标体系

在构建社会指标体系时注重对主观感受的测量在欧洲的相关研究中得到较为集中和明显的体现。当大部分社会学者都认为只有"硬指标"（人口数量、工资收入、住房面积等）的测量才具有可解释性与可对比性时，德国学者沃尔夫冈·查普夫主张把各个生活领域人们的客观指标和主观指标联合起来进行研究。客观生活条件指的是可确定的生活环境，比如物质条件、工作条件、健康状况和社会关系等（周长城，2003：55~76）；主观感受包括对生活条件总体或具体某一方面的评价，包含了认知的或感情的评价。

另一些坚持主客观相结合的社会指标体系还包括：①Diener 等人于 1985 年建立的旨在通过一系列问题来了解个人对其生活所产生的总体认知与判断的"生活满意度指标"（SWLS）；②1995 年 Ryff 和 Keyes 在前人基础上提出测量"幸福"所包含的具体方面的"六度幸福感指标"；③Vemuri 和 Costanza 运用回归分析模型，解释一个国家或地区内居民的平均主观幸福感的"国家幸福指标"；④由英国新经济会推动的计算一个国家或地区居民可持续的、幸福生活的"快乐星球指数"（EU，2012；ESRC，2005；HPI，2012）。

尽管主观指标远不如客观指标那样易于测量、稳定可信，但由于它是人的直接表现，能够直接解释社会现象，实际效用性很强。因而，将主观指标与客观指标相结合，是社会指标研究发展至今学者们一致认可的较为科学的研究方法。实际研究中，主客观指标一致，则可视二者为相互印证的材料；当二者不一致时，可通过比较分析迅速发现问题。

（三） 从发达国家到发展中国家

2002 年，欧洲经济社会调查委员会发起了一项旨在通过分析发展中国家人们社会生活的各个方面、发现那些支持或阻碍人们实现自身生活目标的因素，从而改善人们的生活质量的项目——"发展中国家的幸福指标"研究。此外，发展中国家对社会指标的研究也同步于经济的发展和兴起。以我国为例，自 20 世纪 80 年代以来，为满足社会经济发展和政府决策的需要，各地区各部门开始研究和引进社会指标的理论和方法，掀起了中国社会指标体系研究的热潮（方方、马佳明，2014：169~171）。

在我国社会指标研究发展的初期，主要是由朱庆芳和林南等学者主持构建，成果包括"社会发展综合指标体系"、"客观生活质量指标"、"天津城市居民生活质量"以及"上海居民的主观生活质量"。到了20世纪90年代，有更多的学者投入社会指标研究中，如叶南客、卢淑华、风笑天等。与此同时，各级政府和相关部门也开始利用社会指标体系监测和评价社会建设状况。在2000年之后，社会指标研究盛极一时。学者主持构建的较有影响力的指标体系有：①朱庆芳构建的"城市小康指标体系"；②周长城构建的"主客观生活质量评价指标体系"；③邢占军等构建的"中国居民客观生活质量指标体系最终评价指标与中国居民幸福感量表"。由各级政府部门主持构建的有代表性的指标体系包括：①中国科学院可持续发展战略研究组提出的"中国可持续发展战略指标体系"；②国务院发展研究中心提出的"科学发展指标体系"；③北京市统计局提出的"北京市和谐社会指数"（王建新，2006：1）；等等。

纵观社会指标研究的发展之路，不难看出，其研究一直随着社会发展的阶段和需求变化而不断改善、精进。经历了从区域性转向全球性，从客观研究转向主客观并用，以及研究重镇的转移，社会指标的研究发展到相对较成熟的阶段。

二　新时期社会指标在社会治理中的运用

习近平总书记指出："国家治理体系是在党领导下管理国家的制度体系，包括经济、政治、文化、社会、生态文明和党的建设等各领域体制机制、法律法规安排，也就是一整套紧密相连、相互协调的国家制度。"这表明国家治理体系在形式上体现为一系列规范体制机制的国家制度，内容涉及经济、政治、文化、社会、生态文明和党的建设六个方面，重点在于政治体制、行政体制、经济体制、社会体制、文化体制的完善，实质是运用公共权力调整社会关系、协调社会利益、化解社会矛盾、维护社会秩序，实现政治、经济、社会协调发展。因而，为准确评价社会治理成效所构建的指标体系必须是全面、完整的。与国际上的发展指标相比，我国社会治理指标体系多考虑到全面性和综合性，大部分指标体系都涉及经济、政治、社会、文化、环境、教育等多个方面。以中国人民大学"社会统计指标体系研究课题组"为例，其构建的社会指标体系立足于当前新形势下我国社会经济发展的客观需求，融合和涵盖社会生活领域的各个方面，形成了一套宏观与微观相统一、客观与主观相协调的、多层次的、全面的综合性社会指标体系。

"社会治理"的概念是在我国特定的政治语境下提出的，具有很强的政治性目的和鲜明的中国特色（王玉珍，2005：78 ~ 82）。因而社会治理指标体系的构建必须基于这一特定的背景，指标设定应充分本土化。然而，从国际的视野衡量和考察我国社会治理状况同样重要。我国学者充分考虑到这一点，在构建社会治理指标体系时，不仅选取针对外来流动人口借读人数、信访办接待集体上访批次、村委会选举选民参选率、对和谐社会的认可度等具有很强本土化特征的指标，还选取一些国际上通用的综合性社会指标或某些具有普遍意义的具体指标，利用国内的统计、调查数据进行计算。以便于国际比较，为我国进一步制定发展方案提供新的参考依据。

新时期，社会指标体系在社会治理中得到新应用。在综合考虑主客观协调性、本土化与全球化一致性、指标的层次性等问题之后，构建的综合性指标为社会治理的成效评估提供重要参照，为进一步的社会主义建设、决胜全面建成小康社会的政策制定提供了依据。可以说，随着我国指标研究的引入和不断深化，解决或者技术性地避开指标构建过程中的常见问题不再成为研究的重难点。研究者们甚至已经具备因时因地科学合理构建指标的能力，将指标体系作为社会化工具，灵活运用到社会治理等诸多社会建设活动中。而在社会指标的具体实践中同时发掘社会建设的问题和指标体系本身的问题，是研究者需要同步努力的两个方向，一方面体现指标体系在社会治理中的评价作用，另一方面推动社会指标的理论发展。

三 社会治理指标体系中的问题

社会指标从来就不是一个标准化的完美工具，在学者们构建的用以评价社会治理的诸多社会指标中，一个较为明显的问题是侧重于考察社会治理的结果而非过程。这些结果性指标在衡量社会治理水平的时候，只能呈现社会治理最终的数字化结果，而不能展现社会治理的全部过程。

（一）"报案率"与社会稳定

"报案率"常常被作为衡量社会稳定、民主法治的重要指标，出现在众多社会综合指标体系中。如学者朱庆芳（1987：90 ~ 99；1993：31 ~ 35）构建的"社会发展指标体系"，分别从人均国民生产总值、社会结构、人口素质、生活质量和社会秩序 5 个方面的 28 项指标考察了新中国成立后各时期的社会发展状况，其中报案率是反映社会秩序状况的一项重要指标。然而，报案率真的能够反映社会秩序吗？报案率低就代表社会秩序良好、违法犯罪活动少吗？

事实上，报案率不等于发案率。有时候，报案率低不仅不能表明社会安定，反而可能是执法部门办案不力导致公信力不足的问题。在印度，强奸案的发案率远远高于报案率，因为在一个女性地位极度低下的社会中，强奸案根本不被认为是值得侦破的案件。日常生活经验也告诉我们，校园中丢失的自行车、公交车上被偷的手机找不回来；和小商贩的争执大多会被调解解决，不立案、不处罚；电信诈骗日益猖獗，侦破的案件不多。久而久之，民众对执法人员的执法态度和执法能力产生怀疑、质疑和不信任，抱着"多一事不如少一事"的态度，往往自认倒霉而不愿意报警并耗费半天时间走流程。这种情况下的低报案率显然无法完全反映社会秩序状况。

（二）"破案率"与社会治安

在中国人民大学社会统计指标研究课题组构建的"综合性社会统计指标体系"中，"破案率/人民法院审案结案数"是衡量社会治安的四项指标之一。相较于报案率，破案率更加侧重于对执法部门执法能力的考察。尤其是公安机关，破案率常常被当作工作考核的重要指标。然而，事与愿违的是，对高破案率的追求很可能导致在执法过程中对执法公正性的忽略，造成冤、假、错案的发生。这不仅有损政府"执法必严"的形象，损害公平公正的社会风气，也会对民心造成极大的伤害。为了维护秩序、惩治违法犯罪行为，执法人员依法采取强制手段被认为是必要且正当的，但对公权力的错用、滥用以及不谨慎使用，都将动摇执法的合法性。冤、假、错案警醒着执法者要秉公办案、依法行政，以程序正义保证实体正义。如此才能让民众信任法律、信任司法，在社会中营造良好的政治文明氛围。

（三）"结/离婚率"与家庭生活

在我国传统观念中，除了"国家大事"之外就只有婚姻是"大事"，可见婚姻在人们心目中有不一般的地位。人们普遍认为，结婚成家是个人走向成熟稳定的重要标志，也是社会安定的重要因素；而离婚则有违社会规范，甚至被视为不道德的行为。改革开放以来，由于政治、经济、文化和价值观念的变革，全国离婚率一路攀高引起了部分学者的警惕，他们担心过高的离婚率会有损社会风气、弱化家庭功能，引发离异家庭子女照顾等一系列社会问题。这一点也体现在一些学者对全面小康社会的评价时，把"结婚率"和"离婚率"作为重要指标放在对家庭生活的考察量表中。

然而，换个角度来看，人类社会文明进步的重要标志之一就是对人权和自由的极大尊重。《世界人权宣言》也明确提出，任何人均享有婚姻家庭权而不论性别、宗教、政治或其他出身、身份。我国现行《婚姻法》和《婚姻登记条例》保障公民结婚和离婚的自由，体现了我国立法对人权宣言的认可和践行。而从发达国家的历史经验来看，离婚率达到47%的瑞典和离婚率超过50%的美国等国家，并没有因此引发重大社会问题。同时，我们还应看到，我国当前离婚率高的一个重要原因是女性独立自主意识的觉醒和社会地位的提高，这也从另一方面反映了社会的进步和发展。

（四） 经济指数与社会发展

在早期构建的社会指标体系中，经济发展主要通过"人均国民生产总值"、"社会劳动生产率"、"居民消费水平"等指标来表现。国家要求不断解放思想、深化改革，追求经济高水平、快速度、持续稳定的增长。但是面对日益严重的生态环境问题，我们不得不重新思考经济发展问题。以牺牲生态环境为代价的粗放式发展随后被摒弃，经济发展不仅要考量经济总量、增量、增长率等指标，还应将经济发展的生态成本纳入其中。因而，在党的十八大以来，转变经济发展方式，引进生态建设、民生指数等指标。

经济发展除了要考虑生态环境成本，还应注意地区间的历史、地域和文化等差异性，不能"一刀切"式地划定增长率。有研究显示，仅以包容性的经济发展指标来衡量民族地区的发展依然无法体现其在全国社会主义建设中的特殊作用，提议应更多地从生态环境保护、民族关系发展和固守边疆等指标的角度予以考察（丁赛、刘小珉、龙远蔚，2014：25 ~ 35）。因而，若我们仅利用"经济增长"的相关指标来衡量和评价社会治理，会显得过于单薄和片面。生态环境成本、地区的差异性等多项要素都应纳入经济治理之中予以综合考虑，方能全面把握经济建设的全局。

（五）"万人拥有私人汽车量"与居民生活水平

"万人拥有私人汽车量"是每万人当中以个人或居民身份购买的汽车

数量，常与"人均住房（建筑）面积"、"人均消费性支出"等指标一同
构成居民生活水平的指标体系。汽车作为现代化的产物，在日常使用中能
够扩大居民活动半径，带来了极大的便利。随着我国经济发展，人民收入
水平不断提高，我国私人汽车拥有量不断上升。1995 年我国私人汽车拥有
量约为 250 万辆，到 2015 年该数字为 1.4 亿辆。在部分城市地区，每百户
家庭拥有的私家车已经超过 70 辆。汽车从"奢侈品"的神坛走向普通居
民的生活中，成为像沙发、电视、冰箱一样的日常用品，"万人拥有私人
汽车量"这一指标对衡量生活水平的参考意义也随之大大减弱。

另外，大量汽车的使用导致对石油资源的消耗、对道路资源的占用和
空气污染物的排放等问题，这些都不容忽视。若过于强调拥有私人汽车对
高生活水平的标志作用，一些日常出行并不依赖于私人小汽车的居民则很
有可能出于攀比和炫耀性的目的购置汽车，进而导致道路资源的紧张，市
民出行时间成本的增加，大量尾气的排放和空气质量的下降。所以，这种
盲目购置和使用私人汽车的行为不仅不能真正提高个体的生活质量，反而
给社会环境、生态环境带来巨大压力，有违绿色、可持续发展的内涵和
宗旨。

四　结论与讨论

社会指标体系用直观的数据呈现的方式综合反映社会状况，衡量社会
治理效果，是民心和民情的重要体现，也是科学决策的重要依据。近半个
世纪的社会指标研究历史，为我国当前构建社会治理指标体系提供了丰富
的经验。社会指标研究发展历程中的三大转向（由地区性指标体系到全球
性指标体系、由客观指标体系到主观指标体系、由发达国家到发展中国
家）体现了其发现不足、改善和再适应的过程。首先，在全球化和一体化
的背景下，对于本地区本国家社会状况的评估必须置于世界范围内的比较
中才更有价值，这种全球范围内的比较一方面可以让该地区、该国家不仅
在纵向上与自身比较也能够在横向上与同期的其他地区和国家比较，从而
对当前社会状况有更加客观、全面和准确的认知；另一方面，这种世界范
围内的指标体系能够反映不同国家和地区之间的差异性，有利于促进政策
计划有更加明确的目标和方向。其次，各国越来越意识到人才是社会发展
最终的目的。这意味着社会发展的最终衡量指标应是个体内心对于物质
的、精神的、政治的、文化的等诸多方面的满意程度。这种满意程度的量

化表现正是主观的社会指标体系。认识到这一点后，社会指标体系研究不再局限于客观方面，开始向主客观指标结合的方向转变。最后，在西方发达国家的社会指标研究喷涌出大量成果满足了政府和社会的需求之后，学界对其关注度逐渐降低。但此时的发展中国家经济日益繁荣、社会矛盾显现，对全面综合评价社会运行状况进而提供决策依据的需求凸显，社会指标研究的重心应势从发达国家转向发展中国家。

新时期，学者们将社会指标体系引入对社会治理成效的评价中。尽管已经充分考虑并尽量规避了社会指标研究中的一些内生性问题，但是实践中依然存在着指标阐释过于片面的问题，即指标仅能反映社会治理的最终数字化的结果而不能展示其过程。结果性指标常常并不能够真实或完全地反映社会运行情况，进而让我们对社会事实产生错误判断，引发决策上的失误。也就是说，构建社会治理指标，不仅需要能够直接表现社会治理成果的结果性指标，更要关注能够反映社会治理行动的过程性指标（李路路、孔国书，2016：1~2）。

参考文献

成伯清，2015，《社会意向与社会治理》，《社会科学研究》第 1 期。

德鲁诺夫斯基，1987，《文明水平：社会指标应用的新领域》，《国外社会科学》第 6 期。

丁赛、刘小珉、龙远蔚，2014，《全面建成小康社会指标体系与民族地区发展》，《民族研究》第 4 期。

方方、马佳明，2014，《社会指标发展研究》，《科技展望》第 14 期。

李路路、孔国书，2016，《社会指标建设推进可持续发展》，《中国社会科学报》第 6 版。

李强，1986，《论主观社会指标及其在我国的应用》，《社会学研究》第 6 期。

刘少杰，2016，《网络社会的时空扩展：时空矛盾与社会治理》，《社会科学战线》第 11 期。

迈尔斯，1988，《社会指标的用途》，《国外社会科学》第 3 期。

彭宗超、李贺楼，2013，《社会指标运动源起、评价及启示》，《南京社会科学》第 6 期。

施祖辉，1994，《台湾的社会指标》，《江苏统计》第 3 期。

宋林飞，2010，《中国小康社会指标体系及其评估》，《南京社会科学》第 1 期。

唐晓岚，2003，《美国及联合国社会指标模型评析》，《发展研究》第 4 期。

王建新，2006，《北京建立和谐社会评价指标体系》，《人民日报》第 10 版。

王玉珍，2005，《多维变动下社会治理模式的创新》，《南京社会科学》第 5 期。

张剑锋，2008，《和谐社会指标体系的国内外研究评述》，《学术交流》第 2 期。

张萍，1991，《日本社会指标的由来与发展》，《社会学研究》第 1 期。

郑杭生、李强、李路路，1987，《我国社会指标研究的几点探索》，《中国人民大学学报》第 2 期。

周长城，2003，《全面小康：生活质量与测量》，北京：社会科学文献出版社。

朱庆芳，1987，《我国社会发展指标体系初探》，《社会学研究》第 4 期。

朱庆芳，1993，《社会指标的应用及评价比较实例——改革开放以来哪些地区经济社会发展速度快、水平高》，《社会学研究》第 2 期。

Bauer, Raymond, 1967, *Social Indicates*, Cambridge：MIT Press.

ESRC, 2005, WeD Toolbox：Resources and Needs Questionnaire（RANQ）Version 7. Retrieved from ESRC Research Group on Wellbeing in DevelopingCountries ［EB/OL］, http：// www. welldev. org. uk/research/methods-toobox/ranq-toolbox. htm.

EU, 2012, EU Social Indicators, Retrieved from Employment, Social affairs & Inclusion ［EB/OL］, "http：//ec. europa. eu/social/main. jsp？catId = 756&langId = en

HPI, 2012, The Happy Planet Index：2012 Report, London：New economics foundation.

UNSD, 2012. Social Indicators, Retrieved from United Nations Statistics Division ［EB/OL］, http：//unstats. un. org/unsd/demographic/products/socind/.

责任编辑：胡赣栋

民族国家与地方治理专栏

民族主义思潮的源流与反思[*]

徐　健　魏德伟[**]

摘　要： 自 1648 年《威斯特伐利亚和约》签订，民族国家开始正式登上世界舞台。成为现实的政治实体之后，民族国家便迅速巩固自己的政治合法性，并在国际交往的共同约定中被公认为新国际法的主权单位。民族主义在民族国家的产生中发挥了非常重要的作用。可以说，要理解由民族国家构成的国际体系就得先理解民族国家，要理解民族国家就得先理解民族主义。但民族主义发展至今，引发了越来越多的消极现象，成为危及世界和平、多族群国家政治稳定、区域稳定的因素之一。因而，对民族主义理论的渊源和流变进行梳理和反思便显得极为必要。

关键词： 民族主义　民族国家

作为一个少数民族人口超过 1 亿、民族自治地方面积占全国面积 64% 的多族群大国，民族主义的研究对中国学界来说，无疑是一个具有重大价值和意义的研究课题。新中国成立之初，我国在对待少数民族的问题上效仿苏联模式，借鉴苏联的民族理论和民族政策，这一选择有其历史必然性和历史合理性。新中国成立初期在处理民族问题政策导向上倾向于"政治

---

[*] 本文得到教育部人文社会科学研究青年基金项目"斯多亚政治哲学残篇的编译、集注和义疏"（17YJC720030）；贵州省哲学社会科学规划课题青年项目"廊下派政治哲学研究"（16GZQN26）的资助。

[**] 徐健（1984～　），男，浙江金华人，法学博士，贵州大学公共管理学院副教授，硕士生导师，研究方向为西方政治哲学；魏德伟（1993～　），男，贵州石阡人，贵州大学公共管理学院硕士研究生，研究方向为西方政治哲学。

化"导向，诸如进行"民族识别"、实行"民族区域自治制度"等。这一系列政策措施使少数族群成员具有了一种政治意味的"民族"身份。因此，各"族群"之间的差别被制度化了，各族群成员在政治层面和心理层面都有一种区别于其他族群成员的自觉意识。

事实上，二战结束以来，民族主义已然成为一种全球现象，它蕴藏着巨大的能量。一方面，它在西方从传统国家向现代国家的过渡、工业文明（现代化）的发展以及殖民地国家反抗殖民宗主国争取民族独立和民族解放的过程中，扮演了一种强有力的思想武器的角色。另一方面，它在现实生活中也表现出极易"失控"的一面，这些失控常常是引起地区冲突、多族群国家内部分裂的重要因素之一。因此，怎样合理引导民族主义和怎样有效规制民族主义，俨然已经成为学界的一个重大研究课题。

一 民族和民族主义诸定义

（一）民族主义

"民族主义"作为一个术语，最早出现在18世纪末期，当时的德国哲学家约翰·戈特弗里德·赫尔德（Johann Gottfried Herder）和法国反对革命的神父奥古斯丁·德·巴鲁尔（Abbe Augustin De Barruel）对这个术语进行了解释和使用，并且赋予了它特定的具有可辨识性的政治和社会意义。直到1836年，"民族主义"（nationalism）一词才首次以表示某种神学意义的术语（如某些民族视本民族为上帝的选民而区别于其他民族）在英语中使用。此后，民族主义一词得到了不断发展，并被赋予了新的含义。英国学者安东尼·D. 史密斯（Anthony D. Smith）指出，"'民族主义'一词所体现出的我们今天所能联想到的含义，是直到20世纪才具有的。它通常有以下几个重要的含义：（1）民族的形成和发展过程。（2）民族的归属情感和意识。（3）民族的语言和象征。（4）争取民族利益的社会和政治运动。（5）普遍意义或特殊性的民族信仰和民族意识形态"（史密斯，2006：6）。

对民族主义下一个标准而全面的定义，对研究民族主义的学者来说，无疑是非常困难的。不同的学者因研究视角的侧重点不同，对民族主义和民族也有着不一样的定义。总体上来说，这些定义大致可分为两类：一类将民族主义视为一种"观念"并与政治共同体的"合法性秩序"，即与国家的合法性结合在一起，以德国学者汉斯－乌尔里希·维勒（Hans-Ulrich Wehler）、英国学者厄内斯特·盖尔纳（Ernest Geller）和埃里·凯杜里（Elie Kedourie）为代表。其中，盖尔纳在对民族主义的研究中指出："民族主义首先是一条政治原则，它认为政治的和民族的单元应当是一致的……民族主义是一种关于政治合法性的理论，它要求族裔（Ethnic）疆界不得跨越政治的疆界"（盖尔纳，2002：1~2）；而"共同的文化背景"则是其深厚的基础（盖尔纳，1993）。

另一类将民族主义视为一种"意识形态"。以史密斯、美国学者穆艾·洛和韩国学者李克灿为代表。史密斯认为："民族主义是以民族自治、民族统一和民族认同为基本目标的，并以促进民族利益为关注焦点的一种意识形态。对于民族主义者来说，民族的生存和发展离不开这些基本目标的充分发展。"（史密斯，2006：10）根据这些基本目标，他认为民族是"一种为某一群体争取和维护自治、统一和认同的意识形态运动，该群体的部分成员认为有必要组成一个事实上或潜在的'民族'"（史密斯，2006：10；参照洛，2002；李克灿，1988）。史密斯认为以下几点构成了民族主义的基本主张："（1）世界是由不同的民族所组成，每个民族都有它自己的特征、历史和认同；（2）民族是政治权力的唯一源泉；（3）对民族的忠诚超出所有其他忠诚；（4）为赢得自由，每个人必须从属每个民族；（5）每个民族都需要完全的自决和自治；（6）全球的和平与正义需要一个各民族自治的世界"（史密斯，2006：23）。

（二）民族

在民族的起源问题上，学界主要存在着两种不同的理论，即"建构论"（constructivism）和"原生论"（primordialism）。前者更多地从一些"主观"层面（如行为、感受等）来解释"民族"，后者则更多地倾向于从"客观"因素（如语言、宗教等）来解释"民族"。强调"客观"因素的以约瑟夫·斯大林（Joseph Stalin）为代表，他说："民族是人们在历史上形成的一个具有共同的语言、共同地域、共同经济生活以及表现于共同文化上的共同心理素质的稳定共同体。"（斯大林，1953：294）以"主观"因素来定义"民族"的学者以本尼迪克特·安德森（Benedict Richard O'Gorman Anderson）、埃里克·霍布斯鲍姆（Eric Hobsbawm）和盖尔纳为代表。安德森在其《想象的共同体》中指出，民族"是一种想象的政治共同体——并且，它是被想象为本质上有限的（limited），同时也享有主权的共同体"（安德森，2016：6～7）。霍布斯鲍姆认为，民族是一种为统治阶级服务的并且是"被创造出来的传统"（霍布斯鲍姆，2002：9）。

史密斯将主观和客观因素结合起来分析民族的起源问题，他认为在西欧的发展过程中出现了一个"市民的'民族'模式"（Civic Model of the Nation），它包括四个要素：第一个要素是空间或领土的概念，即一个民族必须具有明确的边界；第二个要素即民族是'具有单一的政治意愿的法律与制度共同体'；第三个要素是共同体成员在公共事务和法律权利、政治权利与义务、社会经济权利等方面具有完全平等的公民权；第四个要素是民族必须具有共同的文化（价值观和传统）和公民意识形态（civil ideology）"（Simith，1991：11）。根据这四个要素，他认为，"民族"是一种"具有名称，占有领土的人类共同体，拥有共同的神话、共享的历史和普通的公共文化，所有成员生活在单一经济之中并且有着同样的权利和义务"（史密斯，2006：14）。并且，他将是否具有"政治目标"和是否具有"公共文化"体系作为区分"民族"与"族群"最为核心和重要的标准，提出了一种"大民族，小族群"的区分办法（史密斯，2006：93；参照马戎，2004）。同时，在民族和族群同祖地的关系问题上他指出，"在理想的类型中，民族占有祖地，而族群则仅仅象征性地与之相连"（史密斯，2006：14）。

无论是"建构论"还是"原生论"似乎都不能在完全意义上解释"民族"这一概念，且都存在一定的理论缺陷，表现在"民族"与"族群"的区分之中，"原生论"过分强调的一些客观因素无疑也适用于"族群"概念，没有区分出"民族"相对于"族群"而具有的"政治性"。"建构论"的问题则是过分强调"主观性"的建构目的，并没有对"族群"与"民族"做出区分，而缺少这种区分，则每一个"族群"（文化意义上）都可以被建构或想象成为一种"民族"（政治意义上），从而具有"民族"（而非族群）的政治目标（如建立本民族的独立国家）。无疑，这给多族群国家带来了严重的理论和实践的双重困扰。相反，史密斯的观点对于多族群国家处理民族问题具有很强的启发性。

关于民族主义和民族诸多的定义无不带有"西方中心论"的色彩，即认为民族主义和民族都首先产生于西方并逐渐向世界范围扩散。那么，民族主义作为一种历史现象，何以只在西方出现？

二　民族主义的诞生：何以是西方？

对民族主义起源问题的研究，西方学者从不同的视角分别做出了解释，史密斯将这些分析视角归纳为五种：①社会经济的视角；②社会文化的视角；③政治的视角；④意识形态的视角；⑤建构主义的视角（史密斯，2006：50~51）。虽然这些解释视角不同，但它们有一个共同点，即民族主义不是一直存在的，而是伴随着"现代性"而产生的新兴历史现象。

作为一种新兴历史现象，民族主义在19世纪引起了强烈关注，并且几乎没有遭受任何批评而被理所当然地予以接受。至19世纪下半叶，民族主义已经完全成为欧洲及其美洲殖民地的一种政治与社会文化现象。但是除了西方世界以外，民族主义并未在其他文化圈中产生。民族主义成为西方世界的孤本。那么，为什么民族主义只出现在西方的文化圈？在民族主义向全球扩散的过程中，作为与西方世界有着迥异的社会文化和政治基础的接受国，何以对民族主义抱着开放和强烈希望的态度？

要回答上述两个问题，首先要对民族主义在西方产生的特殊背景进行分析和回答。作为一种晚近出现的历史现象，民族主义是现代性的产物，这一观念已经成为学界的共识。这表明民族主义并不是一种永恒存在的、不依赖具体历史进程的现象。在民族主义产生之前，一种将人们联结成为一个大型的、稳固的协作团体的忠诚条件往往已经成就，联结点可能是某些王朝国家和古老的宗教团体。这些古老的"忠诚条件"与民族主义事实上并无太大的关联，但却成为后来某种民族历史的建构基础。安德森曾指出，王朝国家的解体、宗教共同体的衰落以及印刷资本主义的出现构成了民族主义出现的文化基础（安德森，2016：11~33）。

如果按照"挑战"与"回应"的思考模式，那么民族主义在脱颖而出的历史过程中究竟是要"回应"什么呢？维勒认为，民族主义的产生旨在回应早期现代西方社会以及与其紧密相连的世界构想的结构性危机。借用现代社会学的语言：民族主义产生于"规则信赖"遭遇"基础性破坏"的危机时期。这种现代化危机的顶峰表现为革命。革命以摧毁旧秩序，以传统社会构成尤其是统治系统失去正当性为前提。它使古老而神圣的统治理论开始受到质疑，使其陷入正当性危机。然而，当传统的统治合法性遭受质疑并不断地被消解，一种新的合法性基础便应时代而出。正是这种现代化危机最先在西方出现，民族主义这种新的合法性基础才应运而生。这也表明，只有西方才能诞生出民族主义。

维勒认为，当一种深层的正当性危机达至顶点时，在表现形式上，它既无法与传统的强制媒介，也无法与成熟的、为人所遵守的、具有约束性的世界构想相脱离。而这正是民族主义诞生的关键时刻。因为民族主义恰恰在为统治秩序和共同体寻求新的统治基础和合法性。逐渐上升的民族主义已经成为一种政治现象的核心要素，并且总是与国家的"合法性秩序"紧密联系在一起，这一时期，一些欧洲国家在回应现代化危机过程中引发了一系列的革命。在欧洲，第一次革命是荷兰北部反抗西班牙菲利普二世的独立战争，北荷兰省自勃艮第王朝就已经发展出了一种归属感。随着革命的胜利，荷兰建立起了独立和统一的荷兰新教共和国，并且归属感也得到了强化，一种充满自豪感的自我意识得以形成，而这种自我意识恰恰是民族主义的开端。

我们还可以从西方三次"典型"的革命来论证民族主义在西方的诞生。第一次是 1640 年至 1688 年发生的英国资产阶级革命。这场试图从传统的封建权力束缚中解放出来的人民革命战争，激发了人们对天主教的反抗，以及新教徒改变世界的愿望，促成了以"神圣"同意为基础的共和体制，并孕育出英国特有的民族主义自豪感，从而推动了其民族的形成。第二次革命是始自 1776 年的美国革命。自七年战争（1756 年至 1763 年）起，英国在北美的统治就陷入了危机。那些具有自我意识的北美英国人组成了小联合体，并且建立起了具有很高独立性的地方和区域行政。美国革命的胜利孕育出了一个以"人民主权"为基础的新国家，并于 1783 年在国际法上获得了承认。这场革命带来了根本性的变革，从前国王是从上帝那里获得荣耀，而现在权力来源于人民，权力应自下而上形成，作为个体的公民的"同意"构成了国家合法性的来源和基础，一种新的集体认同开始出现。第三次革命是 1789 年发生在欧洲大陆的法国革命，这场革命的胜利对世界大部分地区来说具有重要的象征意义。古老的王权国家已经失去了合法性基础，建立一种以"民族主权"为基础的共和国成为最强烈的呼声和要求。1789 年《人权宣言》第三条规定，全部国家主权的来源根本上寄托于"民族"（张凤阳，2017），自此，民族成为国家合法性的基础。这三次革命投射出的种种魅力都产生了极强的示范效应，推动了民族主义在世界范围内的扩散。

三　民族主义的历史阶段和类型的划分

由于划分标准不同，学者们对民族主义阶段的划分也不一样，但大致上它可以分为四个阶段。

（1）18 世纪末到 19 世纪中叶，民族主义的发轫阶段。安德森认为这一阶段的民族主义类型是发生在南北美洲的"克里奥尔民族主义"（creole nationalism）或"远程民族主义"（long-distanee nationalism）和欧洲的"群众性语言民族主义"（mass linguistic nationalism）。"克里奥尔民族主义"是南北美洲殖民地独立运动所催生的，它综合了殖民地各阶层的诉求，反抗宗主国的压迫和不平等待遇。根据安德森的观点，这一民族主义产生的原因是，在南北美洲殖民地的欧裔移民在现实的社会生活和政治流动过程中，遭受了殖民地母国（英国、西班牙和葡萄牙）的制度性歧视，这一制度性歧视与殖民地边界刚好重合，致使当地欧裔移民的社会与政治流动空间被限定在殖民地范围之内。这一制度性歧视所造成的流动限制为殖民地的欧裔移民创造了一种"受到束缚的朝圣之旅"（cramped pilgrimage）的共同经验，这些被母国歧视的欧裔移民们因流动的限制，开始将殖民地想象成自己新的祖国，这种歧视造成的限制还使欧裔移民与殖民地住民形成了一种共同的体验，他们彼此之间开始相互接受和认同，产生了一种新集体认同，并且将殖民地内的住民想象成他们自己的"民族"。安德森认为："'群众性语言民族主义'是 1820 年出现在欧洲的，通过这种民族主义的创造，一种取代帝国的、奴隶制和封建等级制的，即主权的政治共同体诞生了。"（安德森，2016：48～78；汪晖，2016）安德森在分析民族主义的起源问题时，更多是将关注点放在文化和语言的作用上。维勒则不同，他更注重民族主义所带来的政治作用和意义，并将关注点放在欧洲，他认为 18 世纪末到 19 世纪中叶的民族主义是一种"整合性"民族主义。以北美和法国为代表，这些国家以这种民族主义为思想武器发动了国内革命，并按照"民族自决"的原则建立了民族国家，由此早已存在的统治团体借由民族国家的形式，获得了新的正当性基础（维勒，2013：74～75）。

（2）19 世纪下半叶至 20 世纪初，安德森认为这一阶段的民族主义是一种"官方民族主义"（official nationalism）。他指出，"官方民族主义"其实是欧洲各王室为应对 1820 年前后出现的群众性民族主义所带来的危机而采取的一种"自上而下"的应对措施。因为第二波群众性民族主义对欧洲各王室的传统统治和合法性基础构成了极大的威胁，为了避免从根本上失去统治合法性，各王室开始"自上而下"地收编民族主义，并结合旧的"王朝"原则来推行一种国家"民族化"政策，以此为统治提供一种新的合法性基础（如"俄罗斯化"）（安德森，2016：81～104；汪晖，2016）。与安德森将关注点放在传统帝国通过民族主义巩固统治合法性基础不同，维勒更多的是关注民族主义实现已分裂国家的重新统一，并为这些国家提供一种新的合法性基础。他认为，这一阶段出现的是一种"统一进程的"、民族团结的或是民族复兴的民族主义，其目标是将国家分裂的部分整合为所谓的早已存在的"民族"——这种所谓的民族事实上源于不同的族群——继而再建构一个民族国家，就像德意志帝国和意大利所做的那样（维勒，2013：75）。

（3）一战结束至 20 世纪 40 年代中期，据安德森的看法，该阶段诞生的是一种"殖民地民族主义"（colonial nationalism）。"它既是对于官方民族主义的殖民地形式——帝国主义——的反应，也是对先前两拨民族主义浪潮的大众民族主义（北美与欧洲）的模仿。"（安德森，2016：109～131）在这一阶段，世界各地的殖民地国家纷纷借用民族主义这一威力强劲的武器来反对殖民宗主国，以此来实现民族的独立和国家的统一（如亚非拉的民族独立运动）。维勒通过考察这一阶段的欧洲传统帝国而非殖民地国家，归纳出了一种"分裂的"民族主义（"divided" nationalism）。这种民族主义加速了 1918 年后东欧和东南欧多民族帝国的崩塌，并促成在沙皇帝国、东匈牙利帝国和奥斯曼帝国的瓦砾上所产生的新兴民族国家的建构（维勒，2013：75）。

（4）20 世纪 50 年代至 20 世纪末，维勒说这一时期存在一种"移植的"民族主义（"transplanted" nationalism）。这种民族主义与 1945 年后的反殖民主义政治紧密联系在一起，将欧洲和美国的模式传播至世界其他族群，尤其是那些从前属于殖民地的地区（维勒，2013：76）。在 20 世纪末，随着苏联的解体，民族主义又兴起了一波小高潮，这个时期的民族主义跟维勒的"分裂民族主义"具有很强的相似性。我们在对比安德森和维勒的观点时会发现，他们之间存在一些共同点，即都将民族主义视为一种强大的思想武器，并与国家的合法性联结在一起。但在民族主义的起源或发源地上，他们却存在着偏差，出现这种现象的一个重要原因是他们的研究关注点不同，维勒认为民族主义起源于欧洲并向世界扩散；安德森则将民族主义的起源归于南北美洲的殖民地运动，在其后的研究重点也更多的是放在非西方的殖民地国家上。

学界还流行将民族主义划分为"公民的民族主义"（civic nationalism）和"族群的民族主义"（ethnic nationalism）。前者与自由主义相连而被视为是"好"的，后者往往将"族群认同"凌驾于国家认同之上，因而被视为"危险"的（史密斯，2006：42）。

民族主义在向全球的扩散中，发生了不同程度的流变，形成了不同的类型，这些不同类型的民族主义在不同的历史时期和不同地区发挥了不同的作用。民族主义完成了它最为核心的目标——建立民族国家后，它会走向何处，它的未来又在哪里呢？

四　民族主义的终结？超越民族国家？

在传统国家向现代国家的过渡以及工业社会发展中，民族主义发挥了很大的作用。盖尔纳指出，民族主义及其创造物——民族、标准化的民族文化以及民族国家，都应被视为现代工业社会得以有效运作的必要前提。除此之外，由国家所推行贯彻的民族语言，对于拥有高度复杂的工业、消费业和服务业的现代社会的模式化运转而言，更是一种必不可少的媒介（盖尔纳，2002：53）。

此外，现代民族国家的法律一体化，是以大量的立法工作为前提的。从法律的历史传承的角度来看，民族国家的法律原则上都被作为"民族精神"的化身，或是民族的法律传统，而它们又经由民族语言传达给每个法律人，并作为具有拘束力的、国家法律体系所提供的行为指引而发挥功能。现代共和制和法律的制定以及议会的决定是以"人民主权"为渊源和基础的，而民族建构丰富了人民主权的内容。政治系统的功能发挥也以一种文化的同一性为前提，这种政治系统表现为普遍的选举权、政党民主和议会制。这些都要归功于民族主义。

然而，民族主义在政治世界中尤其显露出其尖酸苛刻的面孔。因为从源于均质化、同一化的民族的世界观中，必然导出对某些少数族群的排斥。在某些方面，现代政治中最恶毒的反犹主义，正是以种族主义为包装的民族主义的属类。民族国家的建构作为民族主义运动的最终目标，当民族国家这一最高政治目标实现之后，民族主义的主张在多民族国家和多民族社会往往会导致无休止的民族冲突，成为多族群国家族群冲突、族群分裂的重要诱因。

在反思民族主义与近现代西方世界取得的伟大成就关系时，维勒指出："西方世界所取得的不同寻常的成功发展——经济增长与繁荣、宪法化与法的安定性、生存照顾和冲突遏制——从历史来看，只是偶然地发生在民族国家时期，或者说，它们是作为对现代化建构的'要求'的回应而产生的。然而在集体记忆中，这些发展都被作为民族国家的宝贵成果而予以珍视。"（维勒，2013：159～162）换言之，民族国家获得了超过它应该享有的声誉，民族主义和民族国家的价值被夸大了。

在今天，民族主义似乎已经遭受了极为严厉的批判，其极端的立场更是受到根本性质疑，这主要是因为其"主张"与"事实"之间的不对等。例如，①在民族主义的上升阶段，它鼓吹通过建立一个所有民族成员平等的、和谐的共同生活的主权国家，而排除了专制统治之臣民共同体下的、传统等级制特权的社会结构，以取代贵族的天赋神权。然而在事实上，民族主义却通过排外措施，在国家内部导入了一种严苛的、无情的而并非互相友爱的成员关系（例如，种族歧视、反犹主义、种族大屠杀、极权主义国家等）。②民族主义主张，在排除既存的、占主导性的冲突根源——总希望通过战争方式获得王朝和贵族统治的威望的君主制的病态思想——之后，建立一个由市民化的民族成员构成的和平世界承诺，成为一种颇为吸引人的人道主义乌托邦。然而事实上，民族国家似乎从来没有在国际体系中扮演和平的缔造者角色。相反，绝大部分民族国家都会爆发民族统一战争、内战或是民族分裂战争。换言之，民族主义并没有像它所主张的那样成为推动世界和平的力量，反而蜕变为世界动乱、战争的重要诱因之一。

民族主义发展至今，其显露出的种种弊端无时无刻不在提醒我们，对民族主义采取合理而有效的规训和疏导已经变得紧迫和必要。为现代国家寻找一种新的国家认同、合法性和正当性基础的理念也同样变得非常紧迫。无疑，这种新的理念在西方国家业已出现。当西方国家遇到危机时，已经不再通过回溯到民族及其民族利益来为其行为提供正当性，更多的时候，这些国家的人民的共同归属开始从根本上依赖以下因素：①民主机制、政府系统；②通过不同的方式建构的法治国家以及法的安定性；③社会能够为公民提供的安全保障；④不断增长的，同时又能够为环境所承受的经济所带来的福利效果。这些新的理念为现代国家的正当性提供了新的基础。从新的民族主义研究中，我们仿佛看到了一幅猫头鹰的画卷，从它的飞翔中，我们已经知道，民族主义的黄昏已经到来。

五　结语

从产生到在世界范围内的扩散和流变，民族主义在民族和民族国家的构建中发挥了重要作用，并为新兴的民族国家提供了合法性基础。但今天，许多国家（特别是西方国家）在为国家寻求正当性和合法性时，基本上都不再诉诸民族主义力量，因为这种力量表现出一种极强的"失控"一面。现代国家的合法性基础不再是民族主义，而是一个负责任的、法治的、尊重个体权利的、提供公共服务和福利的政府的能力。只有尊重个体权利、个人平等才能真正导向民族的平等。美国学者米尔顿·戈登（Milton Gordon）在讨论民族平等时，区分出了"自由主义的多元主义"（liberal Pluralism）和"团体的多元主义"（corporate Pluralism）。前者主要是以个人的平等为基础导向社会的平等，后者是以族群的平等为基础导向社会的平等。他指出，要实现真正的民族平等，应该以"自由主义的多元主义"为导向，因为在个体和群体的层面，最根本、最彻底的平等是个人之间的平等（Gordon，1975：105－106）。公民之间的机会平等是民族平等的基础。

民族主义与爱国主义往往有着很强的联系，特别是在由民族国家构成的现代国际体系中，在越来越激烈的国际竞争中，为了获得竞争优势，民族国家体制往往会诉诸公民的民族主义来维护国家利益。在今天，一个民族国家不仅在地理空间层面有其特定而稳固的"领土边界"，而且其国民在与其他国家公民的交往过程中，在心理层面的认同方面也存在着或多或少的区别于其他民族国家国民的"心理边界"（张凤阳，2017）。由于民族主义的价值诉求总是具有一种自然的"排外"倾向，对外部的"他者"总是抱着怀疑和不信任的态度。因此，在价值取向上民族主义并不是一种倾向于和平的"普世主义"，恰恰相反，是"特殊主义"（格林菲尔德，2010：7）。这种"特殊主义"的价值取向，显然具有"反全球化"的倾向，本质上不利于世界的和平发展，而且民族主义还有"失控"的一面，所以通过诉诸民族主义来增强国家认同的做法显然是不明智的。故而，现代国家在增强国家合法性、国家认同方面，应该更多地通过促进对国家宪法、政治文化的认同以及尊重公民权利的措施来达到国家认同（黄其松，2015，2016）。在真正意义上实现从"族群国家"到"公民国家"的转变，在认同层面上实现以"国家认同"为核心的认同意识，从而超越"族群认同"（马戎，

2009，2004）。

参考文献

凯杜里，埃里，2002，《民族主义》，张明明译，北京：中央编译出版社。

霍布斯鲍姆，埃里克，2002，《民族与民族主义》，李金梅译，上海：上海人民出版社。

史密斯，安东尼·D，2006，《民族主义：理论，意识形态，历史》，叶江译，上海：上海人民出版社。

安德森，本尼迪克特，2016，《想象的共同体——民族主义的起源与扩散》，吴叡人译，上海：上海人民出版社。

盖尔纳，厄内斯特，1993，《今天的民族主义》，《国外社会科学》第 7 期。

盖尔纳，厄内斯特，2002，《民族与民族主义》，韩红译，北京：中央编译出版社。

维勒，汉斯－乌尔里希，2013，《民族主义：历史、形式、后果》，赵宏译，北京：中国法制出版社。

黄其松，2015，《民族认同：民族主义、自由民族主义与宪法爱国主义》，《中共浙江省委党校学报》第 3 期。

黄其松，2016，《权利、自治与认同：民族认同的制度逻辑》，《政治学研究》第 4 期。

李克灿，1988，《发展中国家民族主义通论》，《民族译丛》第 4 期。

马戎，2004，《理解民族关系的新思路——少数族群问题的"去政治化"》，《北京大学学报》第 6 期。

马戎，2009，《当前中国民族问题的症结与出路》，《领导者》第 29 期。

洛，穆艾，2002，《民族主义》，《国外社会学》第 6 期。

斯大林，1953，《斯大林全集》第二卷，北京：人民出版社。

汪晖，2016，《"民族主义"的老问题与新困惑》，《读书》第 7 期。

格林菲尔德，亚里，2010，《民族主义：走向现代的五条道路》，王春华等译，上海：上海三联书店。

张凤阳，2017，《民族主义之前的"民族"——一项基于西方情境的概念史考察》，《中国社会科学》第 7 期。

Gordon, Milton M. 1975. "Toward a General Theory of Racial and Ethnic Relations," in Nathan Glazer and Danied Moynihan (eds.), *Ethnicity: Theory and Experience*, Cambridge: Harvard University Press.

Smith, Anthony D. , 1991, *National Identity*, Reno: University of Nevada Press.

责任编辑：胡赣栋

干部包村：中西部乡镇治理
组织策略、路径与基础

——基于鄂西 S 乡镇基层治理的考察*

王向阳**

摘　要： 干部包村，是我国既有压力型科层制下乡镇党委政府为有效应对自上而下的治理任务和自下而上的治理需求而内生演化出的组织产物。基于鄂西 S 镇的田野调研发现：在基层党委强有力的领导下，强弱相配、老少相宜、以人为本、以工作重点为导向的政府再造，辅以一整套与之相匹配的目标管理责任制，实现了人、事、村三者之间的高度契合，做到了因村派人、因人就村。灵活的乡土社会呼唤高度灵活而简约的政府基层组织与之相匹配，通过干部包村这一组织形态，有效提升组织效能、锻炼培养基层干部的同时，也切实推进了政府工作，成为乡域治理中的活力之维；但同时也消耗了基层干部大量的时间和精力，给其回应村民诉求的及时性和有效性带来负面影响。干部包村，重政策执行、任务分包和责任分配，轻信息反馈和需求表达，有行政动员而群众动员式微，成为透视我国基层政权建设体制机制的重要窗口。

关键词： 包村干部　组织再造　责任连带　统合治理　压力型科层制

---

* 本文得到教育部哲学社会科学重大课题攻关项目"完善基层社会治理机制研究"（批准号：14JZD030）的资助。

** 王向阳（1990～　），男，河南上蔡人，武汉大学政治与公共管理学院博士研究生，武汉大学中国乡村治理研究中心研究人员，主要研究方向为基层治理、农村社会学。

一　问题提出与既有研究

众所周知，我国是一个有着 960 多万平方公里陆地面积、近 14 亿人口、56 个民族且区域差异显著的国家。新中国成立后，乡村社会历经大集体建设时期、改革开放发展时期（税费时代和后税费时代），目前正步入中国特色社会主义新时代。在长达近 70 年的新中国发展历史中，从最基础的层面上看，中国保持了最基本的社会稳定、最快速度的经济发展和最为稳健的政治继替。在大国治理框架下，中央政策在基层得到贯彻落实，基层民众生产生活诉求得到有效回应，压力型体制下的基层政府虽人少事多、权轻责重且压力巨大，但承担了税费征收、计划生育、综治维稳、抢险救灾、土地确权、精准扶贫、乡村振兴等各个时期的各类中心工作，其有效治理离不开最基层政府的有效运转。大国有效治理的基层组织基础是什么？究竟是哪些群体，他们如何在做工作？这构成了笔者最初的问题意识来源。

梳理学界既有研究，关于乡镇治理，主要集中在以下三个方面。

一是乡镇政权性质研究。20 世纪 90 年代以来，海内外学界对我国乡镇政权性质展开了丰富的研究，主要分为两个时期，即税费时代和后税费时代。谋利型政权是对税费时代乡镇政权的主要判断，"谋利型政权经营者"（杨善华、苏红，2002）、"政权经营者"（张静，2000）等均是这一时期的主要观点。随着农业税费的取消，乡镇财政日益空壳化，由向下汲取转为向上争取、向外谋取，使得整个国家政权悬浮于乡村社会之上，有学者称之为"悬浮型"政权（周飞舟，2006）。由于乡镇政府高度依赖上级政府，也有学者称之为"依附型"政权（饶静、叶敬忠，2007）。在既有研究基础上，欧阳静（2011）提出了"维控型"政权的重要论断，并指出其处于压力型科层制和非程式化的乡土社会之间的独特治理结构，以求对乡镇政权有进一步整体性认知。以上论断，对我们认识和理解乡镇政府提供了重要视角，但并未对政权性质何以可能的具体组织基础展开研究，值得进一步丰富和拓展。

二是乡镇政府治理策略、技术和手段研究。在以华北定购粮收购为案例的一项研究中，孙立平、郭于华指出，为了将国家意志在农村社会贯彻执行，将正式权力之外的本土性资源加以利用的"正式权力的非正式运作"（孙立平、郭于华，2000）成为常态。同一思路下，应星则用"变通"

（应星，2001）来说明基层政权组织在执行国家政策时所进行的非正式运作。吴毅（2007）通过对乡域政治中权力运作技巧的展示，尤其是请客吃饭等"怀柔术"的展示，基本延续了孙立平这一概念和分析策略。黄宗智通过对清代地方政府运作的研究，以正式制度和非正式制度做区分，揭示出了"半正式的基层行政"（黄宗智，2007）这一半官方、半乡土的领域和治理策略。除此之外，"做作业"（欧阳静，2010）、"事件性治理"、"策略主义"（欧阳静，2010）等具体治理策略和技术也进入研究视野。以上"正式权力的非正式运作"、"半正式基层行政"、"事件性治理"等，向我们展示了国家和社会互动关系视域下丰富的治理图景，但仍旧缺乏对权力运作的主体——乡镇政权组织本身的关注。

三是乡镇治理制度研究，主要集中在以下三种："压力型体制"（荣敬本，2013）、"目标责任制"（王汉生、王一鸽，2009）和"包保责任制"（田先红，2012）。压力型体制是对我国基层政府所处的总体性压力环境的概括，迫于"一票否决"、"关笼子"等压力，基层党员干部，尤其是党政负责人竭尽全力，确保任务完成。在目标责任制中，主要关注政策目标如何形塑下级责任，并在层层分解中建立起责任和利益连带关系。在压力型体制的总体性压力环境和目标责任制的具体且高度相关的责任－利益连带关系中，内生演化出了"锦标赛"（周飞舟，2009）特征，进而实现上级政府对下级政府及其干部的控制和激励。近年来，在丰富的地方治理基层实践中，涌现出了大量创新成果，"包保责任制"即为典型代表。田先红率先在基层信访治理领域对这一组织实践进行研究，并以此揭示科层制在面对不规则的乡土社会时的基层政权建设困境。随后，冯定星以某市创建国家卫生城市工作为例，进一步丰富并拓展了政策执行中的"包保责任制"，并深刻地指出，包保责任制以责任分解和信息监督为核心、以过程控制为导向，提供了一整套责任分配和控制机制（冯定星，2014）。

以上研究，为我们了解乡镇政府治理实践提供了丰富的实践图景和理论想象空间，但对承载其具体治理实践的组织基础关注有限，而其恰恰又构成了压力型科层制之下、乡土社会之上的基层政府灵活且有韧性的重要组织支撑，以包村干部为代表的不同时期农村工作的特殊组织形式（刘金海，2012），值得全面挖掘。在笔者及所在研究团队同人长期的驻村调研中，我们发现，乡镇干部包村（以下简称"干部包村"），既是一项制度设计，也是一项组织实践，广泛存在于乡镇基层政府的具体工作当中，且存在一整套与之相契合的灵活且科学的匹配体系。在呈现其丰富的组织实践图景基础上，揭示其组织运作机制，并以此反思我们国家基层政权建设的基本议题，是本文的研究目标所在。

本文经验材料来源于笔者于 2017 年 9 月 29 日至 10 月 15 日在鄂西 S 镇的田野调研。调研期间，笔者就包村干部的工作内容、分工、分配规则、调整原则等专门与乡镇分管领导、包村领导、包村干部及村组干部进行了深入探讨，采用半结构式访谈法和参与式观察法，以期深入理解并揭示乡镇运作的机制。干部包村这一组织实践，在全国乡镇治理中具有普遍性，加之 S 乡镇与我国其他区域乡镇大同小异，因此具有个案意义上的典型代表性。

二 干部重组与组织再造

干部包村，是对既有乡镇政府科层组织专业分工的超越，我们有必要对其组织架构做一番梳理。

（一）科层组织与专业分工

乡镇政府作为我国最基层的政府单位，总体而言，由三类站所组成：一是内设站所，如民政所、计生办等，编制、工资、业务工作均由乡镇政府统一安排，属于乡镇政府的主体部分。二是下派站所或垂直站所，如派出所、司法所、国土所、林业站、水利站、畜牧站等，编制、工资、业务工作由上级业务部门负责，同时也协助乡镇政府工作，独立性略有差异，配合程度由站所性质、考核权责分配、干部私人情感等综合因素决定。为了争取这类站所对工作尤其是中心工作的协助和配合，乡镇政府一般也会视情况对这类站所进行补助。我国地域广阔，乡镇政府具体机构设置略有差异，但组织结构大体如上所述。以湖北省为例，税费改革时期，经"以钱养事"改革，现在已将乡镇政府各类部门整合成"三大办"，即党政综合办公室、经济发展办公室和社会事务办公室，各办公室又包括党政办、财务办、综治办、食安办、村镇办、经贸办、扶贫办、交通办等。如果不考虑其他站所设置，乡镇政府基本组织结构如图 1 所示。

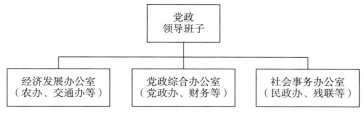

图 1　鄂西 S 镇乡镇政府组织结构

（二）干部重组与组织再造

乡镇工作包罗万象，大到发展经济，小到田坎作业，严格按照既有科层组织设置难以满足基层治理的复杂需要，因此，乡镇政府在长期的治理实践中内生演化出了干部包村这一组织实践，其实质是我国基层政府的行政组织再造。这一组织形式，是我党在长期的革命、建设和发展实践中的伟大创造，具有鲜明的历史传统。从新中国成立初期的农村工作队、大集体时期的驻队干部，再到税费时期的计生工作队，乃至目前的基层治理中，我们均不难发现包村干部的身影。一位资深的乡镇干部在工作笔记中这样描述其包村工作。

> 无品乡官的我，几易其位，只有包村一职雷打不动。只要是乡官，无论是紫袍玉带，还是中军喊堂，必任此职，必修此课。上岗后，开头一节课是包村；退休前，最后一班岗还是包村，称谓惊人地统一——包村干部。从闭关锁国到改革开放，从一大二公到土地下放，历任领导者没有怀疑过它的作用，当代改革家没有打过它的主意，村干部拿他当知己，老百姓把他当朋友！

以鄂西 S 镇为例。据悉，S 镇下辖 15 个村 1 个社区，共有人口 3.6 万。乡镇政府现有工作人员 32 人，其中班子成员 10 人、在职在编 20 人、临聘人员 2 人，另有站所工作人员若干。据介绍，当地乡镇下辖各村均配备了一位包村领导和一位包村干部，称之为包村工作组，每一个班子成员必须挂村，且任工作组组长，而后根据实际工作情况搭配一位包村干部，可灵活调整。具体是如何搭配的呢？见表 1。

表 1　鄂西 S 镇包村干部分配一览

村庄编号	包村领导	包村干部	村庄情况	工作重点
1	党委书记 人大主席	交通办主任	全镇最差村庄	
2	镇长 党委副书记	扶贫办主任	组织软弱涣散村	
3	党委副书记	纪委副书记 农办干部	重点贫困村 脱贫任务重	精准扶贫
4	人大专职副主席	司法所所长	镇郊村	棚户区改造
5	党委委员 纪委书记	民政办副主任	民风差 低保扯皮多	
6	党委委员 组织统战委员	财务办干部	班子成员老化 亟待更新	
7	党委委员 宣传委员	党政办主任 副主任	班子团结 工作好开展	
8	党委委员 副镇长、人武部部长	食安办主任	全镇唯一煤矿村	安全生产
9	党委委员 副镇长	确权办主任	班子老化 软件工作难以处理	
10	党委委员 副镇长	计生办主任	正常村庄	
11		民政办主任	唯一社区	棚户区改造
12	经济发展办主任	组织干事	正常村庄	
13	人武部副部长	党政办干事	班子团结 工作开展顺利	
14		镇村办主任	正常村庄	
15	计生办老主任	宣传干事 计生办干部	班子团结 工作易开展	精准扶贫
16		党政办干部	正常村庄	

资料来源：笔者访谈记录。

作为行政组织再造，干部包村是对原有科层体系的再组织，通过组织再造，实现了组织裂变，释放出更多工作能量。谈及包村干部的工作定位，乡镇党委书记和另一位班子成员如此表达：

上面千条线，下面一根针，乡镇工作太多了，光县直部门就有七八十个，下面又那么多村，每个干部，不可能跑得过来，山区乡镇更是如此。因此，包村工作组就像一级法人一样，代表政府处理问题。

综上可知，通过干部包村这一组织形式，可有效弥合既有科层组织的局限，高效、及时地回应基层治理需求，同时我们也应看到，干部包村的有效治理，离不开具体实践中的灵活分配机制。

（三）"因村派人"：分配与再分配逻辑

在长期的基层治理实践中，干部包村之所以有效，并非其天然有效，而是建立在一整套与之相匹配的治理实践上，包括灵活且科学的干部组合和在对乡村社会因地制宜地情境化理解基础上的因村派人。在具体搭配上，主要考虑以下几个方面。

①强弱相配。以编号为 1 的村庄为例，该村村情复杂，村级组织软弱涣散，战斗力不强，考核经常排名倒数第一，在这种情况下，包村领导只能配强，由镇党委书记亲自担任。但作为一镇党政一把手，工作繁多，在具体包村工作中又不可能事必躬亲，因此便搭配了年轻有活力、素质高、能力强的交通办主任任联村干部。2 号村庄分配逻辑相同。

②老少相宜。以编号为 9 的村庄为例，该村两委班子老化，情况复杂，由农村工作经验丰富的副镇长坐镇，老同志在用电脑上有困难，因此又安排了使用电脑较为娴熟的确权办主任担任包村干部与之相配。

③以村庄工作重点为导向。以编号为 4、8、11 的村庄为例，考虑到其棚户区改造、安全生产工作等情况，镇党委政府专门为其配备了分管安全生产或镇村办工作的领导干部分别担任包村领导和包村干部，同时还专门搭配了矛盾纠纷调解经验丰富的司法所所长任包村干部，确保工作顺利推进。

④以人为本，灵活安排。以编号为 7、13 的村庄为例，7 号村庄班子团结，工作容易开展，且距离乡镇较近，因此将怀有身孕的党政办主任调整至该村任包村干部。13 号村庄工作也较为容易开展，因此特意安排家庭负担较重的人武部副部长任该村包村领导，以便为其争取更多时间照顾病重的爱人。

此外，据悉，3 号村庄为今年的整村推进村，在前期的项目用地征地时，党委政府专门安排农村工作经验丰富的经济发展办主任到村主持征地工作，现场调解矛盾纠纷。目前，考虑到村庄工作内容已发生变化，镇党委政府班子会议又决定让脑子活、善谋划的党委副书记担任该村包村领导，同时配备两名包村干部，确保整村推进工作顺利完成。

综上，我们不难发现，干部包村，关键在于其灵活、科学的干部组合和不规则的乡村社会高度契合，核心逻辑在于因村派人，即具体问题具体分析。

三 乡村一体与责任连带

乡镇政府和村两委共同构成了我国最基层的公共管理和公共服务系统，其自上而下的治理任务和自下而上的生产生活需求奠定了乡村一体化的坚实基础。乡村一体化的窗口直接体现在包村干部的具体工作内容上。

（一）工作内容

"上面千条线，下面一根针"，这是调研期间笔者听乡镇干部说得最多的一句话。访谈中，笔者也向多位包村干部请教，请他们对其工作内容做分类，乡镇干部坦言：

> 干部包村就是一个筐，什么都往里面装，除了一些专业技术极强或涉及机密内容的工作外，我们都要掺和着做。比如新农合、新农保、组织换届、精准扶贫、农业普查、基层党建、综治维稳、农林水等，事无巨细。

既然难以实现归类，那究竟哪些工作是不需要包村干部做的呢？据调查，主要集中在以下三类：一是基本业务工作，比如民政所的低保申请、社会救助工作，由符合条件的村民直接向乡村两级申请后审核即可；二是专业技术要求高的工作，比如组织人事工作，只能由组织委员和组织干事承担，其他人爱莫能助；三是涉及保密要求的，比如派出所中的涉密案件、情报人员联络等工作，很显然这不适宜一般干部参与。除了以上不必、不适宜或做不了的三类工作外，其余乡镇工作，事无巨细，基本均由包村干部共同承担。其一般主要可分为三类：一类是中心工作，比如当下正在进行的精准扶贫工作，这类时间紧、任务重、要求高的中心工作，往往需要通过包村干部贯彻落实；二是兜底工作，比如综治维稳，工作分工也是责任分工，划片承包，务必保障各包片村不出事，做到小事不出村、大事不出乡，包保责任制的具体实践即是实证；三是乡镇中本部门做不了，需要外部力量协助完成的工作，鉴于我国乡镇政府的低层级，典型的人少事多任务重，在这种情况下，催生了相当一部分职责外工作需要基层干部混着做、合着做，否则乡镇就难以运行。

高度关联的工作内容是乡村一体化最好的黏合剂。问题是中西部的一般乡镇政府一级，在承受巨大压力的情况下，以如此数量级的干部，从事着数倍于自身资源禀赋的工作内容，是如何做到政府顺畅运转、社会基本稳定的呢？除了以上提及的灵活且科学的干部组合、组织再造与不规则的乡土社会高度契合外，更离不开与之高度相关的绩效考核体系。

（二）责任连带

目标管理责任制（王汉生、王一鸽，2009），作为管理学中的经典管理模式，广泛应用于基层治理实践中。包保责任制，更是作为加强版的责任分配和控制机制，广泛应用于基层信访治理（田先红，2012）、创卫行动（冯定星，2014）、美丽乡村、三改一拆、五水共治等政策执行实践中。在干部包村的具体组织实践中，与之高度契合的目标管理责任制，以"工作分包—责任连带——利益关联"为纽带，建立起了基层政府对乡镇干部的有效控制和激励。这一责任—利益连带，主要体现在年度考核细则上，参见表2。

表 2　S 镇机关干部年度考核细则（部分）

考核项目	标分（100 分）	考核内容及计分标准	考核部门
共性目标（75 分）	中心工作（10 分）	工作积极、主动，服从领导安排，较好完成各项工作任务（6 分）；认真填写工作日志（4 分），缺一次领导审核扣 0.5 分。	班子成员负责考核
	包村工作（25 分）	积极指导联村工作，协助处理联系村庄各类问题。考核得分 = 所包村庄年终考核得分×25%	党政办负责统计
岗位目标（25 分）	业务工作（25 分）	分管领导根据岗位工作情况进行评分，一人多岗的取各分管领导评分平均分。	分管领导负责考核
奖励项目		个人受到中央、省、市、县、镇党委政府或上级主管部门表彰者，党委政府表彰依次计 0.25 分、0.2 分、0.15 分、0.1 分。上级主管部门表彰的按下级党委政府等次计分。同一工作一年内受到多次表彰的，按最高分计。	党政班子成员集体认定

资料来源：《S 镇 2016 年度政府机关干部考核办法》。

通过表 2，我们可以发现，作为一名普通的乡镇干部，其业务工作考核标分只占 25 分，即使受到最高层级中央政府的表彰，奖励得分不过才 0.25 分，但联村工作一项却占到 25 分，与业务工作标分持平，且和村庄年终考核得分直接挂钩、高度关联。此外，不可忽视的是，中心工作一项，也大多和包村工作直接相关，这也就意味着目标管理责任制，不仅在制度上，更在实践层面建立起包村干部和包村工作之间的强责任关联，即高责任连带。乡村一体的目标管理责任制，最后考核结果将直接反映到包村干部的经济待遇上，甚至影响包村干部的前途，对驻村工作业绩突出、群众满意度较高的包村干部会及时提拔重用；对群众满意率较差或出现重大工作事故者，按照相关规定则做警告、待岗、辞退等相应处理。

综上，包村干部工作与村庄工作高度关联，为乡村一体化运作提供了条件；辅以与之相匹配的目标管理责任制，以责任连带为纽带，以绩效考核为抓手，实现了对乡镇干部的充分而有效的动员、控制和激励。

四　统合治理与国家基层政权建设

有效的治理离不开有效的组织形式；有效的组织形式离不开与之高度相关的组织环境和治理结构。高度灵活的乡土社会，内在呼唤高度灵活而高效的基层政府组织与之相匹配，否则将大大增加组织成本，更难以实现低成本、高效能、低风险的基层治理，尤其是对我国这样的大国而言更是如此。面对高度分散、不规则、原子化的乡村社会，统一而规范的科层制组织局限性日益凸显，干部包村，作为中国的一项伟大的基层治理实践结晶便应运而生。这一组织实践，南中北乡村如此，东中西部乡村更是如此，新中国成立初期存在，税费时代和后税费时代同样存在，在接下来的相当长一段时间内，干部包村仍将存在。问题在于，何以如此？如何可能？

（一）治理事务特征内在选择组织形态

我国乡镇政府，其最为独特的治理环境便是处于"上下之间"，"上"即不规则的乡土社会之上，"下"即压力型科层制之下。这一治理环境塑造了其独特的治理事务特征，表现如下。

①人事矛盾突出。在国家进基层的过程中，不论是社区或村庄，在国家与基层对接的过程中，总会出现一个普遍的现象，那就是基层干部口中的"上面千条线，下面一根针"，为什么总是出现这种情况呢？在目前的

体制下，党委是大脑，政府是党委的手脚，基层干部是国家治理中的毛细血管，在压力型体制中，行政逐级发包，作为最基层的乡镇政府，其处境是典型的人少事多要求高，人事张力突出，在时间有限的情况下，乡镇党委政府如欲推进工作、完成任务，就必须找到一个有效的组织形式，实现基层干部的"以一当十"。尤其是精准扶贫、秸秆禁烧、抢险救灾等中心工作，倒逼乡镇政府内生演化出高效的组织形态与之相适应。

②工作过程统合性强。据悉，在人少、事多、压力大的基层政府，一个典型的工作常态便是人员和编制均是混着用的，派出所的人员抽可能调到党政办工作，财政所的人员在民政所工作，民政所所长的编制在党政办，等等，诸如此类，非常普遍。在实际工作中，也不再刻意做分工，最常见的情况是往往分什么不一定做什么，需要二次分配，打乱重来，分管领导分管的工作，往往只是他工作的一小部分，在精准扶贫、秸秆禁烧等行政工作中更是如此。

③工作方式灵活性高。在推进工作过程中，乡镇领导班子往往会根据一定阶段工作特点、村庄特点、干部特点等因素，适时灵活调整包村干部搭配，以更好地适应工作节奏。比如S乡镇先锋村现任包村领导，2017年年初刚与新华村包村干部对调，为什么呢？据悉，新华村包村领导是甘盛伟，为党委宣传委员，分管工作中有一项是生态旅游宣传，新一届领导班子上任后，将先锋村定为生态旅游重点发展村，为了更好地推进先锋村发展，便临时调整了这一包村工作组构成。另一例证为钟副乡长的挂村变化。之前钟副乡长是一个普通村庄的包村领导，该乡镇产业扶贫工作全面铺开后，盘坝村被党委政府确立为重要产业基地，在具体的工作中，有几户村民的工作难以做通，考虑到钟副乡长为本地人，且又有着多年的农村工作经验，于是便调整钟副乡长挂点盘坝村，土地流转工作做通后，又将分管精准扶贫的分管领导调整到这一村。由此，包村工作的灵活性可见一斑。

④轻分工、重维控。乡镇干部自嘲："乡镇干部就是一个筐，什么都往里面装，且人人都是万金油，什么都干，什么都会。"乡镇工作可以分为以下三类：一类是基本业务工作，比如民政救助工作、计生宣传工作；一类是中心工作，一定时期的乡镇中心工作，整个乡镇围着转，也是工作的主要内容，当下以精准扶贫工作为代表；三是责任兜底工作，典型代表就是综治维稳工作。在压力型体制之下，鉴于上级政府对信访工作的严格考核，基层党委政府对辖区内上访上告事件非常敏感，尤其是在重大节日

和重大活动期间，每个乡镇均有一份自己乡镇的重点防控人员或群体名单，根据这一名单进行分解、重点防控、责任兜底，即实施包保责任制。

由于乡镇工作的统合性、灵活性、人事矛盾大、轻分工、重维控等特征，其治理需求早已溢出了既有的政府条块组织体系，人事村高度契合的干部包村这一组织实践，便内在演化为将乡镇干部群体组织起来的重要抓手，中心工作、兜底工作以及部分业务工作，均需要通过干部包村这一组织形态分包下去。

（二） 乡土社会的不规则性需要灵活高效的组织载体

基层治理并非在真空中运行，而是具体、情境化地在有历史、有关系、有血有肉且千差万别的乡土社会中实践。从地形地貌上看，我国有山区村、丘陵村、平原村等；从海拔上看，我国有高山村、半高山村、低山村和水边村；从社会结构上看，我国有南方宗族性村庄、中部原子化村庄和北方小亲族村庄；从利益流量来看，我国又有东部沿海利益密集型村庄和中西部利益稀疏型村庄；从姓氏结构来看，我国又分为主姓村、单姓村和杂姓村；等等。乡土社会的典型特征是熟人社会或半熟人社会，在长期的历史实践中，早已内生出规范性强弱不同的社会价值体系。在过去国家力量有限的相当长的一段历史时期内，乡土社会主要依托乡绅、宗族领袖等进行治理。经过社会主义大集体建设时期、税费时代和后税费时代，乃至今日的中国特色社会主义新时代，国家力量大大增强，基础性能力提升显著，但仍未改变乡土社会的不规则性这一核心特征，其过去存在，现在存在，未来仍将长时间存在。

在乡镇治理体系中，地大村稀，且村情差异较大，基层组织既有科层体系中的专业分工难以回应乡村社会千差万别的治理需求，因此需要因地制宜、一村一策地具体问题具体分析。在打工经济成为村庄常态的情况下，中西部村庄内生性生产生活需求有限，主要以高龄老年人照料和弱势群体救济为主，东部沿海村庄，尤其是有产业基础的村庄，在村人口较多，村庄生活较为完整，相应基层政府治理任务也较多。自上而下的治理任务和自下而上的治理需求共同形塑出乡镇党委政府的工作内容，中西部乡镇，基层政府财力有限，在国家治理任务较少时，这类乡镇政府主要以基本业务工作和责任兜底工作为主，干部包村主要起维控作用；东部乡镇，基层政府财力雄厚，治理目标宏大且精细，这类乡镇除了业务工作和责任兜底工作，还要做三改一拆、五水共治、四边三化等诸多颇具地域特色的中心工作和重点工作，此时，包村干部不仅是党和政府政策的宣讲员，也是促进基层发展的指导员，同时是了解社情民意的信息员，更是调解矛盾纠纷、狠抓工作落实的调解员和监督员。具体参见表3。

表3　乡土社会类型与干部包村工作

区域	利益流量		主要工作	包村干部
东部村庄	利益密集，地方政府财力充沛		业务工作；维控工作；五水共治等中心工作	宣讲员、指导员、调解员、监督员等
中西部村庄	利益稀疏，地方政府财力有限	精准扶贫攻坚村	业务工作；维控工作；精准脱贫等中心工作	宣讲员、指导员、调解员、监督员等
		非贫困村	业务工作；综治维稳等责任兜底工作	维控员

灵活且不规则的乡土社会，需要灵活且高效的政府组织体系与之相对接。建立在专业分工基础上的既有的科层体系，难以满足乡土社会千差万别的治理需求。乡土社会的非程式化，倒逼基层乡镇政府内生演化出与之相匹配的组织形态——干部包村。

（三）体制优势：党委领导下的人本主义式统合治理

中国特色社会主义的本质特征是坚持中国共产党的领导（何海根，2017）。如果说压力型科层制下的乡镇工作内容特性和千差万别的乡土社会相互作用之下决定了乡镇政府需要干部包村这一组织形态，那么党委领导下的人本主义统合治理便是干部包村这一组织形式得以存在并且有效的重要体制基础。

首先，干部包村是乡镇党委政府为了贯彻落实国家治理任务而进行的行政组织再造。面对人少事多要求高的治理任务，唯有通过组织再造，达到"以一当十"的工作效果，放大乡镇干部队伍的工作潜能，方能顺利完成工作任务。包村干部这一组织再造，正是在乡镇党委的统一领导下高效运行的。

其次，干部包村也是乡镇党委政府对于面上工作的再整合。工作内容分工的同时，也实现了工作责任的分担，干部包村由此实现了基层治理中较为精准的权责分配与再均衡。在党委政府的统合治理模式下，包村干部不仅承载了部分工作，更承担了责任。有学者据此提出了信访治理领域的包保责任制，也叫划片管理，划定工作范围的同时，也锁定了责任承担，实现了责任兜底。

最后，干部包村是乡镇党委政府贯彻落实国家政策和治理目标的有效组织形态，也是基层政府组织不可或缺的重要组成部分。条块部门、站所部门、包村工作组三者共同构成了乡镇层级的完整组织体系，尤其对中西部一般农业型地区乡镇而言，缺一不可。其中，条块部门只是承接工作的名义部门，站所各司其职，根据站所的下派、上收、双重管理、内设等性质差异而采用不同的工作方式，而涉及国家进村的具体工作，尤其是精准扶贫、土地确权、秸秆禁烧等中心工作，基本是在包村工作组这一组织平台下推进，党委领导，行政动员，组织性强，灵活性高，权责分配可灵活调整，由此实现简约、高效且低成本的乡镇治理。

综上，在党委的强有力的领导下，通过干部包村这一组织形态，以行政组织再造实现行政系统内部人财物的整合和动员，根据工作要求、干部特征、村庄基础等因素，完成国家治理任务的工作分工和责任承担，进而确保在基层不出事的基础上控制并激励乡镇干部多干事、干成事。这一统合治理特征，与西方国家事本主义式、程序导向、规则至上的治理形态有着本质区别，笔者称之为人本主义式的统合治理，强调治理稳定性与灵活性的辩证统一，以治理任务为导向，关键在于可实现党委统合领导下的有效治理。

五　结论与讨论

干部包村，是我国既有压力型科层制下乡镇党委政府为有效应对自上而下的治理任务和自下而上的治理需求而内在演化出的组织产物。本文以鄂西 S 镇为个案分析对象，在呈现其丰富的组织实践图景基础上，揭示了其组织运作机制、实践路径和组织基础，并以此反思我们国家基层政权建设的基本议题。研究发现：强弱相配、老少相宜、以人为本、以工作重点为导向的组织再造，辅以一整套与之相匹配的目标管理责任制，实现了包村干部、工作重点、村庄情况三者之间的高度契合，做到了因村派人、因人就村。灵活的乡土社会需要高度灵活而简约的政府组织与之相匹配，通过干部包村这一组织形态，有效提升组织效能、锻炼培养基层干部的同时，也切实推进了政府工作，成为乡域治理中的活力之维；但这同时也消耗了基层干部大量的时间和精力，影响其回应村民诉求的及时性和积极性，成为透视我国压力型科层制的体制症结的重要窗口。

我国现行的压力型科层制（欧阳静，2011），重自上而下的政策执行机制、任务分配机制和压力传递机制，干部包村即是这一治理环境中的组织再造产物，而自下而上的信息反馈机制和需求表达机制较为欠缺。实践中的群众路线（吕德文，2012）成为我党的根本政治路线和组织路线，从群众中来到群众中去的领导方法和工作方法，是新中国成立后国家治理体系的重要组成部分，可有效弥补这一体制缺陷。从这个意义上而言，群众路线也是我国压力型科层制的纠偏机制。问题的关键在于，干部包村，可谓典型的科层组织内部的行政动员和政治动员，在具体的治理实践中并未实现有效的社会动员，即干部包村这一组织形式，更多的是基层科层组织应对压力型体制下治理任务的组织产物，在群众路线式微的情况下，来自乡土社会的、自下而上的村庄需求是否可在这一治理实践中得到满足，则要打一个问号！吕德文（2012）指出，由于动员仅维持在官僚体系内部，并没有真正的群众动员，基础工作并未实现真正的分类治理，使得集权程度不断加强的同时，简约治理的资源不断萎缩，恰恰是片面强调技术治理的官僚化过程导致了"去政治化的政治"（汪晖，2007）局面。理想中的国家政权建设，应当将单轨运行的压力型科层制转化为上下结合的双轨治理机制，如此，乡镇政权既有自上而下的国家政策执行的压力，可保证国家政策的统一性，同时又具备灵活自主的反馈机制和需求表达机制，具体治理中政策的执行则有了灵活性和有效性。

参考文献

冯定星，2014，《政策执行中的"包保责任制"——以 Q 市创建国家卫生城市工作为例》，《社会发展研究》第 3 期。

何海根，2017，《论党的领导是中国特色社会主义最本质的特征》，《云南社会科学》第 2 期。

黄宗智，2007，《集权的简约治理：中国以准官员和纠纷解决为主的半正式基层行政》，载《经验与理论：中国社会、经济与法律的实践历史研究》，北京：中国人民大学出版社。

李里峰，2010，《工作队：一种国家权力的非常规运作机制——以华北土改运动为中心的历史考察》，《江苏社会科学》第 3 期。

刘金海，2012，《工作队：当代中国农村工作的特殊组织及形式》，《中共党史研究》第 12 期。

吕德文，2012，《群众路线与基层治理——赣南版上镇的计划生育工作（1991～

2001）》,《开放时代》第 6 期。

欧阳静,2010,《"做作业"与事件性治理:乡镇的"综合治理"逻辑》,《华中科技大学学报》(社会科学版) 第 6 期。

欧阳静,2011,《"维控型":政权多重结构中的乡镇政权特性》第 3 期。

欧阳静,2011,《压力型体制与乡镇的策略主义逻辑》,《经济社会体制比较》第 3 期。

饶静、叶敬忠,2007,《税费改革背景下乡镇政权的"政权依附者"角色和行为分析》,《中国农村观察》第 4 期。

荣敬本,2013,《"压力型体制"研究的回顾》,《经济社会体制比较》第 6 期。

孙立平、郭于华,2000,《"软硬兼施":正式权力非正式运作过程分析——华北 B 镇收粮的个案研究》,载《清华社会学评论》(特辑),厦门:鹭江出版社。

田先红,2014,《基层信访治理中的"包保责任制":实践逻辑与现实困境 ——以鄂中桥镇为例》,《社会》第 4 期。

汪晖,2007,《去政治化的政治、霸权的多重构成与六十年代的消逝》,《开放时代》第 2 期。

王汉生、王一鸽,《目标管理责任制:农村基层政权的实践逻辑》,《社会学研究》第 2 期。

吴毅,2007,《小镇喧嚣——一个乡镇政治运作的演绎与阐释》,北京:生活·读书·新知三联书店。

杨善华、苏红,2002,《从"代理型政权经营者"到"谋利型政权经营者"——向市场经济转型背景下的乡镇政权》,《社会学研究》第 1 期。

应星,2001,《大河移民上访的故事:从"讨个说法"到"摆平理顺"》,北京:生活·读书·新知三联书店。

张静,2000,《基层政权:乡村制度诸问题》,杭州:浙江人民出版社。

周飞舟,2006,《从汲取型政权到"悬浮型"政权——税费改革对国家与农民关系之影响》,《社会学研究》第 3 期。

周飞舟,2009,《锦标赛体制》,《社会学研究》第 3 期。

责任编辑:徐健

郡县与分封：县域中国社会治理的两种逻辑[*]

张学博[**]

摘 要： 自秦以后，郡县制取代分封制成为中国社会治理的主要制度。但郡县制本身有其固有的弊端，比如官僚主义等。所以郡县制与分封制相结合是历代王朝通常采取的治理制度。考察当代中国所采取的治理制度，发现其中的郡县制存在不精准的情况，即该集权的地方没有集权，不该集权的地方却层层加码。中国传统文化中固有的分封制，并非单纯的封建之意，而是基于亲亲的文化基因。在当前的县域中国社会治理中，需要通过加强县级以上领导干部的集权，巩固乡镇体制，在村级社会则立足本地，培育村社精英，鼓励传统文化，实现有效社会治理。

关键词： 郡县制 分封制 县域中国 乡镇体制 村社精英

一 问题的提出

对于当前中国社会而言，城镇化是经济的核心工作，但县以下的稳定和发展为城镇化扮演了蓄水池角色。县城是城市与乡村的交界点，而乡村则是纯粹的乡村社会。郡县制的核心是中央集权下的科层制和官僚制。古

---

* 本文得到 2015 年国家社会科学基金青年项目"税收立法模式实证研究（1977 – 2015）"（15CFX050）的资助。
** 张学博，法学博士，中共中央党校政法部副教授，中国财税法学研究会理事，研究方向为经济法、经济史、法律社会学、历史法学。

代中国郡县制有一个问题，就是主要关注县以上的社会治理。县以下的乡村社会并不是正式的官僚体制中的组成部分。费孝通先生认为中国社会的乡村是乡绅政治。皇权不下乡，乡村依靠当地乡绅来治理（费孝通，2007：96~98）。新中国成立之后，中国共产党人依靠土改和党的力量，将党的组织深入乡村，将一盘散沙的农民组织起来，并成功地实现了中国的工业化。改革开放以来，随着城镇化的快速推进，伴随着村委会直选等政治改革，党组织在乡村社会弱化的现象越来越突出。这个问题在目前精准扶贫工作中表现得十分突出。没有一个立足于乡村本地的农村精英的支撑，再多的扶贫资源下乡，也很难使乡村在根本上摆脱贫困。我们研究当代中国社会在县乡村治理中的内在逻辑，要立足于我们的文化基因，对比传统中国社会县域治理的内在逻辑，对目前的县乡村社会治理提出思路。而相比流行的"集权与分权"模型，"郡县与分封"则更具有中国本土之特色，而且可以更为贴切地描述中央与地方的关系。或者说，"郡县与分封"包含了"集权与分权"的内涵，但又不仅仅是集权与分权的关系。分封并非单纯的封建，而是含有亲亲的儒家文化的治理思想在内。

二　县域中国社会治理的基本逻辑

当代县域中国社会治理分为县、乡、村三级①。其中县乡两级政权是宪法与法律框架内的正式组织，而村属于基层群众组织。这实际上意味着县乡政府被纳入了广义的郡县制②范畴之内。对于村级社会而言，要区分来看。在1958年的人民公社化运动中，所有村民都被纳入人民公社之中，公社下又设立大队和生产队。在1958~1978年的二十年间，人民公社是一个政社合一的体制③。直到今天，在河北周庄，仍然保留着中国最后一个人民公社。一大二公的人民公社体制实际上是试图把农村纳入科层制的一种试验。可以说人民公社是来自巴黎公社的一种城乡一体化试验。当时不

---

① 基于篇幅所限，本文集中讨论乡村地区的县域中国，而不讨论城市地区的县、街道、居委会的治理问题。

② 为了与传统中国社会的"郡县制"相区分，这里将当代中国社会治理中的郡县因素简称为"郡县制"。

③ 1959年2月27日到3月5日，中共中央在郑州举行了以解决人民公社所有制和纠正"共产风"问题为主题的政治局扩大会议，会议起草了《关于人民公社管理体制的若干规定（草案）》，规定人民公社实行"队为基础，三级所有"的体制，从而确定了我国农村土地以生产队为基本所有单位的制度，并且恢复了社员的自留地制度。

仅在农村实行人民公社化，而且在城市也实行了城市公社化运动。[①] 今天回过头来看，当时试图对整个中国按照人民公社来进行现代化改造，是一个超前的试验。在当时的生产力水平下，国家不具有支撑整个城乡一个体制的能力，老百姓也不具备完全实行计划经济、自助合作劳动的积极性。即便到了今天，城乡二元体制仍然是一个长期的事实存在，不可能完全通过计划和政策的方式使得两者在短时期内合二为一。下文试图借用传统中国社会中的"郡县和分封"概念，深入理解当代县域中国社会治理。

1. 当代县域中国社会治理中的"郡县制"

按照通常的观点，传统的"郡县制"有三个特征：中央直接管理地方、政社分离、流官制（宋亚平，2012：62）。当代中国社会治理中的"郡县制"可以理解为中央集权体制下的科层制，即国家治理体系和国家治理能力的现代化。随着1982年宪法对乡一级政府的恢复，乡和村实际上进行了分离。乡镇一级政府被纳入了现代的郡县体制之中，而村一级则变成了群众自治组织。所谓群众自治组织，实际上意味着政府没有足够的能力（尤其是财政能力和相应的资源）来保障村一级组织。乡镇的政府工作人员是公务员，即被纳入国家编制的公务员，而村的工作人员（如村支书、村主任、会计）则没有国家编制，所以无法领取财政工资。在人民公社时期身份差别不大的工作人员[②]，现在则进行了分类管理。这样的二元格局，必然造成县乡两级社会与村级社会的分离。通常乡镇以上的人会认为自己是"城里人"，因为他们是"非农业户口"。而村里人要进入乡镇甚至城市，则除了读书升学和当兵提干之外，别无他途。

传统中国社会治理中，郡县制的下限是在县一级社会，即"上令止于郡县"。在中国共产党执政的时期，则区分为1982年之前和之后。在1956年三大社会主义改造完成之后，国内的主要矛盾是"人民对于建立先进的工业国的要求同落后的农业国的现实之间的矛盾，是人民对于经济文化迅速发展的需要同当前经济文化不能满足人民需要的状况之间的矛盾"（刘少奇，1956）。在1958年的八届二中全会上，通过了"鼓足干劲，力争上游，多快好省地建设社会主义"的总路线。随之中央很快提出了"社会主

---

① 1960年3月31日第二届全国人民代表大会第二次会议在国民经济计划草案的报告中说，城市大办人民公社、大办街道工业、大办公共福利事业、大办公共食堂，不仅有利于生产建设的发展，而且有利于城市社会主义生活的彻底改造。到1960年7月底，全国大中城市建立起一千多个人民公社，参加人民公社的人口占城市人口总数的77%。

② 在人民公社时期，公社、大队、生产队的工作人员统称"干部"。

义建设总路线、大跃进和人民公社"的三面红旗。人民公社运动是以毛泽东为核心的第一代中央领导集体试图跑步进入共产主义的一次探索。共产党人成功地通过"支部建在连上，群众路线运动"等把中国民众有效地组织了起来。但当第一代领导人试图通过革命的方式来实现经济社会的快速发展并超英赶美时，遭遇了挫折。

过度的组织化和计划使得国家治理变得异常僵硬，地方和民众的积极性实质上被压抑。当整个国家和社会被纳入一个整齐划一的体制之中，并为实现一个大的目标而运行时，效率反而下降了。治大国如烹小鲜。实践证明在当时和现在，中国政府没有足够的资源和能力保障所有人的福利达到社会平均水平，只能保证基本社会保障。所以，将乡镇纳入郡县中国的体制之中，是 1982 年的中国的现实选择，也是无奈之举。即便如此，相比中国传统社会，中国共产党人也大大进了一步，即中国共产党的治理从县级社会下沉到了乡镇一级。相比传统社会中的县政府，乡镇政府与村级社会不仅在空间上距离大大缩近，反应时间上也大大缩小。

2. 当代县域中国社会治理中的"分封制"

所谓分封制，是一种"家国天下"的体制。周人由嫡庶之制衍生出基于亲亲、尊尊准则的宗法和服术，以礼制与文教确立了立国化民的理政根基，使得一方面由五等之制来分土胙民，一方面以井田之制行民生和民彝之治，由此形成"安上在于悦下，为己存乎利人"的治理格局（渠敬东，2016：14）。

文章所讨论的"分封制"并非传统中国社会中西周时期周天子的裂土分封之意。实际上顾炎武早就指出，分封制虽然在秦朝为"郡县制"所取代，但分封制作为一种文化精神，在几千年的中国历史上从未消失。"分封制"的背后是宗法制，即以血缘和拟态血缘为纽带的差序格局，即每个人都生活在由自己推衍出去的圈子之中（费孝通，2007：27～29），有所为有所不为。1982 年的中国，绝大多数人仍然生活在广大的村级组织之中。此处的分封一个重要的含义就是自治和分权。并非中央政府不愿意"郡县到底"，而是实际上做不到。古代中国社会的帝王追求"四海一统"，但最终只能"上令止于郡县"。因为农耕文明的中国社会的税负不能超过"李悝定理"，而且那时的税收普遍以实物缴纳，运输又极不发达，这都使得财政所能支撑的政府规模是很小的。

历史发展到今天，财政税收能力和金融、运输等能力的大大增强，使得中央政府有足够的能力将正式的国家机构延伸到乡镇一级。但是如果要进一步延伸到村级社会，则仍然做不到。人民公社试图把整个中国社会纳入一个完全同质化的单位中去，实践证明在中国这样一个政治经济发展极不平衡的大国里，做不到。所以 1982 年宪法之后，中央意识到对村级社会只能实行群众自治。所以在 2006 年农业税取消之前，村干部的收入是由村民的三提留来解决的。三提留包括公积金、公益金和集体管理费。这些费用不仅保障了村干部的工资，而且可以用于保障村级公共事业，比如水利等。这是在中央政府无力保障村级公共机构的历史阶段所做的无奈之举。

但随着村级治理成为变相的"分封制"，即群众自治，村干部不再是国家正式机构的一部分，伴随着村级基层民主的试验，过去二十年里，党和政府对于村级组织的监督出现真空。这些导致农民负担迅速增加，以至于在 20 世纪 90 年代和 21 世纪初农民的负担很重。问题的严重使得中央政府在 2002 年取消了三提留和五统筹，并在 2006 年取消了农业税。2004 年到 2017 年连续 14 年的中央 1 号文件将"三农"问题视为头等大事。这实际上是对世纪之交农民负担过重的矫正。中央政府试图通过大量的农业补贴和精准扶贫政策来弥补过去对于农民、农业和农村的提取。

但是，仅仅依靠来自上级的各种专项经费和农业补贴并不足以弥补农业税费取消之后带来的农村"分封制"的转变。因为分封不仅仅是一种分权和自治，更是基于中国人的亲亲和血缘关系的一种文化基因和组织方式。即不仅是钱的问题，而且是人的问题。中国农民长期以来具有自己的生活方式，如果强行快速将其纳入现代的商业文明之中，必然会造成阵痛。取消农业税费之后带来的大量农村精英的流失，对于实行"分封制"的村级社会而言，是一种致命打击。在费孝通所描述的乡土中国中，乡村社会的秩序维持靠的是大量农村精英。农业税和三提五统的取消，使得农村精英和老百姓之间失去了固定的纽带，而不断推进的城市化和商业文明的发展使得农村精英前往城市发展，以获取更多的经济利益。这正是目前大量农村出现"空心化"的主要原因。

三　郡县中国遭遇之困境：数千年未有之大变局

历代统治者都希望通过郡县制等一系列配套的制度建设，把握好"内外相权"的"度"，以创造出让"家天下"江山永固、世代相传的基业。但实践中经常表现出不是"外重内轻"便是"内重外轻"的格局，最后陷入分裂与亡国的陷阱（宋亚平，2012）。寓分封于郡县，是古代知识分子对于中国古代中央与地方关系的深刻总结。郡县制强调中央集权和科层治理，而分封制倾向地方自治和亲亲疏疏。郡县制是法家思想指导下的实践，而分封制则是儒家思想指导下的实践。纵观中国两千年国家治理史，始终无法彻底抛弃分封制，实质是因为从技术上和制度上都无法做到。即便国家能力和技术强大的今天，仍然只能把"郡县制"推进到乡镇一级。而自 2004 年以来持续推进的"三农"建设和社会主义新农村建设，包括近年推进的精准扶贫工作，更深的含义在于试图把国家的触角进一步延伸到村级社会，彻底实现郡县到底。但是实践中，郡县到底的努力遇到了相当的困难。

1. 国家治理能力的有限性

首先，一个国家治理能力的有限性体现在财政能力上。尽管经过了改革开放之后三十多年的发展，中国的国家治理能力取得了惊人的成绩，尤其是在财政能力方面，但是就整体国家能力而言，仍然无法将所有村庄（截至 2009 年，全国有 60 多万个行政村）干部纳入政府编制中来。即便在乡镇和县级政府，政府机关中仍然存在大量使用聘用人员的现象。这些聘用人员，由于没有财政编制，其工资福利水平基本决定于地方财政的状况。每个村的村干部，如果配备齐全的话，包括村委会主任、村党支部书记、妇联主任、民兵连长、治保主任、村办经济组织负责人、团支部书记、村民小组长。如果一个行政村按 3 个村民小组来算的话，一个行政村就有 10 个村干部。那么全国就有 600 多万村干部。这个数量几乎接近中国整个公务员的数量，政府显然无法供养如此多的人员。所以，广大的村干部的工资待遇实际上是由各个地方来确定的，而且普遍定得比较低。严格意义上，村干部是游离于国家正式编制之外的边缘性干部。现有的财政供养人员已经使得目前的财政不堪重负，再加上老龄化的到来，大多数地区短期内不可能将村干部纳入正式编制。

其次，国家治理能力的有限性还体现在自然环境、交通设施、信息沟通等方面。尽管今天我们的整体综合国力已经位居世界前列，但诚如十九大报告所表达的，今天的经济社会发展是不平衡不充分的。伴随着近二十年狂飙突进的城镇化建设，我们在乡村社会的党组织建设呈现薄弱的方面。之所以出现突出的信访和维稳问题，根本上还是基层党建出现了问题。城镇化对于基层精英的提取，使得基层社会中的精英较少，农村空心化问题严重，这都表明一个国家的治理能力是有限的。单纯依靠从上往下的资源输入很难从根本上解决问题。

2. 科层制过于复杂且事权不清

在传统中国社会，中国的郡县制包括三级政府，中央、郡和县三级。到了元代以后，又出现了行省一级政府，实际上中国的政府层级变成了四级。一个根本的原因是元代的疆域大大超过了宋代，使得三级政府实在无法应付，所以在郡县之上，增加了行省一级政府。之后，行省一级政府为明清所继承，一直到今天。到了20世纪上半叶，国民党政府试图把乡镇政府纳入正式的官僚体制之中，但没有成功，而且产生的过多官员最终使得国民党的群众基础完全丧失。今天中国的政府层级则更进一步，变成了中央、省、市、县、乡五级。如果加上村级组织，中国政府的科层制高达六层，非常复杂。

科层制的第一个弊端就是管理成本巨大。最大的成本就是官僚本身的成本。科层制要强化中央的权威，必然要加强"条条"上的权力。中央每设立一个"条"的部门，则从省到市、县都要设置相应的职能部门。随着现代经济社会的发展，高风险社会的到来，政府管理的事务越来越超出传统的职能，伴随着的就是职能部门越来越多。部门的增加必然导致人员编制的扩大。虽然中央编办对于正式的编制人员控制得越来越严格，但是政府在用人方面仍然存在不少漏洞。很多政府部门存在正式员工和非正式员工之分，非正式员工又存在聘用员工和临时工之分。非正式员工虽然不在编办的名单之中，但其工资福利待遇实际上仍然由财政来承担。另外，编办只能控制在职编制人员，随着退休人员不断增加和人的平均寿命的延长，财政负担会越来越大。

以上所讨论的仅仅是人头费问题，更大的管理成本还在于政府层级变多之后的信息成本。科层制越发达，中央政府与基层政府之间的距离就越远，信息在传递过程中就会出现失真的情况。每一级政府会追求自身的利益，而并非百分之百实现中央政府的意图和目标。"上有政策、下有对策"就是在信息不对称前提下地方政府对上级指令的反应。首先，随着政府层级多达五个层级，来自最高层的指令每传递一个层级，就会信息失真一部分，到了最基层政府，得到的指令可能已经大大偏离初衷了。其次，即便下级政府完全理解了上级政府的指令，但下级政府由于与上级政府的目标并非完全一致，往往对上级的指令选择性地执行。下级政府往往只执行对其有利的上级指令。最后，由于这种选择性执行，上级政府更加不信任下级政府，所以需要不断加强对下级政府的监督，此时则通过第三方机构或者巡视来加强对地方的监督。

除了成本问题之外，更根本的问题是五级政府的事权没有制度化。宪法和法律对于五级政府的事权只有笼统的规定，这使得各级政府的事权高度雷同。现实就是所有的工作最终都要依靠最基层的政府和干部去落实，而中央、省、市、县四级政府都是政策制定者和传达者。1994 年分税制之后财权上收事权下放的问题一直没有得到解决。科层制运行下的政府成本就不断增加，政府效率不断下降，逐步背离了科层制的初衷。

3. 当代流官制本身不彻底

郡县制作为加强中央集权之核心制度，一个核心内容就是流官制，即地方主要官员均由中央政府任命。这些官员本身有任期，而且随时可能被调走。与流官制相对应的则是之前存在的土官制，在少数民族地区则表现为土司制度。土官制最大的弊端在于官员很容易形成世袭制。基于这个原因，历代中央政府考虑的首要问题就是如何防止地方割据。避免地方割据的核心制度就是流官制，即由中央政府直接任命郡县的主官，并且对郡县官员规定任期，按时进行考核。由此中央政府实现了对于地方官员（尤其是主官）的绝对控制。

今天，中国社会也实行流官制，但今天的流官制大大不同于古代中国的流官制。今天的中国官员实行下管一级的制度，即地方政府主官（主要之市县）并非由中央政府直接任命。县委书记和县长的决定权在市委，而市委书记和市长的决定权在省委。由于市县主官的任命权不在中央，这使得实际上中央与省级政府的关系更接近分封制而非郡县制。所以中国的市县一般来说会倾向于向省级政府负责而非向中央负责。在古代，省以下很多官员是由中央政府直接任命的。虽然知县知府是督抚的下属，但督抚只能向中央政府参劾他们，而不能直接罢免他们。

首先，在财权上，自 1994 年分税制以来中央集权具有强化趋势，但在人事制度上却并非如此。比如在中央与省级政府之间分封多于郡县。中央对于省级政府，除了保留省级干部的人事权之外，几乎大小事务都由地方自行决策。

其次，在省市县乡之间，基本上复制了中央与省之间的人事制度分工。市县乡的领导干部基本上是由上级委派，但都是下管一级。市级干部由省委委派，县级干部由市委委派，乡镇干部则由县委委派。而且市县乡三级政府干部的任期非常不稳定，处于频繁调动之中。在市县乡三级政府，不仅主要领导干部（县委书记和县长）由上级委派，副职（比如县委组织部长、县委宣传部长、副县长等）也多由上级委派，市县乡三级政府的领导干部普遍存在空降现象，本地干部很难得到提拔。外地来的领导干部，由于任期问题，存在的对于地方无长期打算的现象，而是追求短期政绩，以求得到提拔。以县委书记为例，虽然一个完整任期是五年，但实际上一个县委书记一般干满三年工作就会调动，要么被提拔，要么被平调。所以县委书记通常以 3～4 年作为政绩周期，如果一项工作 3 年还无法显现出明显的政绩，则通常不会被考虑。

流官制本身是为了贯彻中央政策，保持中央的权威，但现实中的下管一级的干部原则实质上已经让传统意义上的流官制形同虚设了。下管一级的干部人事制度更接近于传统的分封制，而非郡县制。这个制度可能是"政令不出中南海"的一个主要原因。过去我们可能高估了财权上收的影响，而忽视了人事制度才是对官员有效控制的根本手段。

4. 郡县到底中的扶贫困境

多数学者对于精准扶贫的认识是从经济角度来理解，但精准扶贫的深层次原因，很可能是郡县制问题。中国的历代治理者都试图把郡县制进行到底。但直到中国共产党执政之前，上令止于郡县。到中国共产党执政时期，将郡县制从县级政府下沉到乡镇，这已经是将国家能力大大提高了。即便如此，对于县乡的纳入并非整齐划一的，而是存在很多不规范的因素。"精准扶贫"实质上是要将中央的政策直接对接到每家每户，即比下沉到村还要更进一步，直接将中央政策与每家每户对接。其实质就是郡县制从中央一直插到每家每户。2006 年农业税取消之后的很多政策，比如农业补贴直接打到农民银行卡等，都是郡县到底的政策反映。

"郡县到底"现象首先表明中国的国家能力相比传统社会，甚至相比于刚刚改革开放时，都已经大大提高。国家能力空前提高使中央政府有了底气实施从中央对接每家每户的政策。随着互联网和大数据时代的到来，从技术上为这种政策提供了支撑。其次，反映了中央政府对于地方政府的不信任。之所以废分封而实行郡县制，正是基于地方往往将自己的目标置于中央意图之前。但是实行郡县制，必然伴随着科层制，此时"条条"上的权力则越来越大。"条条"逐渐也形成了强大的官僚集团，而且由于"条条"相比"块块"而言，对于地方具体情况的了解更加失真，这使得本来致力于贯彻中央意图的郡县制和科层制也成为中央意图的扭曲者。为了纠正郡县制和科层制的缺陷，避免"政令不出中南海"的困局，中央政府选择了一系列"郡县到底"的政策。

"郡县到底"从技术上和功能上能够达到一定的目的，比如农民因此受益。但是"郡县到底"也产生了很多问题。首先，"郡县到底"使得中央政府与地方政府之间互相不信任。"一竿子到底"的政策设计使得地方政府处于被质疑的境地。久而久之，民众会认为"中央是好的，问题都是地方政府造成的"。地方政府会认为自己背了黑锅，对中央政府产生怨气，对于中央的政策便会选择性地执行，使得政府运行成本进一步增加，发生恶性循环。

"郡县到底"使得中央与"条条"之间互不信任。"郡县到底"之所以产生，一个重要的理论假定就是"条条"形成了强大的官僚体系，不断扩充自身的权力。随着"郡县到底"政策越来越多，"条条"部门会觉得自己不被信任，权力减少了，随后会更加积极地扩充自身的权力。

"郡县到底"在实践中无法彻底操作。理论上，"郡县到底"既可以避免分封制所带来的地方割据的倾向，又可以避免科层制所带来的"条条"腐败，但实践中并非如此。因为中央的任何政策不可能抽象地直达千家万户。换言之，任何一项中央政策既依赖于"条条"来为其草拟方案，又依赖于"块块"来实施其政策。没有县乡村政府的配合，任何中央政策几乎无法实施。

近年来中央政府推动的大学生村干部（一村一名大学生村干部）以及中央机关包县包村扶贫计划，其实施效果，归根结底还是取决于县乡村干部是否有效地对接，尤其是贫困村是否有本地村干部找到一条符合村情的脱贫之路。上级机关和大学生村干部尽管也很努力，但他们终究只是过客，他们可以带来资金和项目，但是只有本地精英（村干部）才真正了解当地和村民，才能有长远打算。这符合辩证法——内因是决定因素，外因只能是促进因素。

四　当代中国县域治理的现实路径

中国共产党人将郡县体制从县级政府沉到乡镇，这已经是国家能力大大提升了，目前需要的是巩固这个制度。即便如英美等发达国家，经过了数百年资本主义之积累，也无能力把整个乡村都用国家体制包起来。

1. 完善郡县制、明确政府事权

第一步就是完善郡县制，通过法律形式来确定五级政府的事权，建立责任政府。郡县制是自秦以来中国 2000 多年的经验总结。当前紧要的，并非将体制之触角完全覆盖村庄和农户，而是进一步理顺中央、省、市、县、乡这五级政府的关系。

目前的中央与省级政府的关系带有很大的分封制色彩，即市、县、乡政府的干部实际上与中央的关联很弱。从中国古代传统来看，为了保障中央对于地方的权威和控制，县级政府的主要官员都是由中央直接任免的。在这样的制度下，不仅中央的权威提高了，而且地方官员对于一把手和上级政府的人身依附性将大大降低。近年来出现的腐败窝案反映了现在各级政府关系实际上有很大的分封色彩，市委书记、县委书记的权力太大，对于辖区内的一切事务都有决定权。

所以，要加强中央政府对省、市、县、乡政府官员的人事权力控制，就要改变目前下管一级的干部制度。对于省、市、县的主要领导干部（具体就是省委常委、市委常委、县委常委）可考虑由中央直接任免并进行考核。只有如此，方能实现地方官员对于中央政府政策不折不扣的执行。1994 年的分税制改革虽然加强了中央财权，但是只要地方政府拥有人事权，就仍然可以"上有政策、下有对策"，"选择性执行中央政策"。通过中央政府对县委常委以上干部的直接任命，可以杜绝很多寻租腐败，让跑官买官的现象大大减少。

2. 对村级社会实施自治、法治、德治相结合的治理体系

中国广大的农村地区将是长期存在的，这是东亚自身的地理环境所造成的。日本发展到了今天，其农业仍然是以小农经济为主，而没有演变为美国式的大农场形式。中国的地理环境比日本更加复杂，即便中央投入了大量资金，也无法在短期内将农村人口完全城镇化。也就是说有数亿人口将长期生活在地域辽阔的农村。在这个前提下，国家不可能将农村内化到郡县制之内。既然"郡县到底"无法实现，则要考虑借鉴分封制。十九大报告明确指出："实施乡村振兴战略，加强农村基层基础工作，健全自治、法治、德治相结合的乡村治理体系。"三治理结合的乡村治理体系其实就暗含了要更多依靠农村自己来进行良好治理的传统。

这里的分封制并非传统意义上的"分封土地"，而是村级社会的治理要更多依赖儒家伦理，而非与城市文明相匹配的郡县制。"郡县下的封建，已经不再是原初那种统一制度意义上的封建，而是演化成为另一种观念或精神上的系统，教育或教化成为了其核心所在。"（渠敬东，2016：22.）这里的分封更多是文化意义的。首先是农村的治理需要依靠本地精英来进

行。在城镇化过程中，随着城乡收入差距和农业税的取消，大量农村精英离开了农村，使得农村空心化严重。

首先要针对农村干部精英流失的状况，结合大量的扶贫资源和"三农"投入，培育那些土生土长又主要生活在农村的农民精英，让他们成为农村社会治理的中流砥柱。有了这些中坚农民，农村的土地才有稳固的维护者。鼓励大学生村干部扎根农村，同时更要依靠收入主要来自农村的中青年农民（张学博，2017：119）。十九大报告明确提出，"要培养造就一支懂农业、爱农村、爱农民的三农工作队伍"。

其次，要加强农村文化精神传承。要摒弃物质主义和客观主义的扶贫倾向，从文化入手，加强乡村文化建设。如对老年人文化宣传队，少数民族特有习俗和文化传承人，给其一定的财政补贴，让文化传统延续下去。如，早些年农村的电影工作队其实是一个非常好的安排。社会主义新农村建设并不是简单地盖房子、买汽车，精神和文化内涵同样重要。

3. 精准扶贫需克服形式主义

"精准报表"现象，是指目前基层乡镇村社忙于扶贫攻坚，加班加点主要忙于填写各种表格。上级官员迷信"大数据"和"表格"，所以各个部门和各级政府下来检查扶贫工作就是看表格、问表格，看数据、问数据（张伟宾，2017）。

"精准报表"现象与科层制不精准是相关的。当上级政府对于基层政府不信任又不得不依赖它时，就会用这种不断通过考核和检查的方式来推动工作。但是上级政府并不了解基层工作具体情况，却不断提出不同的要求，就会出现基层政府按照上级偏好编写各种表格的情况。所以"精准报表"等形式主义的问题在于科层制没有管到点子上，该管的地方不管（如人事问题），反而对于一些具体的项目和工作进行烦琐的检查，这会导致基层工作越来越形式化。在基层工作过的同志就了解，贫困是要具体问题具体分析的，不能用简单化一的标准来衡量。但现在基层政府为了应付不断增加的科层制考核，不得不把贫困标准量化。比如有彩电的就不能当"贫困户"，亲戚有党员的就不能当"贫困户"。另外农民的收入实际上是很难把握的，所以简单通过表格申报是不准确的。

好的科层制应该是结果导向的，而不是过多干预基层政府的工作过程。所以，郡县制应集中于关注基层政府的绩效和人事安排，对于其具体工作不应该过多干预，不应进行频繁的检查，要防止掉入形式主义的泥潭。

4. 发展特色小镇、巩固乡镇体制

因地制宜，发展特色小镇，使农民安居乐业。在目前的城镇化建设中，试图将所有人都向大的城市群集中，既不符合我国国情（即西高东低，山地丘陵多），也不利于生态治理。人口向大城市过多集中，会产生大城市病，这是全世界城市建设的教训。从后发国家的视角来看，我们没有必要重复西方的老路。短期内在全国复制千篇一律的城市，既会造成生态环境的恶化，也会使民族文化遭到破坏。除此之外，从国家能力来看，我们也不具备为数亿农村人口提供与城市户籍人口同样福利待遇的资源。所以，现实的办法就是在城市与农村的中间地带，发展特色小镇，使贫困人口能安居乐业，同时能享受到城镇文明的成果。

对于占中国大多数人口的农民而言，在离农村农地不太远的地方进行集中居住规划，发展小城镇，给予一些补贴，让他们既能进行农业耕作，保障其农业所得，还可以通过财政投入在这些集中居住地加强基础设施建设，改善交通，加强公共服务。当然，对于中西部地区的农村和农民，主要是山区高原的农民来说，这是一条比较可行的道路。东部地区的农村本身就与城市无太大区别。而东北地区和华北、华南地区的农村可能就得根据情形制订不同的规划。

通过发展特色小镇，除了解决农民的现实问题之外，还可以巩固中国共产党在县以下的执政地位。通过发展特色小镇，农村人口会向小城镇流动，不断融入商业文明的环境之中，部分精英还可以被纳入政府体制，这样我们的执政基层会更加稳固。农村人口进一步减少，那些能够通过农村土地获得主要收益的精英农民就可以更容易地将土地流转，通过合作社和家庭农场的方式发展农业。

参考文献

费孝通，2007，《乡土中国》，上海：上海人民出版社。

刘少奇，1956，《中国共产党中央委员会向第八次全国代表大会的政治报告》，《人民日报》第 1 版。

渠敬东，2016，《中国传统社会的双轨治理体系封建与郡县之辨》，《社会》第 2 期。

宋亚平，2012a，《郡县制度：君主专制与中央集权的坚实基石——历史发展与反思》，《浙江学刊》第 6 期。

宋亚平，2012b，《论中国古代"内重外轻"与"外重内轻"的博弈——以郡县制为视

阈》，《华中师范大学学报》（人文社会科学版）第 6 期。

张伟宾，2017，《精准扶贫要减少无用功》，《农民日报》第 2 版。

张学博，2017，《中国农村土地制度的历史观察：1949－2016》，《党政研究》第 3 期。

责任编辑：徐健

社会保障专栏

近十年老年照护研究综述[*]

林恬怡　王　飞^{**}

摘　要： 老年照护问题近年来引起社会各界的广泛关注，学者们对养老观念、老年照护，以及家庭照顾者等概念分别给出了自己的见解，并从福利多元主义、基本服务均等化等多种视角来研究老年照护需求、中国老年养老方式的变化以及传统观念造成的老年照护困境等问题，提出的观点富有见地，对本领域的研究具有积极的促进作用。但囿于实践发展的制约、理论基础薄弱等，已有的研究成果难以满足老龄化社会的需要，存在关注问题的着眼点过于集中、学科视角单一、对老年照护的需求分析不完善以及研究方法高度一致的问题，需要在夯实基础理论、增加研究视角、拓展研究方法等方面予以深化。

关键词： 老年照护　养老需求　家庭照护者　养老观念　社会支持

中国人口老龄化进入加速发展阶段，这使得中国的社会、经济和家庭产生了重大变化。老年人口数量的迅速增长、寿命的不断延长以及养老金、照料护理需求增加等都导致养老负担日益加重，而与此同时，家庭规

---

*　本文得到贵州省教育厅高等学校人文社会科学项目"西南山地人口生态足迹研究项目"（研究编号：JD，2013037）；贵州大学 2013 年度引进人才科研项目（人文社会科学）："转型期家庭功能外移与转移研究"〔贵大人基合字（2013）020 号〕；贵阳市老龄工作委员会办公室"贵阳市农村幸福院现状与发展对策调研"课题资助。

**　林恬怡，女，福建福清人，在读硕士研究生，研究方向为人口学；王飞，女，贵州安顺人，在读硕士研究生，研究方向为人口学。

模缩小、照料功能弱化，老年人从家庭中可以获得的养老资源在逐渐减少。我国老龄市场现状是"未备先老"，对于实践中出现的"以房养老"、"抱团养老"等新型养老方式，老年人存在或多或少的疑虑。受传统养老观念的影响，老年人拒绝专业的老年照护，这给家庭照护者带来了新的问题及挑战。通过对相应文献的梳理，我们发现学界对于老年照护问题的研究大多围绕养老地点、养老方式的选择，政府或社会应该投入的资源建设等方面，鲜有对老年人的主观意愿以及家庭照护者进行深入分析，本文通过对既有文献的梳理，对老年照护及家庭照护者的概念内涵，老年人的照护现状及研究视角进行探讨与阐释，以期为后续研究提供参考。

一 老年照护相关概念内涵研究

（一） 失能老人与长期照护

1. 失能老人

张云英等（2016）从老人的身体特征来对失能老人进行界定，认为失能老年人是因身体机能受损或因出现智力减退导致生活难以自理，需依靠他人提供日常照料与护理的老年人群体，还有一部分学者从失能老人失能状态的方面来进行界定，根据国际通行的日常生活活动能力表（ADLS）来划分老人的失能程度。

2. 长期照护

裴晓梅等（2010）认为，"老年人的照护服务主要包括针对老年人的供养和生活照料、医疗保健和康复、教育、社会参与以及文体娱乐和其他方面的服务"。老年照护概念包含于养老服务体系之中，2011 年《社会养老服务体系建设规划（2011 - 2015 年）》（国办发〔2011〕60 号）将社会养老服务体系界定为："社会养老服务体系是与经济社会发展水平相适应，以满足老年人养老服务需求、提升老年人生活质量为目标，面向所有老年人，提供生活照料、康复护理、精神慰藉、紧急救援和社会参与等设施、组织、人才和技术要素形成的网络，以及配套的服务标准、运行机制和监管制度。"

关于长期照护，曹艳春等（2013）认为长期照护应该从"长期"和"照护"两个方面进行剖析。目前，各国的法律法规和学术界对长期照护都有不同的称呼，例如"长期照顾"、"长期护理"、"长期照护"、"长期照料"等。我国的政策规定中常常使用"长期照料"这一概念，西方发达国家因其福利及养老环境比较健全，一般使用"长期护理"概念。总之，不同的概念具有不同的侧重点，在我国学术界尚未形成统一的界定。但是李明（2013）提出，"国际上对长期照护的概念和内涵趋于一致，包括：1. 长期照护服务的对象是日常生活不能自理的失能人口，其中高龄老人是高危人群；2. 长期服务的内容不仅包括吃饭、洗澡等非专业的日常生活照料，还包括专业的医疗护理和社会工作介入的服务，是医疗、护理和社会照顾的结合"。

（二）家庭照护者的内涵

在当前我国的养老模式中，家庭照护者仍然是养老的主力军。李庆梅（2014）认为，一般而言，不论与老人共同居住或分开居住，只要可以满足老年人的长期护理服务需求的照护者群体就可称为家庭照护者。高畅（2014）却认为家庭照护者是指与失能老人存在密切联系，除了日常起居的照护外还提供物质、情感和专业护理的照护者。

（三）养老观念内涵

对于养老观念的界定，暂时没有统一的认识。张苗苗（2014）认为养老观念是老年人根据其客观因素对自己的老年生活的构思和看法；朱海龙等（2015）将其表述为"对老年人及养老的看法、对养老责任的认知和对养老内容与养老方式的选择"；周淋（2011）将养老观念定义为老年人对自身养老问题的看法及态度，具体包括老年人对养老保障问题的理解及认识和老年人的养老的依赖性和独立性问题；金英爱等（2013）在研究养老观念与养老压力的关系中，认为养老观念主要由三方面构成：子女对父母机构养老的态度、赡养动机和家庭价值观。

二　老年人照护现状

对于老年人照护的研究，离不开分析老年人养老意愿选择的分布情况、老年人的养老需求，以及老年人照护者的困境方面。

（一）老年人养老意愿选择的分布情况

老年人养老意愿偏向传统照料的现象，在全国范围内有不同程度的呈现，且地域性明显。在陆杰华等（2018）的研究中，老年人选择传统照料模式从西部、中部、东部到东北部表现出递减趋势，而转型期照料模式自西向东到东北部则表现出递增的趋势，相应的，社会化照料模式总体呈现中西部地区低，东部、东北部地区高的特点。从城乡角度看来，杜鹏等（2016）基于2014年中国老年社会追踪调查的数据，分析得出结论："农村老人希望由子女照料的想法更为强烈，而更多的城市老人认为自己或配偶应该承担主要的照料责任。"

（二）老年人的养老需求

张娜（2015）基于"需要"和"需求"概念的区分，延伸出社会养老服务需要以及社会养老服务需求的区别。陆杰华等（2018）认为，健在子女数对于老年服务需求偏向有着不容忽视的影响，家庭子女数量越多，老年人越倾向与子女一起生活。丁志宏（2014）提出，中国农村中年独生子女父母的养老观念正在发生变化，养老意愿"去家庭化"趋势明显。另外，曹煜玲（2014）还提出，随着人口的老龄化，老年照护服务的需求量将呈现快速、大幅度增加的势头，与此同时，对老年照护服务质量的要求也会随着老年人的客观条件变化而变化，例如文化程度、收入水平和生活品位。杜鹏等（2016）从养老的责任主体角度分析，认为我国社区养老、机构养老等社会化养老模式尚未完善，社会养老服务供需矛盾突出，并且居家养老是九成以上老年人的养老期望，约一半的老年人希望由子女承担主要照料责任。

（三）老年人照护困境

1. 老年人与照护者的选择偏向冲突

从中国的普遍情况来看，老人对于照护者的选择，首选子女与配偶。第四次中国城乡老年人生活状况抽样调查（山东省）数据显示，配偶是老年人最主要的照护者，其次是儿子，最后是儿媳与女儿，两者照护作用基本相当，其他非亲缘关系的照护者的比例很低。在老年照护者方面，赵怀娟等（2015）认为失能老人的照护者多是配偶，然后是子女，且每天投入时间超过6小时的占大部分，在照护内容上主要涉及日常生活起居，在保健护理方面则有所欠缺。辛程等（2014）通过对养老院照护者的研究指出照护者的培训时间、轮休时间、照护老人数等都会影响其照护情况，从而使其产生身体上、工作上、社交上、心理上的负担，进而影响其生活质量的提高。李庆梅（2012）认为照护者和被照护的失能老人是血缘或亲属关系，有义务提供照护，但是照护者所拥有的资源不足以满足失能老人的照护需求，且在照护过程中也会产生较多负面情绪。

在全球范围内，对于老年人照护者的选择，也是以配偶和子女为主。高利平（2018）指出，在发达国家，照顾老年人的责任已经由早期的专门护理机构转向普通社区，这个转向主要是以满足老年人就地养老的愿望以及减少护理机构的庞大支出为出发点。陆杰华（2018）认为，这样的转变也加重了非正式照护人员的负担，而这些非正式照护人员主要是老人的配偶、子女。总的来看，在发达国家，老年人对于照护人员的选择，首先选择配偶，其次是子女，最后是社区。

2. 家庭照护者面临的困难

在传统观念的背景下，家庭照护者在家庭中承担着法律、道义上不可推卸的责任。由于照护时间的长期性、照护费用的高昂性、照护负担的繁重性、照护主体的单一性、照护技能的贫乏性等多种原因，照护者在照护过程中遇到了很多困难。

第一，老人失能情况严重增加照护者工作量，对照护者身心产生负面影响。熊吉峰（2014）通过将失能老人的年龄以及失能程度作为变量进行 Logistic 回归分析，得出这两个变量对家庭照护者形成压力有显著影响。毛智慧等（2017）将患病状况作为变量进行单因素分析，发现此因素对家庭照护者的照护技巧以及依赖程度都很高，这极度影响了家庭照护者的情绪，给其带来了心理上的压力。张瞳等（2011）研究认为家庭照护者与失能老人感情关系有裂缝、自觉身体状况较差、每天照护时间长、医疗保险报销比例低或者没有相应的医疗保险，这些都会给照护者的身心带来负面影响。另外，赵怀娟等（2015）通过对数据的统计分析得出，长期照护失能老人使绝大多数照护者产生了消极体验，让照护者感到身心疲惫、社会交往受限、经济压力大、烦躁，给家庭照护者的生理和心理造成了极大的负担。

第二，照护者的人力资源和经济资源的缺乏。路雪芹等（2017）的研究指出，作为子女，在照护失能老人的过程中，难以平衡照护时间与工作时间，而作为配偶，多为全职照护，他们一部分人身体机能已出现障碍，本应得到照护却还要承担起照护他人的责任。熊吉峰（2014）调查后发现，由于经济条件的限制，照护者除主要的生活开支外还需支付失能老人日常的医药费等，另外在生活状况出现问题时，由于没有稳定的经济来源，难以承担长期照护老人所产生的各项费用，尤其在农村家庭。林茂华

（2017）指出家庭照护者在照护老人的过程中有很多诸如医药费、护理费、生活费等支出性费用，其由原本可维持的生活转变为入不敷出的生活，如此易造成支出性贫困，致使家庭生活质量下降。李庆梅（2012）认为大部分家庭照护者没有医疗知识背景与护理经验，如果在照护失能老人的过程中发生紧急情况，没有专业的照护技能易产生不利后果。彭展琼（2010）提出，作为配偶的照护者，虽然拥有一定的退休金，但是在承担各种专业照护以及高昂的医疗费用方面还是存在明显的不足。

第三，照护者角色冲突。李庆梅（2014）通过研究发现，照护者多为中年女性，在对老人的衣食起居负责的同时也要负责家庭成员的日常生活，难以平衡责任与生活的关系，并且在照护责任分配不当时，易产生角色冲突。范慧敏（2014）认为许多家庭照护者在长期照护失能老人的过程中，时间安排冲突，特别是女性照护者经常要面临家庭和工作的两难选择。难以平衡角色之间的转换，无形中增加了他们的精神压力。因此，在家庭照护者的照护过程中，除了照料老人的衣食住行外，还要承担家庭的各项劳务输出与经济来源工作，当两种情况同时向家庭照护者提出要求且其无法兼顾时，容易产生角色冲突，长久如此会增加照护者精神压力。

三　研究视角

（一）文化视角

杜鹏（2018）在梳理文化理论对中国老年人需求影响的相关文献时提到，文化理论认为老年人照料需求模式的选择受到文化传统的影响，东亚地区属于东亚文化圈，亲子关系是家庭关系的核心，与西方社会不同，在欧美国家中，夫妻关系是家庭关系的核心。这对于老年人选择养老环境有着重要的作用。国内文献大多关注传统的儒家"孝"文化对子女的约束作用，或者是通过政府等外界手段，以达到回归传统的养老氛围的目的。例如焦津强（2016）认为要弘扬"养亲"的观念，普遍实现子女对父母的物质满足；推行"仁"的思想，通过财政支持补充养老金缺口；弘扬"敬亲"的观念，消除老年人的精神空虚等。周文彬（2017）提出，为了让农村老人体面、平安地走完人生旅途，要发掘、培育子辈自觉尽孝的内在驱动力，建立促使子辈尽孝的外在约束机制，将子女的"孝"行为纳入法治化建设轨道等。纪竞垚（2016）更指出当代社会中的"孝"更具有"养"

的含义。另外，也有关注老年人主观意愿的研究，但是相对较少。杨赟（2015）认为，中国的老年人受到传统孝道伦理观的影响和熏陶，形成了"凡事以家为重"的家庭本位思想，使得他们在思考晚年生活时往往惯性地把自己与家庭、子女紧密地联系在一起，将子女是否孝顺、家庭是否充实美满作为自己晚年生活幸福与否的重要考量标准。

（二）公共管理视角

对于老年照护问题，有部分学者从福利多元主义的视角来探讨。例如刘丹（2014）根据福利多元主义理论以及我国农村独特的文化和特点，将福利的供给主体分为：政府（国家）、市场、家庭、社区、民间组织，通过探讨这五个主体的相互作用，全方位地构建起我国农村老年长期照护体系。李明（2013）认为中国应按照福利多元主义四分法，将长期照护服务的责任主体分为政府、市场、家庭和民间社会，使这四个责任主体在老年长期照护问题中相辅相成，互为补充。王兰兰（2016）在用福利多元主义视角分析失能老人问题时，同样支持四分法，要让政府起主导作用，以家庭为基础，带动市场的促进作用，以及使社会作为补充。

另一部分学者通过基本服务均等化视角来探究老年照护问题。刘丹（2013）认为基本养老服务均等化是指全体公民在年老时都能获得大致均等的生活照料、卫生健康、精神文化等服务。然而目前我国农村老年人接受生活照料等养老服务的普及性和质量均与城市有较大的差距，若这种城乡不均等和不平衡现象长期存在，不仅违背了社会保障制度的公平原则和让全民共享经济发展成果的基本原则，也不利于经济的长远发展和社会的稳定。

还有一部分学者从可持续发展的视角进行研究。孙祺宇（2017）认为，实现长期照护的可持续发展，从宏观层面看，是政府的制度和政策应在可持续的条件下满足人民日益增长的长期照护需求；从微观层面上看，长期照护制度的可持续取决于长期照护机构能否可持续地为老年人提供护理服务。

（三）"场域－惯习"理论视角

毕天云（2014）在梳理"场域－惯习"理论时指出，在布迪厄看来，"一个场域可以被定义为在各种位置之间存在的客观关系的一个网络，或一个构型"。刘春蕾（2017）认为场域是一个社会建构空间，行动者根据他们在空间里所占据的位置进行争夺，以求改变或力图维持其空间的范围或形式。运用"场域 - 惯习"理论来研究养老问题，有学者相应地提出了伦理场域的概念。张叶琼等（2017）在分析老年公寓的空间经济资本、权力资本、文化资本等给老年人带来的影响时提出，在这一新的伦理场域中，老人与原本的生活空间、生活联系隔离，而惯习总是存在延续性，使他们倾向于抗拒变化。另外，老人作为特殊的行动者，比其他年龄层的人有更强烈的伦理需求，因此伦理场域还具有精神慰藉的意义。

（四）社会支持理论视角

社会支持具有多样化的功能，既能给予弱势群体物质、精神帮助，又能够使个体感受到社会与他人的关怀，提升自信心，缓解压力，增强个体适应社会和应对困难的能力等。张燕（2017）基于社会支持理论，从家庭、政府及社会三大支持主体入手，发现目前老年照护中存在的问题有：照护模式发展不足、缺乏专业照护人员、照护费用高昂、照护内容不全面、政府提供的政策保障不足等，提出加强三方主体的共同参与和协作，这样才能更好地解决长期照护面临的困境。林茂华（2017）从社会支持的角度分析家庭照护者的社会支持现状，认为现有的支持难以满足照护者的实际需求，应建立健全家庭照顾者社会支持的政策法规、提供经济支持、整合社区资源为失能老人家庭提供专业性服务、拓宽心理疏通渠道、认可社会价值、搭建家庭照顾者护理技能培训平台，以缓解照护者的压力。

四　老年照护研究简要评价及未来研究方向

（一）研究简要评价

通过对老年照护的相关概念内涵、研究视角及老年照护困境等方面的梳理分析发现，老年照护领域的研究主要涉及老年人自身，照护者及家庭社会环境三个方面，老年人受传统观念或者其他客观条件的影响，产生不同的养老需求，并且，有迫切照护需求的老年人中，失能老人占据多数，高龄患病的失能老人是造成家庭照护者压力的来源之一，这种压力是内生性的压力，也是不可避免的。但是老年家庭照护者又受角色冲突的影响，难以平衡道德与个人发展之间的关系。学者在研究老年照护问题时，注意到了政策实施过程中产生的问题，但也相应地忽略了老年人在应对社会变化时，其自身固有的传统养老观念与家庭照护者之间产生了难以调和的冲突。在研究视角与研究方法上，目前的研究注意到了不同学科对老年照护问题的影响，但没有做深入的探讨，并且研究方法较为单一，显然，该领域的研究还存在着一些问题。

关注问题的着眼点过于集中。既有研究对于养老观念与老年照护问题的研究观点集中于子女、政府或是社会等对于养老问题的责任，很少涉及老年人的主观意愿及其家庭照护者。不论是在社会支持视角下，还是在传统的孝文化视角下，研究者大多强调老人自身以外的力量对老年照护问题的帮助，较少涉及老人在养老问题社会化过程中的主动转变。

缺乏多元化的研究视角。研究者大多从公共管理的角度来探究，而很少从社会学或人口学的角度来深入理解老年照护问题。以公共管理的角度来探讨养老基础设施的改进，对于解决养老相关问题是必要的，但也不能忽视老年人的主观意愿对于养老体系建成与完善的影响。

研究方法较为单一。在查阅文献时我们发现，大多数的学者都采用定量分析的方式来进行老年照护问题研究，有相当多的学者从心理学、老年学和医学等学科的角度进行了探讨，多采用量表的形式，较少运用定性分析的方法进行描述性研究和解释性研究。

（二）未来研究方向

第一，基于老年人自身的养老观念及老年照护者角度的研究，能够帮助研究者更深入地把握养老问题的核心，因此，将来的研究既要注意传统孝文化的代际传递，也要重视传统老年人的养老观念，以促进传统的养老方式与转型期的养老方式更好地衔接。

第二，以"场域－惯习"理论来分析老年照护问题，能够较好地解释在养老中，老年人的资本变化在场域变化中的"博弈"现象以及相关问题。因此，我们相信，从"场域－惯习"理论视角研究老年照护问题将成为未来研究的一个重要板块。

第三，多种研究方法的融合是将来研究的主要趋势。涉及养老照护主观意愿方面的研究，可以采用定性分析的方法以更深入系统地展示问题的本质，发挥多种研究方法各自的优势，定量方法与定性方法相结合，能更深入了解问题的本质，并给予相对完整的解释。

总之，在研究老年照护问题方面，还需要在夯实基础理论、增加研究视角、拓展研究方法等方面给予深化。

参考文献

曹艳春、王建云，2013，《老年长期照护研究综述》，《社会保障研究》第 3 期。

曹煜玲，2014，《我国老年人的照护需求与服务人员供给分析——基于对大连和南通的实证研究》，《人口学刊》第 3 期。

丁志宏，2014，《我国农村中年独生子女父母养老意愿研究》，《人口研究》第 4 期。

杜鹏、孙鹃娟、张文娟、王雪辉，2016，《中国老年人的养老需求及家庭和社会养老资源现状——基于 2014 年中国老年社会追踪调查的分析》，《人口研究》第 6 期。

范慧敏，2014，《社区失能老人居家照护者的社会支持系统研究》，重庆大学硕士论文。

高畅，2014，《长春市失能老人家庭照护者的社会支持研究》，长春工业大学硕士论文。

高利平，2018，《论老年人照护依赖与支持》，《中国人口报》1 月 24 日。

纪竞垚，2016，《我国家庭养老观念的现状及变化趋势》，《老龄科学研究》第 1 期。

焦津强，2016，《浅谈儒家思想对中国养老观念的影响》，《决策与信息》第 2 期。

金英爱、徐从德、刘琰，2013，《传统养老观念背景下的养老压力影响因素分析》，《社会福利》（理论版）第 12 期。

李明、李士雪，2013，《福利多元主义视角下老年长期照护服务体系的构建》，《东岳论丛》第 10 期。

李庆梅，2012，《失能老人家庭照顾者的社会支持研究》，《现代交际》第 11 期。

李庆梅，2014，《失能老人家庭照护者的社会支持研究》，长春工业大学硕士论文。

林茂华，2017，《社会支持视角下失能老人家庭照护者的减压研究》，首都经贸大学硕士论文。

刘春蕾，2017，《农村老年贫困的后乡土社会场域——基于山东省 T 村的田野调查》，《北京农业职业学院学报》第 4 期。

刘丹，2013，《基本公共服务均等化视角下我国农村老年人照护服务研究》，《重庆工商大学学报》（社会科学版）第 5 期。

刘丹，2014，《福利多元主义视角下我国农村老年人长期照护服务问题研究》，南京大学硕士论文。

陆杰华、张莉，2018，《中国老年人的照料需求模式及其影响因素研究——基于中国老年社会追踪调查数据的验证》，《人口学刊》第 2 期。

路雪芹、李彦洁等，2017，《农村失能老年人照护者的负担与社会支持相关性研究》，《现代预防医学》第 44 期。

毛智慧、刘晓亭等，2017，《沈阳市皇姑区 265 名失能老人家庭照护者抑郁现状及影响因素分析》，《护理月报》第 1 期。

裴晓梅、房车莉，2010，《老年长期照护导论》，北京：社会科学文献出版社。

彭展琼，2010，《失能老人照顾者的社会支持研究》，天津师范大学硕士论文。

孙祺宇，2017，《可持续发展视阈下老年人长期照护保障研究》，吉林大学博士论文。

王兰兰，2016，《福利多元主义视角下我国失能老人养老问题研究》，苏州大学硕士论文。

辛程、张会君、黄菲、赵思宇、程玲、尹姣，2014，《养老院失能老人照顾者负担现状及影响因素》，《中国老年学杂志》第 4 期。

熊吉峰，2014，《农村失能老人家庭照护对照护者生计行为的影响研究》，《求索》第 4 期。

杨赟，2015，《传统孝道视域下的中国当代家庭养老困境探析》，西南大学硕士论文。

张苗苗，2014，《城市"四二一"家庭老年人养老观念探析》，《改革与开放》第 5 期。

张瞳、赵富才，2011，《失能老人主要居家照护者的照护评价、社会支持与心理健康的关系》，《中国健康心理学杂志》第 5 期。

张叶琼、朱喜钢，2017，《老年公寓的伦理场域研究——基于杭州 10 个老年公寓的调查》，《中国名城》第 3 期。

张云英、胡潇月，2016，《城市失能老年人长期照护体系研究综述——基于 2002 - 2015 年国内外文献研究》，《湖北经济学院学报》第 7 期。

赵怀娟、罗单凤，2015，《失能老人家庭照护者的照护感受及影响因素》，《中国老年学杂志》第 2 期。

周淋，2011，《老年人养老观念的分析》，华中师范大学硕士论文。

周文彬，2017，《孝道式微：农村养老面对的一个挑战》，《北京日报》6 月 5 日。

朱海龙、欧阳盼，2015，《中国人养老观念的转变与思考》，《湖南师范大学学报》（社会科学版）第 1 期。

责任编辑：廖煜娟

基层社会救助的精准扶贫
作用与问题研究

——以贵州省赤水市为例

刘　郁　刘忠雨　姚　远[*]

摘　要： 贫困现象在我国长期存在，扶贫工作因此是长期而复杂的。能让贫困群众脱离贫困的有效途径之一，就是将社会救助与精准扶贫有效结合，充分发挥社会救助的作用。社会救助是指国家和社会对于遭受自然灾害、失去劳动能力、无收入来源或收入在最低生活标准以下的公民给予物质或精神上的救助，以维持其基本生活，保障其最低生活水平。从当前国内的扶贫项目看，社会救助政策是我国贫困治理项目中实施范围最广、制度化程度最高、实施过程最为正式的反贫困政策。贵州省赤水市是贵州首个退出贫困县的城市，本文采用文献法、观察法、深入访谈法等研究方法对赤水市基层社会救助工作现状进行调查，了解赤水市社会救助是如何对精准扶贫精准发力使赤水市成功脱贫，为正在进行扶贫工作的地区提供了学习和借鉴的对象。

关键词： 社会救助　精准扶贫　精准　基层　赤水市

"根据国务院扶贫办《关于 2016 年贫困县退出评估检查等情况的复函》（国开办函〔2017〕130 号）意见，经研究，省政府近日批复，原则

---

* 刘郁（1970～　　），女，贵州大学公共管理学院社会心理学教授，硕士生导师，国家二级心理咨询师；刘忠雨（1993～　　），女，贵州大学公共管理学院社会学专业硕士；姚远（1993～　　），女，贵州大学公共管理学院社会学专业硕士。

上同意赤水市脱贫退出，赤水市是我省第一个通过国家考核验收并由省级人民政府正式批准退出的贫困县"（贵州省人民政府网，2017）。此时，赤水市的 6 个贫困乡镇全部实现"减贫摘帽"，32 个贫困村全部出列，累计减少贫困户 7495 户共计 2.41 万人，贫困发生率为 1.95%。赤水市的成功经验是有章可循的，其社会救助政策的精准化下放和深入是赤水市成功脱贫的关键。作为贵州首个退出贫困县的城市，赤水市的扶贫经验值得广大正在进行扶贫工作的地区学习和借鉴。

本文主要从精准扶贫政策实施的三个维度来解释赤水市为什么会成功退出贫困县，它是怎么退出的，社会救助在此过程中起到了什么作用以及社会救助与精准扶贫是怎样成功衔接的。本文通过在贵州省赤水市进行的暑期调研收集资料，以贵州省赤水市民政局为依托，以太平社区、大同古镇为主要调查地点，采用文献法、观察法、深入访谈法等研究方法对赤水市基层社会救助工作现状进行调查，通过对一些相关部门人员的咨询和贫困对象的访谈以及对相关规章制度的深入了解，归纳出社会救助在精准扶贫中的作用。同时也指出目前赤水市扶贫工作存在的一些问题，并从政府治理的视角，根据赤水市的成功经验提出一些精准扶贫的相关建议。

一　社会救助与精准扶贫的关系

社会救助是国家和社会对于遭受自然灾害、失去劳动能力、无收入来源或收入在最低生活标准以下的公民给予物质或精神救助，以维持其基本生活需求，保障其最低生活水平的社会保障政策。2014 年国务院颁布的《社会救助暂行办法》将城镇贫困居民和农村贫困居民的社会救助统合起来形成新的社会救助，其内容从单一的最低生活保障制度扩充到包括特困人员供养、受灾人员救助、医疗救助、教育救助、住房救助、就业救助和临时救助以及社会力量参与和法律监督作为基本内容，确立了完整清晰的社会救助制度体系。它对于调整资源配置，保障困难群体的最低生活需求、实现社会公平、达到共同富裕、维护社会稳定发挥了基础性的作用。同时，社会救助作为一项国家兜底的保障政策，在精准扶贫中也起到了托底性的作用。

2013 年 11 月 3 日习近平在湖南湘西考察时指出，"扶贫要实事求是，因地制宜"，"要精准扶贫，切忌喊口号，也不要定好高骛远的目标"，将精准扶贫上升为国家政策（人民网，2014）。精准扶贫是针对我国特殊国情和社会发展需要提出来的，这一提法在国外是没有的。有学者在归纳总结了学术界多位学者对精准扶贫的定义后得出以下内涵："精准扶贫首先是扶贫'对象—资源—主体'精准，体现在'扶持谁、怎么扶、谁来扶'三个方面。其次是扶贫'目标—方法—过程'精准。最后是扶贫的层次性，表现为微观（贫困人口、贫困户和贫困村）、中观（贫困县）、宏观层面（贫困片区）的精准"（庄天慧、杨帆、曾维忠，2016）。贫富现象是我国长期以来存在的一种二元对立模式，而贫富差距过大的情况并没有随着社会经济的发展得到改善。因此，扶贫是一项长期而复杂的工作。在强调实现共同富裕的今天，让贫困群众脱离贫困已经成为党和国家的工作重心，成为一项全民性的政治运动。从当前国内的扶贫项目看，社会救助政策是当前我国贫困治理项目中实施范围最广、制度化程度最高、实施过程最为正式的反贫困政策。同时，社会救助政策也是贫困治理工作中的基础性、直接性甚至核心性的社会政策（李泉然，2017）。另外，从实施的内容上看，两者的侧重点也有所不同：精准扶贫侧重"扶"、社会救助侧重"济"，"扶"的标准要高于"济"的标准。总的来说，两者也是一种优势互补的关系，扶贫政策能够及时、灵活地动员社会资源，集中力量在短期内解决相关社会问题，但其稳定性、公正性和可持续性等存在一定的缺陷。而社会政策作为一项法律制度的优点在于，它为某一社会问题的解决提供了规范的行为模式，各方权责明确，且针对事物的主要矛盾进行科学、系统立法，普遍实施，因而有着较好的稳定性与适应性（白小平、代枚训、王娅荣，2017）。同时，随着时代的发展，民众的生活环境和需求也在不断地发生改变，那么，精准扶贫也应该随着帮扶主体的改变而做出相应的调整，应该在以"扶"为主的功能下注入一些新的方式，使扶贫变得更科学化和可持续化。所以，社会救助在以"济"为主的功能下，同时又被认可为在扶贫工作中起到托底作用的一种以法律的形式来发挥作用的制度，为防止返贫情况的发生和扶贫工作的可持续发展起到了重要的保障作用。

二　赤水市基层社会救助工作执行办法

2015 年 1 月 27 日贵州省人民政府印发了《贵州省社会救助实施办法（暂行）》（以下简称《办法》），对社会救助各方面都进行了具体的规定，赤水市严格按照《办法》执行，在各个方面都制订了具体明确的执行措施。赤水市所有社区的社会救助工作统一由市中街道办事处负责，并严格根据当地的社会经济发展水平调整低保、教育救助、医疗救助、特困人员救助、就业救助等各项保障标准。

赤水市民政局相关工作人员也向我们介绍了几项赤水市社会救助的具体执行办法：在最低生活保障方面，城市低保金以 545 元/（人·月）为标准、农村低保金以 3132 元/（人·年）为标准，减去家庭收入后对不足部分进行补差，并通过信用社按月进行发放。同时市民政局采用抽查和年审的方式进行监督，一年至少审核一次"最低生活保障证"，根据各低保对象家庭收入的变化，对其享受的保障金进行调增调减，不再符合保障条件时停发低保待遇；在教育救助方面，没有统一的机构专门进行教育救助，主要由团委和工会在进行，补助金额为 1000～5000 元；在医疗救助方面，其救助对象为农村五保供养对象、城市"三无"人员（无生活来源、无劳动能力、无法定赡养人）、20 世纪 60 年代初精简退职老职工、城乡低保户、在乡重点优抚对象、民政部门认定的低收入家庭大病患者、艾滋病机会性感染病人等。救助标准为：①农村五保供养对象和城镇三无人员：基本医疗项目费用全额救助。②20 世纪 60 年代初精简退职老职工和城乡低保对象：个人负担医疗费用按 65% 以内的比例予以救助。③在乡重点优抚对象、民政部门认定的低收入家庭大病患者、市人民政府规定的其他经济困难家庭人员：救助对象患规定病种的重特大疾病，在定点医院接受住院治疗，经城镇基本医疗保险报销后，个人负担医疗费用在 15000 元以上的，按 35% 以内的比例予以救助。救助封顶线：城乡低保对象中的一般保障对象、在乡重点优抚对象、民政部门认定的低收入家庭大病患者、市人民政府规定的其他经济困难家庭人员个人全年累计救助额不超过 10000 元；城乡低保对象中的长期保障对象和重点保障对象个人全年累计救助额不超过 15000 元；农村五保供养对象、城市"三无"对象、20 世纪 60 年代精简退职老职工个人全年累计救助额不超过 30000 元。

三　基层社会救助在精准扶贫中的精准化体现

社会救助的实施主要是围绕精准扶贫政策中精准识别、精准帮扶、精准管理三大维度来展开的。其中精准识别是前提，即通过有效、合规的程序，把谁是贫困居民识别出来；精准帮扶是关键，即贫困居民识别出来以后，针对扶贫对象的贫困情况制定帮扶措施，确保帮扶效果；精准管理是保证，体现在对农户信息、阳光操作、扶贫事权的精准管理。

（一）大力宣传社会救助政策

群众对政策的知晓度是政策下放并能真正惠及需要的群众的前提，一些贫困群众文化程度低、对信息的关注度不够、工作性质、残疾、年老等各种原因，导致其对一些相关政策得不到很好、及时的了解，这就需要相关工作人员的大力宣传。赤水市建立了社会救助宣传工作机制，在调研的两个地点中都可看到赤水市在宣传社会救助政策方面做得较好。首先，太平社区的做法是：①在社区的宣传栏设立了专门的社会救助内容板块，并制作了一系列社会救助政策的小卡片放置于社区大厅内供群众随时取阅；②将社区群众工作室打造成为群众提供政策咨询、权益维护等方面的服务窗口，从群众的需要出发，切实帮助群众解决社会救助相关问题。③社区工作人员在开展定期深入群众和日常排查、专项排查和重点时期集中排查等工作时也积极向群众宣传、讲解社会救助政策。同样，在大同镇社会救助服务窗口，宣传栏上醒目地展示了社会救助服务窗口的工作职责及大同镇社会救助的救助对象、申请条件、救助类别、申请所需的材料、办理程序等相关社会救助的问题，明确地向市民公示、宣传社会救助政策的相关程序及要求。工作人员进行日常排查等工作时遇到这样一个案例："刘某，男，未婚，无子女，为低保户。患有冠心病和高血压，并且左眼萎缩，无法正常外出工作。目前依靠每月领取的 356 元低保费生活。在社区工作人员进行入户调查时，刘某谈到自己的补贴只够维持生活，担心医疗费用太过昂贵不敢去医院就医，其病没有得到好的治疗。但是刘某不知道，在赤水市低保人员的基本医疗费用都是全额救助的。当工作人员了解到刘某对相关的救助政策不太了解时，及时向刘某讲解了相关政策，让其有机会并且没有负担地去医院进行治疗。"以上社区的做法和案例可以让我们体会到赤水市对社会救助政策宣传的重视程度以及宣传政策的重要性，不仅在一定程度上保障了群众对社会救助政策的知晓率，不让他们错过因为经济无法承担因此耽误许多重要的事情但在救助政策里又能帮扶的机会，让许多因贫看不起病、因贫上不了学等情况的人重新有了希望和信心，帮助许多困难群众解决了经济上的难题。

（二）基层社会救助助推精准扶贫识别

赤水市社会救助中所有的救助类型的评判是以申请对象的家庭人均收

入是否低于当地人均收入水平为标准的，同时还要调查受助对象所在家庭常住人口、务工务农情况及收入、鸡鸭牛羊等可折算为人民币的物品等，并创造性地利用我国乡土社会中的熟人关系来对申请者家庭的情况进行核查。因此赤水市社会救助的申请方式分为两种，一种是居民向所在社区提出申请，社区工作人员通过将居民拥有的家禽折算为人民币、种地收入、其他收入等方式核算居民的家庭人均收入，同时也通过走访邻里、群众评议等来核实该居民的收入情况；居民情况核实完毕后由社区召开村级民主评议会，并将评议结果公示在社区公开栏里；公示完后上报社事办，社事办再次对申请对象进行审核，并将审核结果在社事办的政务公开栏、社区公开栏公示；市民政局再对社区上报拟保对象进行抽查并审批，同时委托社区公示。这种方式可以相对公正地将谁是贫困户识别出来，既做到了申请过程透明化，又发扬了基层民主，把识别权交给了民众，让他们根据自己的标准来识别。另一种方式则是社区工作人员的排查，即社区工作人员不定时地进行入户调查，了解每一户居民的家庭情况，尽力避免落下贫困户，做到应保尽保。精准识别就是要了解每户家庭的基本情况，根据年龄，是否有劳动能力，是否有重大疾病等不同特殊情况做出相应的评估，看其是否符合贫困户的标准。一些案例体现了太平社区对贫困人员的精准识别。"今年已90岁高龄的黄某，目前跟大儿子一起生活，小儿子在外地打工。黄某靠着每月1000元左右的退休工资和100元高龄补贴生活。儿子在智力上有问题，生活无法自理，更无收入来源，需要黄某照顾其生活起居。在工作人员入户调查时想了解黄某儿子这种情况属于几级残疾，但黄某及其儿子因为不了解这方面的知识所以不知道，经太平社区工作人员查询群众档案后才知道其儿子为三级残疾。鉴于黄某儿子这样的情况，被评为低保户，其低保金额为404元/月。"黄某本已是高龄老人，本来就需要别人的照顾，可因为儿子有智力上的残疾，黄某反而还要照顾他，这对黄某来说无疑是雪上加霜，无论是在生活上还是经济上黄某都非常困难。"高某，男，52岁，患有精神分裂症，不能受任何的刺激，无法外出工作。女儿今年27岁，患有子宫癌，未婚。女儿是一名清洁工，工资很低，无法给父亲提供经济上的支持。"因此高某被评为低保户，针对高某无法工作无固定收入来源且还需看病治疗的情况，其低保金为1000多元/月。"吴某，女，有三个子女，女儿在外地打工，工资较低，无法给吴某提供任何的帮助和照顾。其中一个儿子没有固定工作，已到适婚年龄却还未结婚。小儿子与吴某居住，也无固定工作，不能给吴某提供任何物质上的帮助。

虽然吴某有三个孩子，但由于孩子的能力有限，自己的生活都过得不好，不能为吴某提供任何物质上的支持，也没有太多精力照顾吴某。"吴某因此成为低保户，每月领取400多元的低保金和50元的高龄补贴维持生活。太平社区的每一户家庭成员基本情况经工作人员的入户调查后都详细地记录在案，这就有助于工作人员对贫困户进行精准化的识别，针对贫困户不同的情况做出不同的计划。

（三）基层社会救助助推精准扶贫帮扶

社会救助政策的实施不仅仅是上传下达，也不能仅仅停留在宣传和识别的层面上，关键是要对识别到的贫困户进行有针对性的帮扶，因户施策，以此达到救助的目的，推动精准扶贫。在赤水市，每个社区、乡镇都做了详细的关于扶贫方面的具体实施方案。据工作人员介绍，社会救助管理机构必须明确扶贫干部人数，合理统筹本村工作，明确每个组的任务目标。在农村必须一人入驻一个组，负责该组的所有情况，对于每村每户都尽力做到详细了解，并确定每年需要受助对象的名单及具体资料，尤其对于每年新增的救助名单，必须保证资料齐全。

精准帮扶不是盲目地对贫困人员进行帮助，而是找准要害对症下药，同时还要为在帮扶后的贫困户能继续自身发展提供条件，达到社会救助的可持续性目的。因为各个贫困户的具体情况都不同，所需要的帮扶措施更是迥然不同，只有深入群众中才能了解每一个家庭的具体困难，才能有针对性地提供帮助。而赤水市太平社区的工作人员便是定期深入群众，对群众的基本生活情况及利益诉求做基本了解，从而能够做到为群众牵线搭桥、排忧解难，做到了发现问题时及时处理。社区里有一名八十几岁的女性独居老人胡某，由于年龄较大腿脚行动不便，生活难以自理。据了解，胡某没有亲生子女，有一个养子但并未对她尽赡养义务，不与其一起居住。胡某作为低保户每月有450元的补贴和50元的高龄补贴。平时负责胡某吃饭的是她的一个侄女，但其侄女也比较忙，只能在早上过去为她做好饭，平常所需要的日用品，主要依靠邻居帮忙购买。由于社区没有专业的社工，而胡某也不属于特困人员，无法对其采取集中供养的社会救助措施，考虑到这种特殊情况，政务中心的工作人员李中华同志便常常去胡某的住处帮助其收拾家务，购买生活用品，陪她吃饭、聊天等。在孩子还未出世时已离异现独自抚养孩子的丁某，本来有条件住稍微好点的廉租房，但为了方便挣钱带着儿子在一间废弃的危房里居住。儿子现在上初二，其前夫及家人未对儿子尽任何的抚养义务和帮助，且由于丁某文化水平不高，也没有任何的技术或手艺，所以只能在街上为别人擦皮鞋，但擦皮鞋受季节影响，冬天收入相对高点，夏天却基本无法开张，丁某有时候便去做保洁。擦皮鞋和保洁的收入都不高，挣到的钱除去平时生活花费和儿子上学的生活费后所剩无几。鉴于丁某自己抚养孩子的情况，她被评为贫困低保户，每月有 700 元的低保金。后来在社区工作人员了解到丁某这种情况后，劝其离开危房搬去廉租房里居住，承诺为其与廉租房旁的城管协商，为丁某在廉租房旁找一个擦皮鞋的固定地点。这样既使丁某及其儿子的安全得到了保障，也能方便孩子上学，同时丁某还能兼顾挣钱。

（四）基层社会救助助推精准扶贫管理

"阳光是最好的防腐剂"，加大政务公开力度让干部工作在阳光下运行，防止工作人员以权谋私，保障人民群众的切身利益，精准管理也需要阳光操作。在调研的过程中，我们了解到赤水市一直秉持的就是阳光之下的工作机制。不管是日常的工作，还是监督方面来说都是如此。赤水市建立了明确的监督管理制度，在大同镇政府办事处门口贴有一张独特的赤水市民生监督工作网路化管理机构图，图中明确了每一位监督责任人的监督范围，对其监督工作及具体岗位都有非常具体的公布，上到市纪委常委，下到村中片区，每一层级都有主要负责人并公示了联系电话。其政府办事处大厅也有一张大同镇党政领导去向告知牌，目的是使来政府办事的群众知道领导当天或当时的工作情况及去向，让群众对工作人员进行监督。

同时，太平社区建立了群众工作室制度，包括群众工作室工作制度、日常管理制度、工作例会制度、调查研究制度、信息反馈制度五个方面。群众工作室为社区内的群众建立了以户为单位的群众档案。档案内容包括每一户的人数，相互之间的关系，每一户中每一个人的具体情况（是否工作、在哪里工作、若残疾为几级残疾等具体内容）。社会救助管理机构也完全掌握所辖区域的救助情况，包括户数、人数、医疗救助、教育扶贫、财政金、扶贫资金等情况。太平社区还大力开展群众意见建议征集工作，及时汇集群众意见并建立本社区的舆情档案，每月至少向街道办事处汇报一次重要情况和热点问题，重点问题可以随时上报，并及时向群众反馈。通过日常排查、专项排查和集中排查相结合来了解群众反映强烈的问题。

认真接待处理群众反映的问题并不断完善反映程序，统一登记，分类处理，能够解决的问题及时解决，解决不了的及时制订解决方案并协调有关部门共同解决，做到件件有落实，事事有回音。

四 基层工作人员为民众服务的健康工作态度

一个好的政策，如果没有好的执行者实施，那也会是不尽如人意的。扶贫工作的效果，不仅取决于救助政策的下放程度和辐射范围，更取决于实施和处理社会救助政策的领导干部与工作人员们的办事能力和工作态度。我们在所调研的太平社区和大同古镇发现，其基层经办人员的工作态度端正、素质高、能力强。例如陪同调研的当地基层经办人员，他们不仅通过经常走访群众来达到对自己所负责的每一户的具体情况都比较了解的目标，而且特别能够吃苦耐劳，因为走访不仅考验基层工作人员对工作的积极程度，同时对他们的体力、耐力、能力等也是一种考验，用他们的话说就是尽自己的能力服务好群众。

（一） 简化程序，实质便民

赤水市的工作人员在做好自己本职工作的同时，还事事为群众着想、踏踏实实解决群众的困难。大多数地区社会救助的申请程序较复杂，申请者需要到交通、地税、住建、工商等多个部门进行审核、盖章等后才能将这些申请材料递交上去。这对申请者来说是一件极为烦琐且耗费时间和精力的事情。考虑到群众的这种忧虑，为了让申请的人们不必费力到各个部门去审核材料，于是建立了交通、地税、住建、工商等多个部门的联合平台，形成了一站式的服务模式，消除了民众的烦恼。赤水市民政局站在群众的角度上考虑问题并简化了社会救助申请程序，切实地方便了民众，不仅得到了群众的认可，还提高了工作效率。

（二） 政府无条件站在群众前面

有这样一个案例："一家三口不幸遭遇车祸，丈夫骑摩托车带着妻儿，车祸中儿子当场死亡，夫妻二人进入重症监护室。该家庭突然陷入困境，既没有足够的资金，也没有人来处理这件事，且夫妻二人无人照看。"面对这样的情况，政府在没有办理任何手续没有其他亲人出面解决的情况下，首先站在了群众的前面，为该家庭先垫付了三万余元的医疗费用，让伤者得到救助。在这种"救急难"面前，政府首先考虑的是尽力挽回夫妻俩的性命，帮助该家庭渡过难关。从这个案例中可以看出，政府注重的是为群众及时解决实际困难，做群众坚强的后盾。

（三）基层工作人员心系民众

在调研访谈过程中，一个刚刚参加工作的90后基层工作人员的话让我印象深刻。他对我们说："现在每天我们都希望天气好，因为一旦下雨就担心村民们会出现安全事故或自然灾害等，但是天气太好又同样焦虑，害怕会出现火灾等状况，有时候，到了晚上十一二点都睡不着，担心睡得太死如果出现突发状况时村民们的安全得不到保障。"一个刚刚工作一年的工作人员有如此强烈的责任心，对于群众来说是一件莫大的幸事。在赤水市大同古镇民族村，经常实行"5＋2""白＋黑"的工作模式。据工作人员介绍，工作最忙的时候甚至在工作地点打地铺，而我们在调查中也在工作人员的办公室看见了在精准扶贫期间所铺的没来得及拆的地铺。可见，在扶贫工作烦琐且任务艰巨的情况下，领导干部和工作人员坚守岗位，处处为群众着想，并且通过主动改变工作模式来做好扶贫工作。赤水市正是因为有了这些心系民众的好领导好干部，扶贫工作才做得出色，真正使贫困群众脱离了贫困。

综上可知，正是由于赤水市扶贫工作人员对社会救助政策的积极宣传，在精准扶贫政策的实施中做到了"识贫不漏一人、帮扶不漏一方、政策不漏一项"等精准化救助工作，再加上工作人员们的尽心尽力尽职尽责，赤水市的扶贫工作取得了较好的成效。而社会救助政策在精准扶贫的过程中，不仅通过法律的作用保障了贫困群众的权益，而且其救助范围的增加也防止了成功脱贫的人们再发生因病、因学等返贫。

五　基于政府治理视角下推进
精准扶贫工作的建议

（一）转变政府职能，建立公民参与、多元社会主体合作型政府

在我国基层，政府是主要的治理主体，手中掌握和控制着大量资源，这容易导致基层政府认为他们拥有绝对的权力来进行社会治理，从而对其他社会资源和社会信息表现出封闭性和排他性（王利敏，2016）。对于公

民和各种社会组织来讲，对社会治理的参与程度则较低。从目前社会发展的现状来看，公民对公共服务的需求日益增长，单靠政府相关部门一己之力已经难以达成有效的治理目标，因此，政府职能应该转变为由政府主导、民众和各种社会主体共同治理，这就意味着治理主体不再只是政府，而是一个由民众和多元社会主体对社会救助的共同参与构成的治理网络。在我们调研的民族村中，脱贫攻坚工作主要按照"支部＋龙头企业＋贫困户"的发展模式进行，同时在识别谁是贫困户的过程中也是让民众参与进来，把识别权交给他们，这样就把社会主体和民众都融入了精准扶贫的工作中，既有了不同社会企业或主体的助力，也得到了群众的支持。由此可见，多元社会主体的参与不仅能提升公共服务的供给效率，而且公民参与更能够促进群众对政府的信任，从而有利于政策的执行。

（二）改革考核方式和评价体系，避免形式主义扶贫

我国对政府工作的考核方式一般都是政绩考核，而这种考核方式大多都是依据一些指标或数据文件，而不是从现实情况或实际工作入手，一直以来，考核体系对地方政府来说就是一种规范，这样就容易导致政府工作走向形式主义的道路。在精准扶贫过程中，许多地区的扶贫工作都是形式上的，只注重做材料，弄虚作假地做"数字脱贫"，没有真正深入贫困群众内部，导致政府工作人员忽视扶贫工作的实效性，扶贫效果不佳，没有真正帮助到需要帮助的人。而在赤水市，实行的是干部帮扶全员化，无论是领导干部还是工作人员，都必须深入了解自己所负责的小组或户数情况，必须坚持深入群众，进行各种排查，并及时更新贫困户信息，明确其困难之处，因此取得了较好的扶贫效果。

（三）政府应对扶贫政策目标的精准定位

精准扶贫是一项复杂的工程。目前，我国的扶贫项目众多，社会救助的内容也非常宽泛，相对应的有关部门、责任主体也多，且各部门、责任主体之间的关系错综复杂，不同类型的扶贫项目所针对的社会救助政策实施对象也有差别。因此，在精准扶贫政策的实施过程中一定要做好精准识别、精准帮扶与精准管理，确保不漏掉每一个符合标准的贫困对象，对每一个帮扶对象实施准确的帮助，按照"缺什么补什么"的原则，对因病、学、灾、残致贫，缺土地、技术、资金、劳力致贫等特殊人员建立台账，精准研判、动态帮扶。同时也要合理管理，强化监督，重点把控扶贫关键

环节，及时把不符合标准的对象清出扶贫系统。

（四）加大人力资本投资，引入社会工作专业人员，强化社会救助政策的专业化建设

精准扶贫过程中要注重人才的培养，同时社会救助政策的实施也要依靠人来完成。但不是每个人都可以很好地执行，所以人力资本是精准扶贫中的关键因素。无论在哪个场域，人力资本都是极为宝贵的财富，对一个地区的社会、经济发展有着重要的影响。从长远来看，贫困地区的持续发展最终还是要依靠当地工作人员。因此，要重视对人力资本的投资，大力培养工作人员的工作能力和综合素质。为了提升基层工作人员的责任感和工作满意度，缓解基层工作人员因数量少而产生的工作压力，政府也应当考虑适当增加基层工作人员的数量并提高福利。

精准扶贫不仅要在物质上对贫困户进行帮助，而且也应该在精神上、心理上给予一定的帮助，尤其是独居者、老年人或者一些弱势群体。社会工作的专业性质就是对有困难的个人、家庭、群体（老、弱、病、残等）等提供专业的服务，并参与社会管理，推进社会政策的执行，使受助者摆脱物质上和精神上的障碍和困境，提高其社会活动能力，实现自我发展。赤水市在实行社会救助过程中的一大难题是在对老年人的救助中缺乏专业的社会工作者，因此引进社会工作专业人员，将他们加入社会救助队伍中，有助于提升社会救助人员的工作能力和专业化水平，促进社会救助工作的科学化、专业化发展，从而推动精准扶贫。

参考文献

白小平、代枚训、王娅荣，2017，《精准扶贫与社会救助制度"协同"观察》，《重庆社会科学》第 5 期。

贵州省人民政府网，2017，《贵州省人民政府关于赤水市退出贫困县的公告》，http://www. gzgov. gov. cn/xwdt/tzgg/201710/t20171031_ 1078984. html。

江治强，2016，《社会救助在精准扶贫中的地位与着力点》，《团结》第 4 期。

李芳，2005，《从优化政府治理视角解读当前我国解决贫富差距问题的路径选择》，《山东省农业管理干部学院学报》第 5 期。

李泉然，2017，《精准扶贫视阈下社会救助政策的发展》，《中州学刊》第 1 期。

祁凡骅、李声宇，2016，《"精准扶贫"的治理理念、治理能力与治理工具——基于政府治理创新视角》，《行政科学论坛》第 6 期。

人民网，2014，《习近平的"扶贫观"：因地制宜"真扶贫，扶真贫"》，http：//politics. people. com. cn/n/2014/1017/c1001 – 25854660. html。

王飞跃，2017，《如何在精准扶贫中发挥社会救助托底作用》，《中国社会报》3 月 22 日。

庄天慧、杨帆、曾维忠，2016，《精准扶贫内涵及其与精准脱贫的辩证关系探析》，《内蒙古社会科学》（汉文版）第 3 期。

责任编辑：廖煜娟

虚拟养老院：大数据战略支撑下的贵州养老新构想[*]

廖煜娟　谯惠方^{**}

摘　要：中国的老龄化已经成为一种普遍状态并将长期持续，贵州作为经济欠发达省份，老龄化具有明显的地域特征，随之而来的养老问题也相当严重。"十二五"期间，在应对老龄化的过程中，贵州乃至全国均存在严重误区：过分关注及强调机构养老。虽然"十三五"规划纲要已经针对这一误区提出了"以居家为基础，社区为依托，机构为补充"的发展理念，但在实践中仍存在仅将发展机构养老作为重要目标，而有意无意地对如何提升机构利用率，如何发展家庭、社区养老采取避重就轻的态度问题。基于这一事实，并结合贵州大数据战略背景，本文提出"虚拟养老院"的智慧养老新模式。同时，从无界限养老观念的推广、相关主体的培训、打造全面开发与开放的养老市场、智慧居家养老服务平台的构建、规范评价体系及信息安全保障体系五个方面分析贵州虚拟养老院建设的重点任务。

关键词：大数据　智慧养老　贵州

---

* 本文得到贵州省教育厅高等学校人文社会科学项目"西南山地人口生态足迹研究项目"（研究编号：JD，2013037）；贵州大学 2013 年度引进人才科研项目（人文社会科学）"转型期家庭功能外移与转移研究"〔贵大人基合字（2013）020 号〕；贵阳市老龄工作委员会办公室"贵阳市农村幸福院现状与发展对策调研"课题资助。

** 廖煜娟，贵州大学公共管理学院讲师，研究方向为养老保障；谯惠方，贵州大学公共管理学院本科生。

一　老龄化背景下贵州省养老实践及核心问题

在当今的中国，老龄化已经成为一种普遍状态并将长时间持续。贵州作为西部欠发达区域的典型并不因为经济上的相对落后而在老龄化方面显得相对轻松，相反，劳动力市场上的"孔雀东南飞"等现象的存在，实际上使得贵州的老龄化及相应的养老等一系列问题呈现老龄化程度差异大，经济发展越落后，老龄化程度越高的"未富先老"等特点。贵州省自 2003 年就已经迈入人口老龄化社会，其典型特征是人口年龄结构由年轻型很快发展到老年型，在劳动力外出"打工潮"的助推下，人口老龄化速度不断加快，到 2010 年 60 岁及以上的老年人口已达 446.13 万，占常住人口的 12.84%；65 岁及以上老龄人口 302.62 万，占常住人口的 8.71%（韦璞、武学丽，2013）。贵州省统计局 2017 年公布的《2016 年贵州省国民经济和社会发展统计公报》显示，2016 年年末贵州全省常住人口 3555.00 万人，比 2015 年末增加 25.50 万人。其中，城镇人口 1569.53 万人、乡村人口 1985.47 万人，城镇人口占年末常住人口比重为 44.15%；60 周岁及以上人口 554.22 万人，占年末常住人口比重为 15.59%，65 周岁及以上人口 366.88 万人，占年末常住人口的 10.32%。（详见表 1）

表 1　2016 年年末常住人口及其构成

单位：万人，%

	年末数	比重
年末常住人口	3555.00	100.00
按城乡分		
城镇	1569.53	44.15
乡村	1985.47	55.85
按性别分		
男性	1833.45	51.57
女性	1721.55	48.43
按年龄结构分		
0~14 岁	791.70	22.27
15~64 岁	2396.42	67.41
65 岁及以上	366.88	10.32

注：数据来源于《2016 年贵州省国民经济和社会发展统计公报》。

老龄化不是简单的生理变化现象，而是一个被社会和历史环境所建构的概念，随着这一认知的加深，学界和政界均提出了"积极养老"的理念。而养老资源的多寡，对积极养老事业的发展有着极大的制约作用。一般来说，可用于支持老年人生活的资源主要有两个方面：其一是老年人个体性资源，包括个人经济收入或储备、自身行动能力、心态等；其二是社会结构性资源，包括家庭的支持、社会养老保障制度等（刘文、焦佩，2015）。贵州作为典型的经济欠发达地区，无论是经济总量还是人均收入均处于较低水平，这一局面直接导致省内养老资源量上的不足：一方面社会养老体系的发展与完善受到限制，无法提供充足的社会支持；另一方面，老年人个人资源不足，难以自我保障。此外，作为一个人口净流出省份，贵州劳动年龄（15～19 岁）人口占流出人口的 86.11%，这一点不仅在宏观上加重了省内劳动人口对赡养老龄人口的负担，同时在微观上也影响了养老资源的质量：家庭养老服务提供者与专业的养老照护从业者均不足。人口学上认为，人口变动与经济发展存在密切关系，一般来说，人口聚集是经济繁荣的象征，人口流失是经济衰退的表现。虽然贵州目前经济发展迅速，但相对其他省份，仍处于较低水平，受限于"经济落后—人口外流"的恶性循环，贵州仍将长期面临人口缩减、劳动力萎缩、快速老龄化问题。可见，不断增加的养老压力以及持续性的养老资源供给不足仍将在一段时间内给贵州各级政府及整个积极养老事业的发展带来巨大挑战。

自我国步入老龄化社会以来，加快社会养老服务体系建设逐渐成为我国保障、改善民生的重大课题。在这一背景下，我国社会养老服务体系建设取得了长足的发展，然而，从具体的养老实践中看，贵州乃至全国的养老事业建设仍存在明显不足：应对人口老龄化的制度设计、政策制定、措施规划等均未上升到法律法规层面。至今，所有政府机构的职能中均未明确应对老龄化社会的牵头单位。对于涉老机构、产业、服务等硬软件标准、规划等更是缺乏统一的体制机制与安排。此外，缺乏应对人口老龄化的战略规划；缺乏治本的系统性政策研究（韦璞、武学丽，2013）。

"十二五"规划纲要指出："建立以居家为基础、社区为依托、机构为支撑的养老服务体系。"经过五年实践，在"十三五"规划中，我国养老政策方向重新定位为"以居家为基础、社区为依托、机构为补充的多层次养老服务体系"。从"以机构为支撑"到"以机构为补充"的转变，直指"十二五"期间我国养老实践的根本性误区：忽视中华民族几千年"家庭本位"、"家族本位"的传统文化，企图通过新建养老院、增加床位数等简单手段在机构养老层面粗暴地解决老年人的养老问题。这一点从表 2 中各级"十二五"计划完成指标的设计中不难看出。

表 2 "十二五"时期贵州省养老服务体系建设主要指标完成情况

主要项目和指标	2010 年	2015 年	年均增长（%）
投入养老服务体系建设资金（亿元）	6.6	40	111.33
公办养老机构数（所）	931	1288	7.67
民办养老机构数（所）	55	92	13.45
养老机构床位总数（万张）	2.5	16.4	111.2
每千名老人拥有养老床位数（张）	5.6	30.7	89.64
农村互助幸福院（个）	0	3204	
获初级以上养老护理员资格证人数（人）	98	3230	639.18

机构养老角色的这一调整反映了我国养老体系重心终将回归家庭及社区的发展思路，符合我国国情，有助于解决"中国式养老"难题。但笔者认为，与没有得到贯彻落实的制度是无用的制度一样，没有得到有效实践的思路也是没用的思路。笔者调查研究发现，目前在贵州省乃至全国社会养老服务体系建设实践中，仍存在仅将新建各级各类养老院、提升院内软硬件设施水平作为重要发展目标，而有意无意地对如何提升机构利用率、如何突破局限，发展家庭、社区养老新模式采取避重就轻的态度问题。比如《"十三五"国家老龄事业发展和养老体系建设规划》将"每千名老人拥有养老床位数"、"总建设的养老床位数"等作为重要的养老体系建设指标。相应地，《贵州省"十三五"养老服务体系建设规划》也将完成这些指标作为工作的重中之重，如表 3 所示。值得注意的是，对本应成为重要考量指标的养老床位利用率的描述，全文却只有一句话："优化既有养老机构的床位结构，降低空置率，提升养老机构康复护理型床位的设置比例及康复护理服务水平。"这与投入巨资修建大量养老院的浓墨重彩形成鲜明对比。

表 3 贵州省养老服务体系建设"十三五"主要指标（目标任务）

指标名称	2015 年	2020 年目标值
投入养老服务体系建设资金（亿元）	5	100
每千名老年人口拥有养老床位数（张）	30	35

续表

指标名称	2015 年	2020 年目标值
其中：护理型床位比例（%）	5	30
医养结合型养老院（所）	9	100
社会养老床位数（万张）	16.4	23

　　显然，从中央到地方都高度重视人口老龄化带来的养老问题，在已将养老机构的角色转变写进国家发展规划纲领的背景之下，相关责任主体仍将发展机构养老作为社会养老体系建设的重中之重。不可否认，这一做法的确是看到了在供给一侧，养老资源不足的问题。但很遗憾，从老年人的需求侧出发，相关部门似乎走了一条"一厢情愿"的道路。

　　目前，供需失衡是我国养老服务供给侧无法满足养老需求的主要原因，一方面，在意识到养老服务总体供给能力不足的基础上，各地投入大量资金，新建各类养老机构，增加机构软硬件设施；而另一方面，各地在做供给决策时，并未充分考虑养老需求，导致最后的供给结构出现"对象不准"、"内容不对"、"质量不高"的错位现象：大量普通床位闲置、护理型床位紧张；民营养老院运营艰难、公办养老院"一床难求"。2014 年末全国各类提供住宿的养老服务机构 3.4 万个，养老床位 551.4 万张，入住的老人却只有 288.7 万人，养老床位空置率高达 48%（林宝，2017）。就笔者 2017 年 12 月在贵州进行调研的情况看，贵州公办养老机构的入住率也较低，床位利用率大概在 40%。

　　针对上述问题，笔者认为，贵州养老事业破冰，需要从老年人的养老服务需求出发，供需侧双向着力。首先，各级政府及相关责任主体要清楚认识到，养老机构在整个养老服务体系中应该更多扮演"兜底"的角色，针对无法保障个人生活的困难老人与重病老人起到托底作用。其次，虽然困难重重，但鉴于大多数老年人的实际需求，养老服务体系的发展仍应围绕"居家"做文章，结合高新技术，设计行之有效的方案，将老人养老所需的各项资源都整合进一个虚拟平台，通过智能交互系统，实现从家庭与医院、养老院、老年大学、家政服务等养老资源的有效融合。老人既能回归家庭，也能在家庭层面实现老有所养、老有所医、老有所为、老有所学、老有所乐。从这个意义上说，囊括所有养老资源的"虚拟养老院"或许可以成为居家、社区养老的发展新模式。

二　贵州省大数据战略支撑下虚拟
养老院建设的基础条件

如何围绕"居家"做文章，发展智慧养老，建设"虚拟养老院"，贵州有着得天独厚的优势：大数据战略支撑下的养老产业融合发展规划。贵州省在大数据战略布局及谋划方面，可谓是走在全国前列，已经积累了相当的宝贵经验并夯实了强大的基础条件。贵州省 2016 年获批建设全国首个国家大数据综合试验区，2017 年出台《贵州省数字经济发展规划（2017 – 2020 年)》；2017 年授牌全省第一批创建数字经济产业集聚区，数字经济示范小镇、园区、景区、企业；出台《贵阳市政府数据共享开放条例》；发布《"百上贵州"平台应用规范指南》；贵阳大数据清洗加工基地等一批项目已经建成并投运。2017 年第二季度，"云上贵州" APP 平台正式上线运行，"提升政府治理能力大数据应用技术国家工程实验室"已经投入使用。2017 年建成贵阳·贵安国家级互联网骨干直联点，并成功举办大数据政金企对接会，实施"数字政府建设"三年行动计划，相当数量的大数据企业和项目已经落户贵州。此外，2017 贵州大数据发展十大工程，将重点建设 40 个以上典型示范项目，包括 15 个智慧旅游项目、15 个电子商务项目、10 个智慧物流项目以及贵州金融云等大数据金融项目（IUD 中国领导决策案例研究中心，2017）。（虽然"大数据 + 服务业"被列为 2017 年贵州大数据发展十大工程之一，但是显然 40 个典型示范项目中，仍然对"养老"问题筹谋不足，然而，这正说明从养老的视角将"大数据 + 养老"作为一个重要的问题加以探讨必定存在巨大的发展空间。）

《贵州省"十三五"养老服务体系建设规划》中明确提出将推行"互联网 + 养老"，加快社区居家养老信息网络建设，依托现有互联网基础设施，构建居家养老服务信息平台、老年人居家呼叫服务系统和应急救援服务网络，提供紧急呼叫、家政预约、健康咨询、物品代购、服务缴费、线上线下（O2O）等老年需求服务项目，发展智慧养老社区，推动养老机构智能化信息管理平台建设。以国家养老服务业综合改革试点地区、国家医养结合试点地区贵阳市为全省养老服务体系建设发展核心区，建设以大数据为重点的安全看护、健康管理、生活照料、休闲娱乐、亲情关爱智慧养老服务云平台，加快构建养老服务体系创新发展平台，为全省养老服务体系建设提供终端服务。并将打造省级智慧养老服务云平台建设工程重点项目：建成省级智慧养老服务云平台，为全省提供安全看护、健康管理、生活照料、休闲娱乐、亲情关爱智慧养老终端服务。

2017 年 9 月贵州省民政厅草拟了《贵州省人民政府办公厅关于全面放开养老服务市场　提升养老服务质量的实施意见（征求意见稿）》，提出要围绕"把贵州打造成为全国养老基地、世界关注的养老市场"的目标，着力构建贵州省养老服务产业投融资平台、贵州养老服务产业发展平台、互联网＋智慧养老综合信息服务管理平台三大平台。这意味着在"十三五"养老服务体系建设规划基础上，贵州确定了全省养老服务业发展总体思路——"一个目标"、"三大板块"、"三大平台"。①"三大板块"即推进政府兜底保障养老、居家社区养老、社会化中高端养老服务协调发展，满足养老服务需求；"三大平台"即筹建"贵州省养老服务产业发展基金"投融资平台，"贵州养老产业发展投资有限公司"发展平台、"互联网＋智慧养老"综合信息服务管理平台。并且将通过"十三五"和"十四五"两个五年规划的实践与努力，实现把贵州打造成全国养老基地和世界关注的养老市场这一目标。

2017 年，根据《贵州省国民经济和社会发展第十三个五年规划纲要》、《贵州省民政事业发展第十三个五年规划》、《贵州省养老服务体系建设"十三五"规划》等文件精神以及贵州省大扶贫、大生态、大健康、大数据发展战略，借力于智慧养老云与多彩贵州"广电云"战略合作在近年内即可将养老服务信息和终端服务延伸到农村、社区和每一个家庭，助力贵州省养老服务的标准化、社会化和产业化，从而打造面向全国的养老消费市场，其更加长远的目标在于将贵州建成全国养老基地及世界养老市场。

就区域实践看，以 2017 年白云区"块数据＋养老服务"为例，该工

---

① "一个目标"，即充分发挥贵州在气候、交通、文化、旅游等方面的优势，把贵州建设成为全国养老基地及世界养老市场。"三大板块"：一是坚持政府兜底养老，加大对全省基层和农村养老服务的投入，对"三无"老人、"五保"老人，实行政府供养。对低收入半失能、失能、失独、高龄等特殊困难老人，赡养缺失困境老年人，由政府提供低偿供养、护理服务。提高老年人基本养老、基本医疗、基本生活等保障水平。二是大力发展社区居家养老。强化居家和社区养老服务功能，积极开展智慧养老服务和互助养老服务，提高养老服务能力，为有需求的城乡老年人提供便利的社区居家养老服务。三是大力发展社会中高端养老产业，积极开展适合老年人特点的文化娱乐、体育健身、教育培训、金融理财、休闲旅游、健康养生、精神慰藉、法律援助等服务。争取把贵州省建设成为面向全国的养老服务基地。"三大平台"，即成立贵州省养老发展基金，建立养老产业融资平台；组建贵州养老产业投资发展公司，建立投资平台；实现智慧养老云平台开放聚合，搭建服务管理平台。

程中，"政务通"将"时间"概念植入养老服务中，根据初次办理服务事项的时限，设定下一次甚至多次办理期限并将有关数据录入社会和云大数据平台，设置成"提醒"模式，到下一次业务办理的前十日，平台就会自动发出"提醒"。然后，通过手持终端机督促社区网格员及时、准确上门为老年人服务，服务效果及评价反馈到大数据平台，进行后台资源整合。"红心云"将重点放在开发与老年人团体活动相关的手机 APP，通过消息实时传递机制，实时推送社区志愿者活动、老年文娱活动等给辖区老年人文艺队伍。"智能环"借助块数据技术手段，建立智能化居家养老，打造没有围墙的养老院①。通过穿戴智能环，日常监测老年人身体指标，并将数据实时传递到社区医疗服务中心，身体指标超出正常范围，系统将会自动告知联动医疗、养老服务中心，以便医务工作者在第一时间做出诊疗判断，并进行相应的反应。

上述政策及实践无不展现着贵州省"大数据"＋"养老"的优势与良好的基础条件，加之大数据战略在贵州已经实现了从政策文件、理念宣传到具体落实的全方位、体系化的实践。这一切都为在贵州推行基于大数据战略的虚拟养老院奠定了坚实的基础。

三 贵州省大数据战略支撑下虚拟养老院建设的重点任务分析

（一）无界限养老观念的树立与推广

随着城市化进程的加快，我国人口迁移已由一人迁出阶段进入家庭迁移阶段。离开原居住地随子女到外地生活的老人规模不断扩大，"迁徙老人"的养老需求如何满足现已成为亟须解决的社会问题。然而，政府、学界抑或是养老产业链中的产业目前关注到了失能老人、部分失能老人、空巢老人、城市"三无老人"、农村"五保老人"、失独家庭老人等困难老

---

① 笔者认为，这里已经有虚拟养老院的某种思想在其中。但是没有围墙的养老院其内涵和外延均应该进一步拓展，除了老年人身体健康状况的实时监测与服务反馈之外，更加重要也更加应该普及推广的还包括基本的日常生活的满足与帮助，比如，基于网络而实现的重物搬运（米、燃气等）、购物、就医陪同、逛街陪同、返乡回原住地陪同等，服务项目实际上是不断拓展的，并且完全基于老年人自身的内在养老需求，涵盖日常生活、精神慰藉、医疗陪护等。

人，但对"迁徙老人"，尤其是其中身体相对健康，具有一定劳动能力的老人关注不足。相关研究表明，由于我国二元户籍制度环境和迁入地迁移政策的不健全，无论健康与否，"迁徙老人"均存在养老的保障性问题（马肖曼，2017）。一方面由于迁移离开了户籍所在地，不在原住地政府、社区管理、服务范围内，不再享受原住地养老等福利政策；另一方面，新迁入外地，政府、社区等外部结构管理的疏忽，也使得其无法享受到与现居地居民一样的养老服务及政策。此外，在原住地所形成的习惯和价值观念让"迁徙老人"难以适应现居地环境，导致其即使知晓相应信息，也不一定能快速融合、接受并进行相应的调适。

基于大数据的虚拟养老院可以有效应对这种尴尬局面，实现无界限养老。一方面，虚拟养老院相当于一个全面开放的养老市场，所有养老服务供应机构都入驻于此，无论是高端的娱乐、休闲服务，还是基本的护理、清洁服务，老人都能根据自己的需要在其中找到相应的服务提供者；另一方面，这是一个专为老年人打造的乐园，不论富贵贫穷、健康疾病，所有的老年人都能成为这个"养老院"的住户，他们在这里主动解决需要，不再因种种限制而被动等待子女或机构的帮助。

应该认识到，并不是所有的老年人都需要到养老机构才能享受到良好的养老资源并获得良好的养老服务，同时，也并非所有的养老院都必须是钢筋混凝土打造的。实际上，养老只要有合理的资源获取途径、有效的养老提供及养老需求之间的匹配即是最好的。这就要求相关责任主体树立大养老观。筹备、建立普惠型、公众性的养老服务体系，将包含一切老年人在内的所有有服务需求的老年人都纳入"养老"的范围，整个过程秉持"立足于养老需求并回归于养老需求，政府主导筹划、政策引导扶持、市场运作匹配、专业机构服务"理念。

（二）相关主体的培训是前提

不难看出，虚拟养老院得以正常有序运行的前提条件是大量会使用现代设备并且具有该习惯的养老服务需求者和提供者（老年人及其家属或其他主要照护服务提供者）。这就引出另一个重要的议题：对相关主体的培养和培训。首先是对老年人及其家属的培训，这是养老需求方发挥其主观能动作用，实现自主养老的前提条件，也是整个虚拟养老院得以持续发展的重要链条起点。培训的内容涉及养老信息平台的浏览、使用，甚至包括生命教育中的关键理念的宣传、推广等。其次是对养老资源提供者，尤其是养老照护服务一线提供者的培训，培训的内容依然是以平台的使用为核心，同时配以照护技能基础知识的及时更新等。最后，对养老市场中涉及的专业服务提供机构及相应的行业主管部门提供基本、持续性的培训同样是必需的。培训内容，核心依然是信息平台的使用与维护，并在此基础上与时俱进进行更新及持续化的后续培训跟进。

（三） 打造全面开发与开放的养老市场

贵州省养老服务业发展的总体思路是"一个目标"、"三大板块"、"三大平台"，到 2020 年，养老服务市场全面放开，养老服务和产品有效供给能力大幅提升，供给结构更加合理，服务质量明显改善，群众满意度显著提高，让广大老年群体享受优质养老服务，切实增强人民群众获得感，养老服务业成为促进经济社会发展的新动能。显然，想要实现上述目标，没有一个全面开放的养老市场几乎是不可能的。笔者认为一个全面开发与开放的养老市场至少涉及以下两个至关重要的内容：民办非营利组织的培育培养与扶持、政府购买第三方服务相关制度保障与规范。首先，一个全面开发与开放的养老市场必须要有足够多的能够承接相关养老项目并提供专业养老服务的专业机构，由于服务对象与服务内容的特殊性，这种服务的提供者更应该具有公益性及社会性，经济效益至少不能成为其最主要的目标和追求。因而，非营利组织的培育培养与扶持成为重中之重。要完善现有体制机制，为非营利组织尤其是民办非营利组织提供良好的成长环境及条件。

此外，研究制定政府购买第三方服务的相关制度保障与监管、规范，并尽快予以落实。一套完整、具有可操作性的政府购买第三方服务的规范制度、监管体系、评价评估体系是一个全面开发与开放的养老市场得以健康、有序、可持续发展的必备要件，一方面评估评价体系为服务提供者指明努力完善自我的方向，同时也是其自我评估、自我发展的指南；另一方面，也是整个养老市场能够朝着同一个目标、同一个方向发展的基本保障。政府购买第三方服务的相关制度保障应该与政府审计、政府财政预算等工作贯通联系，以避免不必要的政策冲突，致使可能产生的政府购买第三方服务成为"一纸空文"。换言之，相关的政策制定研究，应该纳入专业规划中，并且在规划中统筹安排，实现部门联动与沟通。

（四） 智慧居家养老服务平台的构建是核心

在养老市场得到全面开发与开放，养老服务需求者普遍学会应用智能设备之后，就到了"虚拟养老院"建设的核心——如何把服务供给方、服务需求方整合起来，使双方有效对接，达到市场均衡。要解决这个问题，就需要在相关部门构建养老服务数据中心，采用云平台技术整合各方资源，架构一个为老年人提供健康、生活、紧急求助、定位等一站式贴身服务的网络平台（周天绮，2016）。只要有一套合适的信息交互系统，所有老人就能自主地在其中迅速找到可以满足其需求的服务提供者，并能通过相应的评价、投诉机制，对服务提供者进行有效约束，发挥其服务主体的能动作用，一改因信息不对称及能力不足而导致的被动。而医院、社区、家政服务、健康管理、老年大学、紧急救助中心、政府等养老服务提供机构及养老服务专业人才队伍也可在这个拥有众多老年人用户的平台中准确定位自己的服务对象，并根据系统相关数据，合理调配自己的供给，避免不必要的资源浪费。

值得指出的是，构建网络服务平台时，要秉持无界限养老的理念，有针对性地设计出符合养老需求者实际需要的可操作、易操作的信息交互系统，尽量降低老人及其家属的操作难度。此外，对于那些学不会或者不便学习智能设备使用方法的老年人，平台应建立远程健康监测中心，开发远程读取自动采集生理指标数据的通信终端，一旦系统识别出老人的需求，就自动匹配相应的服务者上门服务并发送消息给相关监护人。

（五）规范评价体系及信息安全保障体系

一套完整并且行之有效的虚拟养老院标准规范评价体系应该提前布局考虑，这是大数据支撑下虚拟养老院得以健康持续发展的基石，其中关键性的环节应该至少包括虚拟养老院的建设标准、服务标准、评估标准并将目前百家争鸣式的相关术语进行统一界定，以便提供标准化、规范化、统一化、现代化的服务与评估。此外，养老服务平台的信息安全保障是另外一个极为重要的议题。信息安全保障体系是虚拟养老院健康、持续运行的安全保障，其中涉及平台数据安全、系统安全、风险防范与应急处理等制度保障。虚拟养老院平台数据汇聚各行业养老服务所产生的系列信息，这些数据的安全至关重要。通过虚拟养老院平台对上述信息和数据进行整合、存储、分析，为各类专业化应用提供规范和高效的应用支撑。防范数据泄露极有可能产生的其他数据风险是虚拟养老院运作中极为重要并且必须提前布局的一项重要任务。

综上，大数据支撑下的虚拟养老院建设是一项相当复杂的系统工程，该系统必须基于老年人的养老需求，以信息数据为基础，通过养老信息服务平台对相关信息的产生、采集、存储、挖掘、分析、应用等将跨部门、跨领域、跨行业的养老大市场有机结合起来，形成面向老年人及养老服务提供者的养老市场。正如有学者指出的那样，"互联网＋大数据"养老平台以统一的数据接口、业务标准和信息安全管理规范统筹整合既有养老业务系统和各种创新养老服务，形成业务和技术上的共性能力，支撑养老服务的运营管理、数据分析和业务应用（屈芳、郭骅，2017）。基于贵州在大数据战略布局与筹谋领域已经积累的经验和得天独厚的政策优势、地理气候优势，我们有足够的理由相信，虚拟养老院在贵州建设的前景必然是广阔的。

四　难点及展望

基于贵州大数据产业在全国的领跑地位，贵州发展智慧养老，打造"虚拟养老院"有着得天独厚的优势，但一个基于大数据的互联网平台的诞生与发展，除了需要互联网技术及相应的数据之外，对市场的分析也是必不可少的，结合贵州省实际情况，笔者认为贵州"虚拟养老院"建设有以下难点。其一，受到"养儿防老、积谷防饥"等传统观念的影响，比起消费，我国老年人大多有较高的储蓄倾向，在这样的情况下，如何扩大老年人消费需求，扩张老年人消费市场将成为制约养老产业发展的一大难点。其二，受自然条件的限制，"小而分散"是贵州村落的总体特点，农村老人普遍居住偏远且分散，相关服务提供方上门服务成本大，这就可能导致老人因难以承担高昂的附加费用而选择不消费或者服务供给方嫌麻烦不愿提供服务，无论哪一种结果，都没能发挥出"虚拟养老院"应有的功能。基于此，如何解决农村老年人的需求，也将是发展"虚拟养老院"应该解决的难题。

参考文献

贵州省统计局，《2016 年贵州省国民经济和社会发展统计公报》，http://www. gz. stats. gov. cn/tjsj_35719/tjgb_35730/tjgb_35732/201703/t20170322_2015383. html。

IUD 中国领导决策案例研究中心，2017，《贵州大数据：从风生水起到落地生根》，《领导决策信息》第 3 期。

贵州省人民政府办公厅，《贵州省"十三五"养老服务体系建设规划》，http：∥www. zunyi. gov. cn/sy/szfgzhzc/qfbf/201710/t20171024_619348. html。

贵州省民政厅，《白云区老龄办开展"块数据+养老"，创新养老服务》，http：∥www. gzsmzt. gov. cn/xwzx/sxxx/201712/t20171215_2912223. html。

《贵州拟出台相关实施意见放开养老市场　即日起征集民意》，http：∥www. gz. chinanews. com/content/2017/09－08/75821. shtml。

《贵州省民政厅与省新闻出版广电局签署智慧养老云多彩贵州"广电云"战略合作协议》，http：∥news. sina. com. cn/c/2017－09－28/doc-ifymkxmh7601855. shtml。

《贵州政策"杠杆"撬动社会资本进入养老服务业》，http：∥news. qx162. com/gz/2017/1123/205996. shtml。

李斌、毛鹏飞，2016，《养老资源的结构与积极型养老模式的建构》，《理论学刊》第5期。

林宝，2017，《养老服务供给侧改革：重点任务与改革思路》，《北京工业大学学报》第6期。

刘文、焦佩，2015，《国际视野中的积极老龄化研究》，《中山大学学报》第1期。

马肖曼，2017，《乡—城新生代人口的家庭迁移模式研究》，吉林大学博士论文。

屈芳、郭骅，2017，《"互联网+大数据"养老的实现路径》，《科技导报》第16期。

《"十三五"国家老龄事业发展和养老体系建设规划》，http：∥www. gov. cn/zhengce/content/2017－03/06/content_5173930. htm。

韦璞、武学丽，2013，《贵州省人口老龄化历程、特征与趋势》，《社会福利》第6期。

周天绮，2016，《基于民政大数据的智慧居家养老服务平台的构建》，《物联网技术》第3期。

责任编辑：廖艳

书　评

义利之衡：财政社会学视野中的
项目制与乡村治理

—— 读李祖佩的《分利秩序：鸽镇的项目
运作与乡村治理（2007—2013）》

田　孟[*]

摘　要： 公共财政的下乡推动了乡村治理的转型。但在项目运作的基本机制下，乡村社会传统中既有的简约治理模式被新时期的分利秩序所打破，而新的治理模式却没有能够建立起来，从而造成了乡村治理陷入了危机之中。李祖佩的《分利秩序》从多个层面揭示了项目运作与以分利秩序为主要特征的乡村治理危机之间的密切关系，展示了在国家财政资源下乡的过程中其公共性逐渐丧失的机制，结果乡村治理中的政治或道义因素与利益因素不断失衡，最终造成了国家自主性的严重削弱。重建下乡财政资源的公共性是回归义利之衡的关键。

关键词： 财政社会学　乡村治理　项目制　分利秩序　国家自主性

财政是观察时代的窗口。财政社会学家熊彼特曾经指出，当现存体制开始崩溃，而新体制又刚刚开始产生时，对财政问题的分析往往是认识社会的最为有效的方法。这是因为在社会出现转折时，财政总是会陷入危机；实际上，财政危机从根本上说是整个社会危机的结果和反映（转引自

---

* 田孟，男，苗族，湖南怀化人，武汉大学社会学系博士后，研究方向为乡村治理、农村社会学和基层医疗卫生制度改革。

毛寿龙、冯兴元，2014）。与此同时，财政改革也往往会对政治社会的演进产生决定性的影响。

21 世纪初，国家不仅取消了延续几千年的农业税，而且还开启了"城市反哺农村""工业反哺农业"的新纪元。在政府（尤其是中央政府）这只"看得见的手"的大力推动下，政府财政资源得以持续不断，且规模越来越大地向广大农村地区转移。在以"项目"为主要方式进行的财政转移支付过程中，我国中西部农村的乡村治理也开始出现了剧烈而又艰难的转型（田孟，2015）。因此，财政制度与乡村治理之间的关系问题成为当前学术界的热点话题。

李祖佩博士的《分利秩序：鸽镇的项目运作与乡村治理（2007—2013）》（以下简称《分利秩序》）是对这一话题的最新阐述。贺雪峰教授在该书的序言中写道："作者通过研究项目制在鸽镇的具体实践过程，重点关注了在此过程中'国家、基层政府和乡村社会三方面的复杂互动乃至博弈'；他把这一经过复杂互动乃至博弈后所形成的利益分配格局称为'分利秩序'，并呈现了在此'分利秩序'之下基层治理机制及其形塑逻辑，以及对国家自主性的深远影响"（李祖佩，2016）。笔者认为，该书为研究财政与乡村治理提供了一个非常生动而又深入的范本。

一 "简约治理"：传统时期的乡村治理

黄宗智（2007）在分析中国的国家与社会关系时曾指出：与西方理论的经典假设不同的是，中国的国家与社会关系并非二元对立、非此即彼的关系，而是你中有我、我中有你的互构关系；在国家与社会之间往往存在一个既不同于国家，又区别于单纯社会的"第三领域"；第三领域的治理主体往往既包含了正式的官方体制性力量，同时也兼容了半正式的，乃至非正式的民间非体制性力量；第三领域的治理规则不仅包含正式的规章制度，同时也吸收了地方性知识、规范和价值。由于基层治理的低成本，这种模式被称为"简约治理"。

从财政角度看，简约治理是国家能力不足的必然结果，财政汲取能力的薄弱限制了国家对乡村的渗透能力。传统中国政府的财政能力低下是简约治理能够成为一种普遍的基层治理模式的深层原因。在一个以农业为主要财税来源的传统国家，财政能力与乡村社会密切相关。中国乡村社会的分散、非规则和低度积累的基本特征，决定了传统国家财政能力的低水平状态。而财政能力是国家能力的基础，低水平的财政收入限制了国家力量的渗透和扩张，从而为地方性力量提供了更多的空间，促成了简约治理的最终生成和持续。

在鸽镇，简约治理在项目大规模下乡之前仍旧是当地基层治理的主要模式。李祖佩分别从村庄政治权力的构成、乡村治理规则的实现和乡村秩序的维系三个层面进行了详细刻画。

首先，从村庄政治权力构成上看，鸽镇村庄结构是一种典型的"董事会"结构。"所谓'董事会'结构，指在村庄的政治权力构成中，以自然村（由多个自然村组成的行政村）或宗族中的房支（指行政村由一个自然村组成）作为村干部产生的依据，村干部在村庄权力结构中的位置取决于自然村或房支的人数多寡，而如果在同一自然村中两大姓氏人数相当，则看在整个行政村中哪个姓氏宗族人数多，大宗族的姓氏出任村主职干部……这种政治格局就像是公司的董事会，所不同的是作为权力获得基础的'股份'是各个自然村的人数，即村干部以自然村的人数'入股'，以此获得在行政村两委班子中的位置"（李祖佩，2016：62～63）。此时，村庄权力结构与村庄社会结构具有高度一致性，是村庄社会结构在村庄政治层面的反映。在这种状况下，农民的意见和诉求往往能够比较有效地在村庄整体层面得到表达，并通过村干部这个群体反馈给乡镇政府乃至更高的政策决策机构，从而在国家意图和农民诉求之间找到平衡。

其次，从乡村治理规则的实现来说，基层政府通过灵活利用地方性规范来实现国家的正式目标。在《分利秩序》中，作者以农业税征收为例，刻画了基层是如何利用村庄地方性规范实现治理目标的过程。在征缴农业税时，当地有些农民曾经存有侥幸心理，对农业税采取能赖就赖的应对策略。此时，乡镇政府的解决办法是把这些农民对国家的欠账变成对村组干部的私人欠账，也即把农民与政府之间的"公账"变成农民与农民（村组干部）之间的"私账"。由于是在同一个村子里生活，被欠账的村民可以理直气壮地去找欠账农民要钱，而后者往往碍于村庄面子（不好意思）等原因不得不主动"还账"（李祖佩，2016：75）。尽管都是利用乡村社会的本土资源，但与孙立平等人提出的"正式权力的非正式运用"的治理技术不同，鸽镇的粮食征收采取了"正式关系的非正式转化"的治理技术。

最后，在乡村秩序维系方面，不管是对于权威主要来源于村庄内部社会结构的村干部，还是对于作为具有丰富基层经验的乡镇政府官员来说，维系乡村秩序的主要方式仍然是要调动和整合村庄内部的治理资源，而不是积极地援引或使用国家规章制度所赋予的正式的体制性力量。后者即使没有被搁置，起码也只是作为背景，绝不会频繁地放在台面上展示。

显然，在项目下乡前，鸽镇的乡村治理仍然是一种简约治理模式。在乡村治理的过程中，不管是国家意图（当时主要是征收农业税费和落实计划生育政策）的实现，还是村庄内部基本需要（农田水利、纠纷调解等公共品）的供给和满足，都并非主要依靠正式体制力量完成的，而是依靠非正式力量以较低的成本完成的。但简约并不简单。"简约"主要是从资源投入的绩效上看的，而"不简单"则是因为这个过程中会有大量的群众工作。

然而，随着 2007 年开始的大量涉农项目下乡，鸽镇的乡村治理发生了巨变。更为重要的是，由于原有的治理结构、治理空间和治理面向被改变，简约治理的实践机制被瓦解了，但新的与项目制相匹配的治理模式却没有跟进，从而导致了严峻的乡村治理危机。

二　项目制：政治逻辑与治理逻辑及其消解

学术界近年来对项目制的探讨已经逐渐形成了一批有影响力的研究成果（周飞舟，2006，2012；折晓叶、陈婴婴，2011；渠敬东，2012；陈家建，2013；黄宗智、龚为纲，2014；桂华，2014）。从财政角度看，项目制与分税制改革和国家免除农业税有很大关系。1994 年的分税制改革划分了中央与地方的财政收入关系，进而影响了地方各级政府之间的财政收入状况。客观地来看，分税制改革把那些优质的税源层层上移，那些分散细碎的、征缴起来特别困难的税收则层层下移——最终最困难的都留给了基层政府。农业税就是这样一类既琐碎，又难收，且征缴成本十分高昂的税种。与此同时，分税制并未实质性地调整中央与地方的事权分配格局，从而使基层政府在财政收入状况大大恶化的同时却仍旧面临沉重的事权责任。为了完成上级任务，基层政府不得不从农业税费中征缴更高比例的附加税费，从而将基层政府的财政危机向农民群体转嫁。这一进程导致了农民的剧烈反抗，最终"倒逼"国家取消了农业税（李兰芝、吴理财，2006）。取消农业税使基层政府陷入了严重的财政危机，从而使项目制得以彰显。

虽然我国是一个单一制国家，但在财政体制上却是分级和分层的，这就意味着各级政府都有其法定的财权与事权。不同层级的政府有着不同的财政状况。分税制后，不同层级政府间的财政状况差距较大，纵向的政府间关系往往被形象地表述为"中央财政蒸蒸日上，省级财政喜气洋洋，市级财政勉勉强强，县级财政哭爹喊娘，乡级财政名存实亡，村级财政精精光光"（陈锡文，2007：17）。由于财权层层上收，事权却层层下移，结果导致基层政府缺乏开展相应工作、完成相应任务的基本财政资源，很多（尤其是中西部）基层政府甚至连维持基本的运转都成问题（王健群，2009：54~59）。基层政府的财政危机严重影响了基层治理。

　　为了弥补下级政府财权与事权的不匹配状况，便需要上级政府（尤其是中央政府）向下级政府（尤其是基层政府）进行财政转移支付。财政转移支付的方式大体上可以分为两种："一般性转移支付"和"专项转移支付"。一般性转移支付是普惠式的，不具有竞争性，按照一定的客观标准拨付，而且一般也没有特定的使用要求；而专项转移支付则具有竞争性，对于资金的使用具有专门的要求或限制，一般是以某一专门的"项目"作为载体，因此是一种"戴帽子的"，即"专项化"了的财政转移支付，也就是"项目资金"。由于项目制具有针对性强、资金集中度高、部门管理专业化程度高、时效性强等特点，因此越来越成为上级政府（尤其是中央政府）向下级政府（最终是基层政府）转移财政资金的重要方式，导致财政资金出现了越来越"专项化"，即越来越"项目化"。

　　国家财政资金从中央到各个部委之后，便变成了"项目化"的资金。通过"条条"系统一级级地传递到县这一级时，便到了各个条条系统的最末端，也就是县级各个职能部门（县局委办等）。对于县级政府来说，项目资金是一项非常重要的财政转移支付，是能够实现其意图和利益的特别重要的资源。作为"块块"的县级政府往往有很强的动力将分散在各个职能部门中的项目资金"打包"，然后集中投放在能够实现县级政府意志的地方。这里的问题在于，县级政府与国家及各部委的意图和思路很有可能会存在张力，更何况还有具体的个人利益的考量。在属地管理的客观现实下，县委县政府有足够多的策略促使各条条系统改变项目资金的使用方式和使用方向，从而造成了项目制的政治逻辑和治理逻辑的双双偏离。

　　项目制的政治逻辑主要体现在三个方面：一是财政转移支付是为了实现再分配（项目制是属于专项化的再分配），从而降低地区之间的差距，弥补市场失灵导致的公平问题；二是国家通过将财政资金专项化，降低了财政资金在各级政府间传递时的跑冒滴漏或额外增加意图等问题，直接与项目对象对接，确保了财政资金使用的高效率及针对性；三是通过帮助和扶持村庄进行公共品的供给，解决老百姓的现实问题，并提升村庄治理能力。但这三个目标在项目制的具体实践中都存在偏差，即"行政吸纳政治"导致项目制"去政治化"（李祖佩，2016：200）。

由于项目是通过自上而下的模式供给，因此，越是处于行政体制的上层位置，就掌握着越多越大的项目分配权。虽然项目是通过条条系统传递，但各级党政主要领导还是具有足够大的影响项目具体分配的能力。因此，各级党政主要领导的"试点"或特色工作便往往成为享有项目集中投入和优先分配的村庄。这完全背离了财政资金的公平性和针对性原则。不仅如此，由于项目主要体现的是领导或部门的意志而不是农民的意志，因此便很有可能造成农民需要的没有满足，不需要的却在不断地供给，从而严重影响了国家公共财政资金的使用效率和农民对于村庄公共事务的参与积极性，进而不利于村庄治理能力的有效提升。

项目制的治理逻辑是指项目在基层"具体实施的一系列方法和手段以及这些方法和手段得以产生并发挥作用的内在机制"。具体来说，项目制的治理逻辑主要体现三个方面：一是用"条条"来制约"块块"，削弱因财政分权导致的"块块主义"或"诸侯经济"；二是用"事本主义"避免财政的软预算约束；三是采用一整套技术化的程式来替代总体性的支配模式。但这三个方面的目标最终都没有能够有效地达到。尤其是在具体的项目实施过程中，"块块"对"条条"进行干预的空间和力度仍然很大；项目预算约束也并没有因为事本主义的原则而得到强化，项目的重复投入和浪费不仅没有得到遏制，甚至有进一步扩大之势；与此同时，技术程式也并未深入人心，反而成为掩盖相关利益主体的问题和责任的工具。

从总体上看，项目制的治理逻辑出现了文本与实际脱节的问题。项目制所主张的治理逻辑并没有在项目的实践过程中体现出来。"项目制的'表皮'被遵守下来，而精神实质却并没有被遵守……一方面，项目制并没有为基层社会提供一整套系统且行之有效的治理制度和治理机制，并没有为基层社会提供有效的制度增量，项目制的制度要求只是被视为实践逻辑的应对工具；另一方面，在项目制的实践逻辑上，项目下乡为基层社会带来新的利益主体以及新的权力关系等内容，这些新的内容在实践意义上而非制度安排意义上得到充分展演。"（李祖佩，2016：108～109）因此，项目制在基层的具体实践过程中反而呈现"弱治理"的意外后果。

三　项目指标的分配：乡镇政府的
行为及乡村关系的变化

当前，"维稳"和"项目"无疑是绝大多数中西部乡镇政府的两个主要工作。一般来说维稳属于基本工作，因为维稳实施一票否决制，其他工作做得再好，维稳这一块出现了问题，便会前功尽弃。因此，基层维稳工作是以"不扣分"为主要目标的，是尽量要"求同"（大家都一样）的工作（所谓法不责众），属于维持型的任务。而项目工作则属于发展型的任务，是一项需要调动积极性和创造性的工作，是能够做出成绩（政绩）和特色（亮点）的工作，是要尽量做到与众不同、标新立异的工作，因此也是以追求"加分"为主要目标的。

在鸽镇，项目掌握在各个条条系统手上，各乡镇政府是争取项目的主要力量。实际上，不管是从乡镇政府事权与财权不匹配的角度出发，还是从乡镇政府领导个人政绩追求的角度出发，项目都对乡镇政府有极大的吸引力。争取项目是乡镇政府的一项重点工作。在这个过程中，项目往往会有如下四个特点：一是项目指标是有限的，需要乡镇政府积极争取；二是申报项目是要花费额外成本的，项目业主往往有设租寻租的空间；三是项目往往含有上级政府行政领导或政府部门的意志；四是乡镇政府对于那些已经争取到的项目也并不具有完全的支配权，这是因为作为项目业主的条条系统仍然牢牢控制了项目实施的主导权（李祖佩，2016：168～122）。

乡镇政府争取到项目指标以后，还需要将它们分配到下辖的行政村中。由于项目本来就是有限的，而且也并不是很容易就能够争取得到，因此项目指标的分配便也构成了一个十分重要的问题。申端锋（2010）认为，"分类治理"是基层治理中的一种非常常见的治理模式。乡镇政府在面对众多的行政村时，往往也会进行分类。即将辖区内的各个行政村按照一定的标准进行排序，从而出现了中心村、一般村和边缘村的分类。分类本身并不是问题，问题在于从什么角度、按照什么标准进行分类。在项目制背景下，最能够顺利实现乡镇政府意图的行政村自然成了中心村。实践中，项目指标分配受到了"乡镇政府主职领导、村落空间位置条件、村庄的财政贡献值、村庄社会有序度和干部工作配合程度"五个因素的影响，从而造成项目指标分配在村庄层面的非均衡性——特定的少数村庄（条件本来就很好的中心村及能够很快出政绩的贫困村）往往获得了越来越多的项目支持，而更多的普通村庄则失去了获得项目的机会。"有分类、无治理"不仅拉大了村与村之间的差别，而且也恶化了乡村关系。

在乡镇政府的项目指标分配逻辑下，中心村获得了更多的项目资源，这对于非中心村来说是很不公平的，从而也造成了非中心村与乡镇政府的关系愈加疏远。由于项目指标是自上而下分配的，村一级几乎没有对此进行讨价还价的能力。但这并不意味着非中心村就没有"反制"措施。因为基层除了这些专项任务以外，还有一些常规性的工作需要完成，比如，收缴新农合及新农保资金、综治维稳等。对此，县级政府往往会给每个乡镇政府分配任务，并且限定了完成这些任务的具体时间。如果非中心村的村干部不积极配合乡镇政府的工作，那么这些任务几乎不可能完成。因此，在"压力型体制"下，为了确保这些常规工作能够顺利完成，乡镇政府会采取行政动员、情感运作或利益交换等方式安抚非中心村及其村干部。与以往的安抚不同的是，此时乡镇政府对非中心村是策略性或功利性的，因此，非中心村的回应必然也是策略性或功利性的。一般来说，为了完成那些具有行政压力的常规性任务，乡镇政府往往会给非中心村一些并不一定能够实现的承诺或保证。对此，非中心村的村干部往往心知肚明。于是，为了降低这种不确定性，非中心村倾向于借机向乡镇政府要更多、更有保障的承诺。乡村关系从指导与被指导的关系变成互不信任或相互博弈的关系。

与此同时，在那些有机会获得更多项目的中心村，也因项目的输入出现"项目越多越难做"的悖论。那么，为什么会"项目越多越难做"呢？这里的"难做"主要体现在三方面：一是项目难做；二是村干部难做；三是乡村关系的维系难做。其中，主要原因有以下三点。

第一，项目制中的行政意志表达与村干部的迎检压力。由于各条条块块都很"关心"项目，同时也是出于"监管"的职责，项目所在村的迎检工作十分密集，中心村的村干部每天迎来送往，吃喝招待，谁也不敢怠慢，但却几乎都是在瞎忙，不仅耽误村干部自己的时间与精力，而且也导致其与普通村民的关系愈加疏远——对条条块块的各级领导的思路和性格很熟悉，对村民的想法反而不甚了解。项目体现的是领导的思路而不是农民的需求，于是农民没有积极性，项目自然是越来越难做的。面对一波又一波的检查，村干部疲于应付，得到的却是家人和村民的不理解，于是村干部的工作自然也是越来越难做了。

第二，行政绩效的追求与乡村治理要求之间的矛盾。项目实践过程中遇到问题时，乡镇以及更高级别的政府（尤其是政府部门）往往采取"遇到问题绕着走"的思维习惯，如"人民内部矛盾用人民币解决"。这种解决问题的思路与乡村社会原来的矛盾解决办法是很不一样的，而且对乡村原来的规则造成了很大的破坏。由于乡村社会是一个几乎没有"退出权"的熟人社会，因此一旦出现矛盾纠纷，往往都是通过讲事实、摆道理、说公道话的方式进行调处的。用钱来解决熟人社会内部的矛盾，表面上解决了一时一地的矛盾，却瓦解了熟人社会内部的基本道义伦理，从而酝酿着更多更大的矛盾。一旦花钱买平安的口子被打开，以后的村庄项目和常规工作就会越来越难做。但这对于项目的业主来说，由于其已经退出了村庄，因此也就不需要对以后的冲突矛盾负责了。显然，拿钱解决矛盾的办法对条条块块来说是简洁有效的办法，但对村庄来说却是最短视的解决办法。

第三，行政意志表达与村干部配合之间的矛盾。由于中心村承接了越来越多的项目，中心村的重要性将越来越强。由于乡镇政府主要领导干部的任期是很有限的，为了能够在短期内做出政绩，乡镇政府往往会采取在这些中心村的既有基础之上"做文章"，从而使中心村也产生了能够不断获得项目的预期，这种预期也使乡镇政府产生了某种被"套牢"的感觉。一旦中心村在乡镇过于突出，其项目的财务预算往往会出现软化，因为相信乡镇不可能弃之不管，于是便不断地要求追加投入，甚至以中心村自居，不积极配合乡镇政府的工作。

四　项目指标的争取：村庄权力结构的变迁

在项目下乡的背景下，村庄权力结构也出现了巨大变迁。由于村庄社会的逐渐开放，村庄权力结构中原有的"董事会"结构越来越不适应项目制的新形势，原来的村庄非体制精英开始崛起，从而出现了十分明显的村庄权力结构的变迁，主要表现为村庄精英的替代。村庄"精英替代不仅指作为体制精英代表的村干部的更换，更重要的是村干部权威来源、权力性质以及在村治中角色行为方式的变化"。

在"发展就是硬道理"的宏观背景下，在取消农业税后村庄原有的主要依靠内生资源进行公共品供给的体系已经瓦解的局面下，在项目资源不断地向农村输入从而使得农民普遍具有了国家项目会源源不断地投入农村的思维惯性下，村庄社会普遍形成了一种十分强烈的希望用政府资源发展村庄的共识。其中，积极争取项目几乎是唯一的选项。从而导致村庄社会对村干部的评价的标准变化，村干部的行为逻辑也发生了静悄悄的巨变。

对于村庄来说，"好干部"让位给了"有本事的干部"。能够争取到项目的就是有本事，争取不到的就没本事。没有本事的"好干部"既当不了干部（因为没人支持），也当不好干部（因为手上没有项目资源，从而解决不了问题）。能当村干部的人不再是原来的那种在村里有威望、主持公道、知晓农民切身痛楚或需要的人，而是那些能够依靠各种各样的关系向上跑到项目的人。不仅乡镇政府喜欢有跑项目能力的人，村民也往往会主动迎合这样的人。于是，通过选举竞争，村庄精英出现明显的替代，村庄权力出现了交接和结构变迁。

然而，这些具备"争资跑项"能力的新型村庄权力精英与传统的村庄权力精英最大的区别在于权力来源的内生性程度。传统的村庄权力精英所形成的"董事会"结构，在根本上是依托于农民传统的宗族观念、熟人社会和地缘关系等因素，因此具有较强的内生性。这些传统精英不仅认同村庄内部的伦理道德规范，甚至还是村庄内部共识的担纲者和人格化象征。而新型的村庄权力精英往往是传统社会结构中的边缘群体，甚至是村庄的被压迫者或边缘人。在项目制时代，凭借自己的个人能力或关系资源，他们有了更大的争取项目的能力，从而进入了村庄权力的核心。由于他们的权力来源更多的是依靠个人的禀赋和村庄外部的关系，因此权力来源的内生性程度较低，对村庄既有规范的坚持和贯彻并不积极或热心。

这些新型精英没有能力，也没有意愿创造新的村庄规范。从意愿上说，新型精英之所以愿意为村庄争资跑项，根本原因还是个人利益驱动。与传统精英不同，新型精英并没有真正把自己看作村庄整体利益的人格化身，出于个人理性考虑，新型精英没有内在动力为村庄担纲。从能力上说，由于争取项目主要依靠个人关系和资源，因此具有很大的不确定性，村庄财政收入的不确定性直接制约了村庄规划的稳定性和可持续性，再加上村干部任期的短期性，那些想在村干部任上有所作为的人也往往是心有余而力不足。

村干部的行为短期化是项目下乡时代的普遍现象。抛开乡镇政府的积极介入不谈，单从村庄社会与村干部的关系方面来说，这种行为短期化应该被看作村庄社会变迁的产物。在项目制下，村干部无非是村庄社会争资跑项的"工具"。既然村庄社会对于村干部是一种功利性或工具性的态度，那么村干部的反应或回馈自然也是功利性和工具性的。表面上是以村庄整体的名义，实际上是靠村干部个人的能力跑下来的，到了村里首先进行的不是公共建设，而是利益分配，其次才是开展公共事务。正因为村庄社会和村干部都是持工具性的态度，这种利益的分配往往顺理成章，几乎不会引起什么矛盾或纠纷。在这种条件下，"能够用钱解决的问题都不是问题"，通过给利益进行治理的模式呼之欲出。

本来，项目资金的首要目的是提供公共服务、提升村庄治理能力，但在实践中却变成了分配利益，反而削弱了村庄治理能力。在利益无序竞争的逻辑下，公共财政的公共性几乎丧失殆尽。项目资金不仅没有转化为村庄治理资源，反而将村庄引向了愈加丧失公共性的境地。显然，没有了公共性的村庄，"简约治理"的机制也就没有了发挥的空间，农民处于一盘散沙的状态，村干部与村民互不信任，村庄社会"义利关系"严重失衡。

五　项目实施过程中的"地方势力"下乡

在鸽镇，项目业主是县各局委办（条条系统），乡村两级组织虽然负责项目指标的争取及分配，但却并不能参与项目工程的具体实施。项目实施按要求应进行公开招投标，由项目业主选择工程队以及相应的监理单位。因此，尽管块块的干预不容忽视，但项目实施的主导权始终掌握在各"条条"系统（政府部门）的手中，工程队和监理方都是部门的代理人。

政府系统不可能自己去开展项目，项目实施离不开具体施工单位。而施工队与地方势力往往是一体两面的关系。之所以施工队需要地方势力的合作，是因为项目涉及的利益往往比较大，遇到的矛盾冲突也比较多，如果没有一定的势力，不仅解决不了常规问题，而且还会招致更多的麻烦。而"所谓'地方势力'，是指在基层社会中存在的，具备自身的利益诉求且发展壮大与基层政府组织密切相关，发挥作用的空间和利益空间的基层社会场域中，同时拥有一般村民所不具备的相当的经济实力和社会影响力的一种势力"。

实际上，地方势力是跟随着项目下乡而下乡的。在此之前，他们主要活跃在利益密集的城市（镇）。地方势力的维持需要一定物质基础，因此他们总是围绕着现实利益开展活动。在取消农业税以前，由于可以在乡镇政府的默许下通过征收农业税费的方式从中获得个人利益，这些地方势力在乡镇政府的支持下取代了原来的老好人，当上了村干部；然后利用村干部的角色以及征收农业税的机会谋求私利，从而使农民的负担越来越重。

取消农业税以后，围绕农业税费征缴的获利机会消失了，于是地方势力便开始离开村庄，进入城市。分税制改革以后，具有强烈发展经济压力和冲动的地方政府面临资金短缺的困境。此时，具有一定经济实力的"地方势力"开始成为地方政府的重要资金来源。与此同时，城市土地征收与土地开发也开始兴起，征地拆迁过程中不可避免地会出现冲突。面对坐地要价、拒不配合的"钉子户"，地方政府起初采用的给好处的利益处理方式只会激励更多的人当钉子户，而采取强制行动（实际上，在我国，行政强制拆迁或司法强制拆迁都是有法律法规依据的，但基本上都不会使用，即使用了也没什么作用）又会面临综治维稳的压力，于是便只能启用含有灰色色彩的地方势力。从而加剧了地方政府对兼具暴力禀赋的地方势力的依赖。而作为回报，一些地方政府往往会给地方势力提供相应的利益及庇护。

随着项目下乡，地方势力也开始进入村庄。此时，地方势力不仅是当地强势的非体制精英和经济精英，而且是作为政府部门的代理人进入村庄和项目实践中，因此具有强大能力。可以说，作为项目业主的政府部门有多强势，作为项目业主代理人的地方势力就有多强势。实际上，"部门发包项目工程是条块矛盾的集中反映，项目资金掌握在部门手中，部门是项目实施的业主，关注的重点是资金安全和高效，而乡村组织的意志是基于基层社会方方面面的实际情况作出的"。乡村组织的意志往往更接近农民的实际需要，而作为项目发包方的部门则往往基于部门利益和官僚本能而更倾向于以照章办事为名达到趋利避害（自保）的目的。但能力很强的部门和地方势力，往往不会顾及乡村组织的意见，因地制宜地进行项目施工，从而使项目与农民的实际需要脱节。

超级权势的产生与项目制度密切相关。第一，项目工程实施的具体方式以及资金安排是超级权势形成的首要促成因素。例如，面对诸多的项目，县水电局受成本和精力的限制，不可能对每一项都进行招投标，更为常见的做法就是将全年的项目资金总数统一分割为几部分，然后由几个"老板"来做。待项目统一完工之后，再通过增补材料的方式，补充招投标等方面的程序和手续。部门将项目资金整合统一发包，虽然大大减少了组织成本，但具体到每一个项目工程上的结果是管控缺失，这无疑赋予了老板极大的利益空间，使负责工程实施的老板成为部门联结村庄社会的主要纽带。有些老板甚至被部门赋予了实施项目的全权处置权。第二，项目基层实践中乡村两级组织的"不得罪"逻辑造成监督缺位，进一步促使项目实施者势力的形成。同时，这反过来又使本来就很边缘化的乡村组织更加边缘化。第三，部门、乡村组织和工程"老板"三者之间不对等的权力关系和利益往来，是项目实施者权力增大的另一大因素。乡镇需要项目指标满足自身自利性需求，村干部需要项目指标稳固自身权力地位进而充分发挥其村庄"新代理人"功能，因此都采取依附于工程"老板"的策略。第四，项目实施中监理方的缺位及项目验收工作的无效也是项目实施者权力增大的原因。项目的业主是政府部门，监理单位的收入要靠政府部门，因此，这种监理实际上是部门意志下的监理，是没有多少实质意义的监理。更何况，一个县城内，有资质的监理单位就那么几家，平时与政府部门及地方势力经常打交道，相互并不陌生。第五，验收的形式化。参与验收的各个部门之间并未形成制衡。由于各个部门都有可能有项目，都有可能接受其他部门的验收，这些部门之间形成了默契，造成了验收的形式化。更何况，部门与部门之间本来就缺乏了解，部门对项目所在的乡村具体情况也并不清楚，仅仅依靠台账等形式化的验收依据，即使抛开部门之间的相互默契，这种验收方法也起不到验收的实际效果。

超级权势的结果是以政府部门为中心、以项目工程的施工方和监理方为主要成员的"新型利益共同体"。项目实施不受乡镇政府、村组集体和村民约束，确保项目制度正常运行的正式制度几乎难以发挥实际作用，利益分配成为项目运作的核心。这种模式对乡村治理也产生了极大影响。首先，由于地方势力是外在于村庄的，因项目下乡才主动进入村庄，所以这些地方势力并不受乡村社会原有的规则约束，但却会将项目实施过程中和完成后可能产生的很多问题遗留给村庄社会及村干部。其次，由于项目实施过程中不可避免地会与村民打交道，工作如果没有村干部的配合往往是做不下去的，进而项目也会受到影响。为了让项目有序运行，顺利完工，地方势力往往会以给好处的方式笼络村干部。因此，两者之间存在较高的利益契合点。村干部很容易与地方势力形成默契，乡村精英很容易被利益俘获，成为地方势力的附庸。这给乡村社会带来了诸如利益排斥、政治排斥和政权合法性排斥等非常严重的社会政治后果。

六　项目制中的"农民"及其冲突的性质

李祖佩指出，"在项目下乡的过程中，农民的'冷漠'与'热情'并存，'容忍'与'苛责'共在"。在此，"冷漠"是指农民对于村庄公共事务方面的"主动不在场"或"主动边缘化"的行为，而"热情"则是指农民对于国家各种惠农惠民政策和资金的过高期待和不满足状态；"容忍"是指农民对项目下乡过程中各利益方分配国家公共财政资金的沉默、宽容乃至羡慕的心态，而"苛责"则是指部分农民在项目实施过程中寸土必争、锱铢必较，通过成为钉子户过度索取不当利益等行为。

通过对"（项目是）国家的钱，为什么不给我们（村）？""国家的钱，你怎么做都可以，反正不用我们自己出""做了总比不做好""现在国家有的是钱，谁不想多占一点？国家都给钱了还要我们自己受损失，那怎么可能呢？"等农民的话语，可以发现农民对项目的认知主要有以下几个特点。第一，公平主张，即要求对于国家财政资源要进行利益均沾。第二，"身处其外"策略，即在个人或家庭要承担义务或责任方面，表现出明显的消极态度，典型的"权利感有余而义务感不足"。第三，当涉及个体利益时往往会出现"强势反弹"。但这种反弹大多是个人私利驱动的，而不是从村庄整体利益的角度出发的——虽然很多时候这种私利的诉求会包裹着村庄整体利益的外衣，但对于生活在熟人社会中的其他村民来说，集体利益只是借口或说辞。因此，在大多数情况下，在项目工程建设工地上往往不会看到集体的身影，更多的是当项目建设损害农民个体利益时——无论这种损害是合理还是无理，都会引起农民与工程实施者之间的矛盾。在其中，农民不仅表现出对自身利益的敏感，还会通过种种策略行为尽可能地扩大自身利益空间。而这种行为当然不会得到全村村民的一致支持，因此也构不成一种公共行动。不过，这却会非常强烈地激励其他农户为了个人私利乃至不当得利而不断地与项目实施者进行博弈。

因此，在项目实践过程中，在农民层面出现的矛盾大多是个体性质的，即因为农民个体利益受损或者想要获得更多的利益而出现的矛盾，整体意义上的乡村社会的真实诉求与官僚体制及国家意志之间的不匹配导致的矛盾冲突早就在条块关系中分出了胜负。由于政府部门牢牢掌握了项目主导权，因此乡村社会的需要便不得不服从作为项目业主的政府部门的需要。官僚体系出于自保，在制订项目实施方案时，已经将可能出现的风险和矛盾降低和控制在了安全的范围之内，从而避免整体意义上的矛盾的出现。比如以不再给项目或"项目漂移"等相威胁，倒逼乡村组织或村民的配合。但是，农民个体层面的矛盾，则几乎是不可控的，是在项目实施过程中高发的矛盾类型。

尽管矛盾及其处置存在"分级"的特点，但不管是县级、乡镇级还是村级的项目，化解项目过程中出现的矛盾所使用的资金，最终都是要通过降低项目工程的质量来实现的。而相比于乡镇级项目实施中乡镇政府获得的绩效激励（政绩），村干部面对的激励形式往往是非正式化的（利益或者村庄权力）。

那么，是谁在项目实施中"制造矛盾"呢？前面已经提到，村庄整体需要与政府部门的意志之间进行博弈的胜负早在政府部门牢牢控制了项目的主动权时就已经确定了，因此，在项目下乡过程中出现的矛盾，绝大多数都是难以准确预料或提前知晓的个体性矛盾，其中一个非常主要的群体就是"钉子户"。不管是县级、乡镇级还是村级项目，都有可能遇到钉子户。钉子户出现的概率及其规模往往与项目的大小和重要性成正比。村社规范与共识是抑制钉子户最有效的力量，但在项目下乡的背景下，乡村社会不仅是沉默的，而且在地方性规范的层面是处于被破坏和冲击的位置上，因此根本不可能对钉子户进行有效的控制和约束。

在一个相对稳定的村社，通过开会就能够有效地抑制村内钉子户。开会能够起到达成共识、化解矛盾的效果往往需要有三个条件：一是利益总量既定；二是村级组织在处理公共事务中保持独立性；三是村民的认知是把公共事务当作自己的事，而不是国家的事。然而目前这三点都很难达到。首先项目资源就是不确定的，其次村干部与项目的关系也是很暧昧的，更何况村民也越来越把村庄公共事业当作政府而非自己的事。于是，开会不仅解决不了问题，而且连开会本身都变得不可能了。讲道理的机制不起作用后，利益补偿就成了化解矛盾的主要方式。但由于利益补偿没有一个明确标准，而是一个利益博弈的过程，因此会鼓励越来越多的人成为钉子户，促成了钉子户的普遍化和矛盾的激发。

用利益补偿钉子户的方式解决项目过程中的矛盾，不仅会诱导越来越多的钉子户出现，而且也会增强村庄矛盾纠纷解决对项目资源的依赖。即用人民币解决人民内部矛盾，不仅会导致人民内部矛盾越来越多，而且还会使人民内部矛盾的解决越来越依赖人民币。"随着国家各项转移资金的逐年增多，通过利益抚平化解矛盾冲突的方法有着长期存在和发挥作用的空间。""国家资源转移是矛盾冲突的'因'，同时也是矛盾冲突的'果'"，其中最根本的原因是对矛盾冲突的认识丧失了是非、善恶、正义与非正义等方面的道义判断，而被纯粹地简化成了利益博弈。原初意义上的"政治"被搁置了，"去政治"成为现实社会中最具笼罩性的"政治"。

通过追加（项目）资源来解决矛盾的方式，客观上使得村民能够加入项目下乡导引的分利秩序之中，使其成为其中的主体之一。但首先，村民并不构成分利秩序的主导，因此具有依附性。其次，契合于村民的项目认知，村民强势反弹的前提和原因是个人利益而非村庄公共利益，倘若项目实施并未触及个人利益却损害了公共利益，村民往往是旁观者或沉默者。最后，由于项目实施过程中的矛盾都在一定范围内得到了解决（主要是通过持续利用国家转移支付资金来解决矛盾，即"花中央的钱买中央要的稳定"），这些矛盾便往往不会向上表达，从而也很难被上级政府尤其是中央政府发觉，由此使这种矛盾具有很强的隐蔽性。

显然，基层政治社会秩序对国家资源的依赖并没有改变既有的分利格局，而是使这个分利格局更加复杂了。实际上，国家资源越来越多的输入使既有分利格局更加定型和固化，国家依托项目形式实现的资源输入并没有改变税费改革以后"乡村治理内卷化"的总体态势。

七 义利再平衡：项目制与财政公共性的再造

《分利秩序》作者最后得出结论：首先，项目下乡的过程也就是分利秩序的形塑过程，其中基层政府组织的自利性、地方势力的逐利性以及农民的趋利性构成了分利秩序的基本面向。其次，分利秩序带来了乡村治理结构、空间和面向的嬗变。然而，虽然乡村治理已经突破了传统的"简约治理"的基本模式，但新的契合于当前形势的治理模式却有没有能够及时跟进，从而使社会面临以"去治理化"为主要表征的真空状态。最后，项目下乡过程也是国家公共财政的再分配过程，项目下乡的基层实践样态反映了国家自主性的严重弱化。国家项目资源在具体运作过程中，种种特殊利益诉求的彰显导致项目下乡的公共利益诉求无法被满足。因此，重构财政资源再分配中的国家自主性是现代国家能力建设中的基础性和根本性的问题。

分利秩序以利益竞争、分配和维系为中心，以权力为主导，触发乡村社会中各种利益主体行动，且带有隐蔽性和长期性，其最终指向了对国家公共财政的攫取。在这个过程中，国家不仅不能通过项目程式化的招标、验收等技术规程发现并解决问题，反而因技术治理逻辑遮蔽了问题，成为各个相关利益主体"合法"分配财政资源的制度依据和有力工具。

在这个背景下，乡村治理也出现了巨变。原来的乡村治理结构、空间和面向因项目下乡及其影响已经基本解体了，而新的适应当前项目下乡的有序治理结构、空间和面向却并没有及时确立起来，乡村治理呈现一种"去治理化"的局面——具体表现在乡村治理结构的特殊主义逻辑、乡村治理空间的碎片化和乡村治理面向的外向化三个方面。最终，乡村治理本身丧失了自主实现秩序维系的功能，只能依靠外部资源的不断供给。

更加值得注意的是，由于分利秩序并非指向农民而是国家公共财政资金，因此，在项目下乡的过程中，即在财政资源再分配过程中，作为国家代表的中央政府实现自身意志贯彻的自主性明显不足。造成这种不足的原因有两点：一是从国家自身来看，是国家治理转型过程中对技术治理逻辑的过度偏好；二是从国家与非国家的各个主体互动来看，作为政策执行者的行政官僚体制和具体化的地方社会、国家与其他社会力量互动给国家造成损害。具体来说，技术治理在基层的实践首先表现在绕过基层政权直接对接农户，这削弱了基层组织的治理能力。基层政权"做坏事"的能力减少的同时，也丧失了"做好事"的能力和基本条件。对结果的形式理性追求超过了对过程的关注。实际上，技术理性对过程的监控是一种非常形式化的监控，有利于消极避责而非积极作为。换言之，项目制所表现出的技术治理要求并没有有效遏制实践中的问题，反而为诸种问题提供了合法化的外衣。或者说，秉持技术治理逻辑的项目制并没有解决问题，反而遮蔽了更多的问题。

自上而下的国家财政资源在以项目制的形式向农村输送时，财政资源的性质出现了从"公"向"私"（或"私"过度膨胀）的转变。解决这个问题的核心是要"再造"财政资金的公共性。要实现公共性再造，从大的方面说，应该将政治重新带回国家建构的中心。此处的政治指执政理念和执政方法：执政理念主要包括"为人民服务""立党为公、执政为民"以及一系列的社会主义国家理想信念；执政方法是指以群众路线为核心的工作方法。从相对微观的层面上说，应该实现向"简约治理"的回归，其核心是要将农民组织起来，真正调动农民的积极性。那么，如何才能调动农民的积极性呢？关键是要依托下乡资源重建乡村组织与村民的"利益关联"。利益关联的建立首先要将资源和决策权交还给农民，唯有如此，才能调动农民以"主人翁"的姿态而非旁观者和秉持机会主义的私利者参与公共事务，从而促成参与各方形成权利与义务的平衡关系。

具体来说，公共财政资金要想实现其真正的政治功能和治理功能，需要在"项目化"之后再经历一个"去项目化"的过程。而目前这一"去项目化"过程的丧失是导致财政资金由"公"变"私"的关键。首先，项目资金进入各条条系统之后，需要结合当地的实际规划，有序地安排项目。因此，应该结合实际情况（即条条不可能不受到块块的行政干预），加强基层政府对项目的制度化支配权力，从而在制度削弱基层条条系统对项目的控制力时，也弱化块块系统的党政领导个人对于项目资源的支配能力。其次，在项目实施中，不能任由政府部门作为项目业主，既当运动员又当裁判员。项目配置不应该是无序的竞争，而应该是有序的规划和统筹安排——这一措施将大大降低争资跑项中寻租设租的空间。最后，要将项目资源分解到每个项目受益区的个体或家庭，实现财权和人权的相统一，从而把政府的资源转换为每个农民自己的资源（但这些资源不能私分，只能用于公共事业），由他们来商量资金的具体使用以及公共事务的规划实施，政府仅仅对资金使用的过程和范围进行必要的监督和参与。或者采取由政府领导干部或村干部游说村民的方式，争取得到村民的支持和拥护，以实现其牵头的相应的公共建设思路及方案。让项目的业主从政府的条条块块变成农民及其集体。唯有如此，作为县乡村的各级领导和部门，才有可能真正关心农民的实际需要，积极回应农民的利益诉求。通过财政投入资金的民主化可以实现真正意义上的乡村政治的民主化。这构成了对当前以项目制为主要特点的财政体制的重大改革创新。

　　"财政"，从字面上看分为"财"与"政"两个内容。对此，不管是理解为"利益与道义"，还是理解为"利益与政治"，都表明了财与政之间需要一定的平衡。通过对项目下乡过程的机制分析，李祖佩利用财政社会学和政治社会学的理论，揭示了在国家、基层政府和乡村社会复杂的互动与博弈中所产生的分利秩序及其对乡村治理所造成的深刻影响。当前，以项目制为主要特点的公共财政制度的利益因素压倒了政治或道义因素，是财政资源偏离其目标从而使国家自主性受到严重影响的根本原因。再造国家自主性，就是要着力弱化财政中的利益因素，强化其中的政治或道义因素，从而实现财与政的再次平衡。因此，从财政的角度来看，分利秩序本身或许并不是什么问题，因为利益的分配总是需要。而且最终必定会形成一个秩序，问题的关键在于分利秩序中的利益与道义（或利益与政治）是否实现了平衡。显然，《分利秩序》一书已经在这方面做出了非常有益的探索和初步的回答。

参考文献

陈家建，2013，《项目制与基层政府动员——对社会管理项目化运作的社会学考察》，《中国社会科学》第 2 期。

陈锡文，2003，《中国县乡财政与农民增收问题研究》，太原：山西经济出版社。

杜鹏，2016，《项目造"点"与村庄精英更替——以广西陈村为例》，《华中农业大学学报》（社会科学版）第 1 期。

桂华，2014，《项目制与农村公共品供给体制分析——以农地整治为例》，《政治学研究》第 4 期。

贺雪峰，2011，《论乡村治理内卷化——以河南省 K 镇调查为例》，《开放时代》第 2 期。

黄宗智，2007，《经验与理论：中国社会、经济与法律的实践历史研究》，北京：中国人民大学出版社。

黄宗智、龚为纲，2014，《"项目制"的运作机制和效果是"合理化"吗?》，《开放时代》第 5 期。

李芝兰、吴理财，2006，《"倒逼"还是"反倒逼"——农村税费改革前后中央与地方之间的互动》，《社会学研究》第 4 期。

李祖佩，2016，《分利秩序：鸽镇的项目运作与乡村治理（2007—2013）》，北京：社会科学文献出版社。

毛寿龙、冯兴元，2014，《规则与治理：理论、现实与政策选择》，杭州：浙江大学出版社。

清华大学社会学系，2000，《清华社会学评论》（1），厦门：鹭江出版社。

渠敬东，2012，《项目制：一种新的国家治理体制》，《中国社会科学》第 5 期。

荣敬本等，1998，《从压力型体制向民主合作体制的转变：县乡两级政治体制改革》，北京：中央编译出版社。

申端锋，2010，《乡村治权与分类治理：农民上访研究的范式转换》，《开放时代》第 6 期。

田孟，2015，《项目体制与乡村治理的"内卷化"》，《地方财政研究》第 6 期。

汪晖，2007，《去政治化的政治、霸权的多重构成与六十年代的消逝》，《开放时代》第 2 期。

王健君，2009，《走在"钢丝"上的地方财政》，《决策探索》第 12 期。

折晓叶、陈婴婴，2011，《项目制的分级运作机制和治理逻辑——对"项目进村"案例的社会学分析》，《中国社会科学》第 4 期。

周飞舟，2006，《从汲取型政权到"悬浮型"政权——税费改革对国家与农民关系之影响》，《社会学研究》第 3 期。

周飞舟，2012，《财政资金的专项化及其问题：兼论"项目治国"》，《社会》第 1 期。

责任编辑：廖艳

《政府治理评论》征稿启事

《政府治理评论》（*Public Governance Review*）是由贵州大学公共管理学院、贵州省 2011 协同创新中心——欠发达地区政府治理体系和治理能力现代化中心主办的学术集刊，每年出版 2 卷。

《政府治理评论》以解决中国各区域及各级政府的治理理论和实践问题为己任，着力打造欠发达地区政府治理理论研究和实践经验交流平台。该连续性出版物主张学术自由，坚持学术规范，突出原创品格，注重定量和定性的研究方法，提倡建设性的学术对话，致力于提升政府治理研究的质量。

本刊设立六个栏目：

（1）时政聚焦。围绕党和政府关注的热点和重点问题进行讨论、研究的理论或经验研究类文章。本卷已围绕"乡村振兴与地方治理"进行专题组稿，下一卷将围绕"大数据与政府治理"进行专题征稿

（2）政策与治理理论前沿。围绕国内外有关政府、政策及治理介绍最新最前沿的理论观点的翻译或综述性文章。

（3）国家发展与政府改革。围绕国内外有关国家发展和政府改革的原创性理论和经验研究文章。

（4）地方政府治理实践。围绕国内外有关地方政府治理实践，尤其是欠发达地区地方政府治理实践的原创性实证研究文章。

（5）社会建设与公共服务。围绕国内外有关社会建设与公共服务的原创性理论和经验研究文章。

（6）书评。发表对公共管理和公共政策领域最新著（译）作的介绍和评论。

本刊稿酬从优，所发表的论文长度以 15000 字左右为宜。热忱欢迎海内外从事政治学、公共管理、公共政策和社会学研究的学人的最新研究成

果。希望广大专家学者和政府工作者能够不吝赐稿。

本刊实行匿名评阅制度，所收稿件将匿名提交给三位学术委员进行评审并决定是否录用。本刊编辑部负责在收到稿件之后的三个月之内通知作者是否录用文稿。

本刊将把排版清样寄给作者，由作者校对稿件。稿件发表时本刊将向作者提供 2 份正刊。

联系人：《政府治理评论》编辑部。

电子邮件：zfzlpl@ 126. com（邮件主题：作者姓名 + 论文题目）。

《政府治理评论》投稿体例

本刊投稿以中文为主，海外学者可用英文投稿，但必须都是未发表的文稿。文稿如果录用，由本刊负责将内容摘要翻译成中文，由作者审查定稿。文章在本刊发表后，作者可以继续在中国以外的区域以英文发表。以下为投稿体例。

1. 稿件使用中文。

2. 稿件的第一页应该包括以下信息：（1）文章标题；（2）作者姓名、单位、职称以及通信地址和电子邮件。

3. 稿件的第二页应提供以下信息：（1）文章标题；（2）二百字左右的中文摘要；（3）三至五个中文关键词。

4. 文章正文的标题、表格以及图形必须分别连续编号。大标题居中，用中文数字一、二、三等编号；小标题左齐，用中文数字（一）、（二）、（三）等编号；其他编号一律使用阿拉伯数字。

5. 引用文献采用文中标注，体例如下：根据 Mancur Olson（1982：126）的结论，……；"经济全球化将会导致……"（Wallerstein，1948）；正如吉登斯所言：……。（吉登斯，2000：53）

6. 所有参考文献必须出现在文章的末尾，并按作者姓名的汉语拼音（或英文名字）顺序排列。体例如下：

［1］Olson，Mancur，1982，*The Rise and Decline of Nations*，New Haven：Yale University Press.

［2］Farnham，David and Horton，Sylvia（eds.），1996，*Managing the New Public Services*，London：Macmillan，1996.

［3］Fesler，James W.，1990，"The State and Its Study：The Whole and the Parts"，in Naomi B. Lynn and Aaron Wildavsky（eds.），*Public Administration：The State of the Discipine*，Chatham，NJ：Chatham House

Publishers.

　　［4］安东尼·吉登斯，2000，《第三条道路：社会民主主义的复兴》，郑戈译，北京大学出版社。

　　［5］何勇，2002，《党风廉政建设和反腐败斗争的回顾与思考》，《国家行政学院学报》第 6 期。

图书在版编目（CIP）数据

政府治理评论. 第 3 卷 / 黄其松主编. -- 北京：社会科学文献出版社，2018.7

ISBN 978 - 7 - 5201 - 3105 - 6

Ⅰ.①政…　Ⅱ.①黄…　Ⅲ.①地方政府 - 行政管理 - 研究 - 中国　Ⅳ.①D625

中国版本图书馆 CIP 数据核字（2018）第 152131 号

政府治理评论　第 3 卷

主　　编／黄其松
执行主编／刘　升

出 版 人／谢寿光
项目统筹／任晓霞
责任编辑／任晓霞　姜宇航

出　　版／社会科学文献出版社·社会学出版中心（010）59367159
　　　　　　地址：北京市北三环中路甲 29 号院华龙大厦　邮编：100029
　　　　　　网址：www. ssap. com. cn
发　　行／市场营销中心（010）59367081　59367018
印　　装／三河市龙林印务有限公司

规　　格／开　本：787mm×1092mm　1/16
　　　　　　印　张：13.25　字　数：217 千字
版　　次／2018 年 7 月第 1 版　2018 年 7 月第 1 次印刷
书　　号／ISBN 978 - 7 - 5201 - 3105 - 6
定　　价／69.00 元

本书如有印装质量问题，请与读者服务中心（010 - 59367028）联系